Real-Time Enterprise

Springer-Verlag Berlin Heidelberg GmbH

August-Wilhelm Scheer
Ferri Abolhassan · Wolfgang Bosch
Herausgeber

Real-Time Enterprise

Mit beschleunigten Managementprozessen Zeit und Kosten sparen

Mit 66 Abbildungen

Springer

Professor Dr. Dr. h.c. mult. August-Wilhelm Scheer
e-Mail aw.scheer@ids-scheer.de

Dr. Ferri Abolhassan
e-Mail f.abolhassan@ids-scheer.de

Wolfgang Bosch
e-Mail w.bosch@ids-scheer.de

IDS Scheer AG
Postfach 101534
66015 Saarbrücken

ISBN 978-3-642-62474-2 ISBN 978-3-642-55458-2 (eBook)
DOI 10.1007/978-3-642-55458-2

Bibliografische Information Der Deutschen Bibliothek
Die Deutsche Bibliothek verzeichnet diese Publikation in der Deutschen Nationalbibliografie; detaillierte bibliografische Daten sind im Internet über *http://dnb.ddb.de* abrufbar.

http://www.springer.de

Ursprünglich erschienen bei Springer-Verlag Berlin Heidelberg New York 2003
Softcover reprint of the hardcover 1st edition 2003

Umschlaggestaltung: Erich Kirchner, Heidelberg

SPIN 10926390 42/3130 – 5 4 3 2 1 0

Vorwort
„Vom CIM zum Real-Time Enterprise“

Vor 16 Jahren veröffentlichte ich mein Buch „CIM (Computer Integrated Manufacturing) – Der computergesteuerte Industriebetrieb“. Dort wurde unter CIM die computerunterstützte Bearbeitung integrierter betrieblicher Abläufe zwischen Produktionsplanung und -steuerung, Konstruktion, Arbeitsvorbereitung, Fertigung und Qualitätssicherung verstanden. Das in diesem Buch entwickelte Y-Modell wurde später zum grafischen Symbol des CIM Gedankens und sogar zum Logo der IDS Scheer AG.

Bereits im CIM-Konzept fanden sich zwei Grundgedanken:

- Computerunterstützung - IT ist (nur) Hilfsmittel zur Umsetzung der Prozesse und
- Integration - abteilungsübergreifende Prozesse und vernetzte Softwarelösungen,

die zu den Grundsätzen eines Real-Time Enterprise (RTE) zählen. Heute hat sich der Umfang der betrachteten Prozesse stark erweitert. So reichen die im Rahmen eines RTE betrachteten Prozesse – ähnlich wie im Supply Chain Management - über die gesamte Wertschöpfungskette vom Vorlieferanten des Lieferanten bis zum Kunden des Kunden. Des Weiteren bezieht ein RTE bei der Betrachtung aller unternehmensinternen Prozesse auch die strategischen und finanzbuchhalterischen Prozesse mit ein.

War im Zeitalter des CIM noch die optimale Belegung der Fertigungsmaschinen die zentrale Aufgabe, steht im RTE der Echtzeit-Informationsfluss zwischen allen Partnern sowie die damit gesteuerte Ausführung aller Prozesse unter minimalen Durchlaufzeiten bei Beachtung der Profitabilität im Fokus. Schnellste Entscheidungen auf allen Ebenen, auch im Top-Management, sind die Grundlage für den Erfolg, nicht erst nach dem Quartalsbericht. Damit hängt die Wettbewerbsfähigkeit eines Unternehmens entscheidend davon ab, inwieweit es ihm gelingt, seine Wertschöpfungsprozesse ganzheitlich zu steuern. Ein kritischer Erfolgsfaktor ist daher, dass ein Unternehmen bei der Gestaltung seiner Strategie, Prozesse, Organisation und Informations- und Kommunikationstechnologie den Menschen im Rahmen eines Change Management berücksichtigt.

Das vorliegende Buch richtet sich sowohl an Praktiker aus Unternehmen als auch an Unternehmensberater und Wissenschaftler. Dem Praktiker, vom Chief Executive Officer (CEO) bis zum mittleren Management, soll das Buch Anleitung zur Umsetzung des RTE-Konzepts im eigenen Hause sein und dem Wissenschaftler einen umfassenden Überblick über das Themengebiet liefern.

Ich danke allen Autoren, die ihre Beiträge rechtzeitig zur Verfügung gestellt und damit das Erscheinen des Buches ermöglicht haben. Darüber hinaus danke ich Dr. Carsten Jörns und Marc Vietor für die inhaltliche Koordination der einzelnen Beiträge.

Saarbrücken, im April 2003

Prof. Dr. Dr. h.c. mult. August-Wilhelm Scheer

Inhaltsverzeichnis

1 Das Real-Time Enterprise – Eine Einordnung

Ferri Abolhassan
Vorstandssprecher, IDS Scheer AG

IDS Scheer AG
Altenkesseler Str. 17
66115 Saarbrücken
Deutschland

Zusammenfassung

Das Real-Time Enterprise (RTE) Konzept ist mittlerweile zu einem Megatrend für Unternehmen avanciert. Isolierte neue IT-Lösungen oder strategische Konzepte verstellen jedoch immer wieder den Blick auf den grundlegend ganzheitlichen Ansatz des RTE. Diese Einordnung soll einen Überblick über die Potenziale des und die Anforderung an ein RTE geben: Vom Verständnis des Kundenwunsches nach Geschwindigkeit und Qualität der Abwicklung als Vater des RTE-Gedankens bis hin zur Optimierung von Prozessen und Implementierung von Systemen als infrastrukturelle Basis des Echtzeit-Unternehmens.

„Der Kunde ist König." Dieses alte Dienstleistungs-Prinzip gilt im gegenwärtigen und künftigen Business mehr denn je. Durch das Aufkommen des Internets in den 90er Jahren haben sich die Anforderung an Geschwindigkeit und Flexibilität von Unternehmen dramatisch verändert. So binden sich zunehmend mündige Konsumenten durch direkte Vergleiche von Preisen und Lieferzeiten über das World Wide Web an den agilsten Anbieter – und lösen sich in kürzester Zeit wieder, wenn Firmen die versprochenen Leistungen nicht erbringen können. Außerdem verbreiten und ändern sich Markttrends innerhalb von Tagen – und dies nicht in lokal begrenzten Absatzräumen, sondern weltweit. Wer angesichts dieser Marktentwicklungen überleben will, muss jederzeit schnell und flexibel auf Anforderungen reagieren. Der Faktor Zeit wird zum entscheidenden Differenzierungsmerkmal. Markttrends müssen in Echtzeit erkannt, alle Ressourcen eines Unternehmens ohne Verzögerung mobilisiert und abgefragt werden können. Nur so kann die Zufriedenheit des Kunden sichergestellt und der Absatz von Produkten eines Unternehmens auch künftig gewährleistet werden. Mit der derzeitigen Organisation innerhalb vieler Unternehmen sind diese Aufgaben allerdings nicht mehr zu bewältigen.

Wir würden es uns also zu einfach machen, wenn wir ausbleibende Unternehmenserfolge weitgehend mit düsteren Konjunkturdaten begründeten. Viele Probleme in Unternehmen sind hausgemacht. Sie gilt es anzugehen und zu eliminieren. Eine wesentliche Rolle im derzeitigen Debakel spielt die eher traditionelle, funktionsorientierte Aufbau- und Ablauforganisation in der Old Economy, die auf diese Weise im Ergebnis immer noch stark reaktiv ausgerichtet ist. Auf allen Entscheidungs- und Handlungsebenen müssen sich Manager und Mitarbeiter auch heute noch weitgehend in ihrer Arbeit auf vergangenheitsbezogene Informationen verlassen. Dies führt naturgemäß dazu, dass man nur verzögert auf ein verändertes Kundenverhalten oder sich wandelnde Marktbedingungen reagiert und der Faktor Zeit zum Profitkiller wird.

Was läuft konkret falsch? Nun, beispielsweise konnten die großen Erwartungen von Unternehmen und ihren Kunden an den Vertriebsweg Internet, an E-Commerce und Online-Interaktion, oft nicht oder nur sehr unzureichend erfüllt werden. Unbeantwortete E-Mails, liegen gebliebene Bestellungen, veraltete und verstreut gespeicherte Daten ließen keine ausreichende Kundenorientierung zu. Kundenfrust, mangelnde Kosteneffizienz und Umsatzstagnation waren die Folge. Ein Beispiel hierfür sind Internet-Marktplätze. In der ursprünglichen Idee ein Konzept, welches schnelle Ausschreibungen und Reaktionen bei Unternehmen fördern sollte, in der Realität aber dazu führte, dass nur ein weiterer Absatz- und Kommunikationskanal geschaffen wurde, der in der Vergangenheit häufig genug verstopft zu sein schien. Die Lösung für derartige Erscheinungen sehen Manager wie IT-Experten in einem **Real-Time Enterprise** (RTE) – als Antwort auf die Kundenorientierung in der Wirtschaft.

Im November 2002 rief das amerikanische Marktforschungsunternehmen Gartner Group bei ihrem Symposium/Itxpo in Cannes das RTE als Megatrend und Muss für Unternehmen aus. Für die Marktbeobachter ist RTE dabei eine logische Konsequenz aus dem technologischen Fortschritt der letzten Jahre, der zu einem hohen Grad an Vernetzung und Integration führte. Anders ausgedrückt: Von den technischen Entwicklungen her ist die Echtzeit-Ökonomie damit heute möglich.

Grundlage für diese weitgehende Aussage stellen auch für Gartner die tiefgreifenden Änderungen durch Internet und New Economy dar. Diese haben zu einer „Now Economy" geführt, in der Geduld keine Tugend mehr ist. Die Forderungen von Gartner sind klar und deutlich: Das moderne RTE muss zunächst einmal sämtliche Prozesszeiten verkürzen. So gibt es prinzipiell keinen plausiblen Grund, warum in einem make-to-stock-Umfeld Bestellung und darauf folgende Auslieferung eines Artikels nicht unmittelbar aufeinanderfolgen – wenn nur der Prozess perfektioniert ist. Was zählt, ist das Ergebnis: Die Ware muss so schnell wie möglich ihren Bestimmungsort erreichen. Zwischenschritte sind nicht mehr tragbar.

Auch die Anforderungen an die Informationstechnologie im Hinblick auf die Prozesse formuliert Gartner klar: Verzögerungszeiten von Anwendungssystemen und Stillstände in Abläufen müssen gemessen, registriert, analysiert und beseitigt werden. Unternehmensarchitekturen müssen künftig so konstruiert sein, dass sie Prozesse optimal und verzögerungsfrei unterstützen. Hierfür müssen aus Sicht Gartners folgende technische Voraussetzungen erfüllt sein:

- Eine Architektur muss ohne Verzögerung arbeiten, um die Verkürzung von Prozesszeiten zu unterstützen
- Mobile und drahtlose Technologien sind erforderlich, damit sich die Prozesse zeitlich und räumlich beliebig verschieben lassen
- Um das ganze Unternehmen und auf längere Sicht die gesamte Wertschöpfungskette einbinden zu können, ist die lückenlose Integration von Systemen und die Schaffung von Standards für den Datenaustausch unumgänglich
- Die Erhöhung des Serviceniveaus geht einher mit dem Einsatz serviceorientierter IT-Architekturen

Eine Fokussierung auf neu einzuführende Technologien sieht die Gartner Group jedoch nicht – vielmehr sei das Meiste in Unternehmen bereits vorhanden, würde jedoch noch lange nicht umfassend genutzt.

Neben den Fragen der IT, für die Gartner klare Vorgaben entwickelt hat, steht vor allem die Aufgabe, die komplette Organisation in Echtzeit-Stimmung zu versetzen. Von der Produktion, über Vertrieb und Marketing bis hinauf ins Management. So wird Unternehmensführung ohne Real-Time Informationen künftig beinahe unmöglich sein: Ein Unternehmen erfolgreich zu lenken, erfordert ein hohes Maß an Weitsicht. So wie ein verantwortlich handelnder Kapitän sich nicht nur auf das Wasser unter seinem Kiel und den Wind in seinen Segeln verlässt, sondern sich bei seinen Entscheidungen am Wetter auf der vor ihm liegenden Route orientieren wird, ist für den Manager der Blick über die eigentlichen Unternehmensprozesse hinaus unerlässlich.

Dabei wird klar, dass Start- und Endpunkt der ganzheitlichen Prozesskette immer und ausschließlich durch den Kunden bestimmt werden. Die Erfüllung seiner Vorstellungen muss zur zentralen Aufgabe von Unternehmen werden. Selbst B2B-Geschäfte werden letztendlich durch die Nachfrage der Konsumenten geschaffen.

Dass Hersteller von Massengütern sehr schnell von der Umstellung zum RTE profitieren werden, liegt auf der Hand. Als Beispiel seien hier Automobilhersteller oder der Maschinenbau genannt. Der primäre Nutzen liegt aber nicht in der reinen Reduktion des Faktors „Zeit" und den daraus resultierenden Kostenersparnissen in der Produktion allein. Es ist nachvollziehbar, dass schnelle Lieferungen von Produkten nachhaltig den Wert einer Unternehmung erhöhen. Doch auch die Entwicklung von neuen Produkten ist vor dem Hintergrund der Innovationsgeschwindigkeit ein nicht zu unterschätzender Imagefaktor geworden – man denke nur an die Bedeutung der Modellpolitik großer PKW-Hersteller.

Durch die Tatsache, dass notwendige Daten wie Marktforschungsergebnisse nicht nur der Marketingabteilung sondern automatisch auch der Entwicklungsabteilung zugänglich gemacht werden, kann der Entwicklungsprozess von neuen Produkten schnell optimiert werden. Hier fällt automatisch das Stichwort „Time To Market" als signifikante Leistungsgröße. Auch Dienstleistungsunternehmen werden sich daher zum RTE entwickeln. So ist das Factory-Prinzip, wenn es auf Banken, Beratungen und Softwarehersteller adaptiert wird, ein möglicher Schritt, um auf die Anforderungen des Real-Time Enterprise zu reagieren. Kundenservice wird insbesondere im Dienstleistungbereich als ein wichtiges Alleinstellungsmerkmal angesehen. Diese Komponente kann durch das RTE entsprechend so ausgebaut werden, dass es der nachhaltigen Wertsteigerung der Unternehmen dienlich ist.

Auf dem Weg zu einer Real-Time Organisation ist es somit für ein Unternehmen unerlässlich, sich mit allen Facetten (auch indirekten Zusammenhängen) der Bedürfnisse des Kunden auseinander zu setzen. Denn mit dem Wissen über diese Rahmenbedingungen lassen sich dann die eigenen Prozesse entsprechend ausrichten und optimieren. Exzellente, auf die Kundenbedürfnisse ausgerichtete Produkte verdienen exzellente Prozesse – vom Erkennen des Bedürfnisses über die Gestaltung bis hin zur Auslieferung bzw. Dienstleistung beim Abnehmer. Beim Design der Prozesse sind die Transparenz der Information, der Informationsfluss in Echtzeit etwa bei der ereignisgetriebenen Steuerung wie Auftragseingang, Planungsänderung oder verspäteter Lieferung zwischen allen beteiligten Firmen und Abteilungen absolut entscheidend. Als Folge werden zunehmend netzwerkorientierte Organisationsformen entstehen. Diese sind viel besser als die bislang dominierenden monolithischen Strukturen dazu geeignet, sich den unterschiedlichen Bedingungen anzupassen. Ähnliche Gedanken finden sich im übrigen bei innovativen Software-Konzepten wie Web-Services oder der Dot.net-Architektur wieder, die immer stärker das IT-Fundament der Echtzeitunternehmen bilden werden. Das RTE ist daher auch ein weiterer logischer und notwendiger Schritt hin zur Informations-Gesellschaft und erweitert die Möglichkeiten von Unternehmen in ihrem spezifischen Marktumfeld.

Die Grundsätze der Prozessseite des RTE liegen in der umfassenden Prozesssicht des Value Chain Models von Michael Porter begründet, welches die Leistungserstellung von Unternehmen revolutioniert hat. Die ARIS-Methode von Prof. Scheer sowie die Idee des Business Process Reengineering von Dr. Michael Hammer haben die Verbindung zwischen IT und Prozessen in das Bewusstsein der Unternehmen gebracht. Alle diese drei Methoden, Ansätze oder Modelle ermöglichen die Implementierung des RTE. Dieses baut also auch bezüglich der Prozesssicht auf bekannten Ideen auf, die jedoch nun ganzheitlich betrachtet werden müssen. Neu ist, dass die organisatorischen Überlegungen für ein effizientes Unternehmen jetzt mit der strategischen Ausrichtung auf den Kundenfokus und mit der technologischen Entwicklung, wie sie von Gartner beschrieben wurde, zusammentreffen.

Fakt ist, dass schnelle Lieferungen von Service und Produkt nicht nur dem Kunden einer Unternehmung nutzen, sondern mit der Kundenbeziehung unmittelbar auch dem Unternehmen selbst. Der Kunde ist immer mehr bereit, für eine Zeitersparnis zu bezahlen. Planung, Produktion und Absatz müssen immer flexibler in den Unternehmen gehandhabt werden. Die schnellen Lieferungen, welche das Internet versprach, konnten aufgrund der Tatsache, dass alte Strukturen beibehalten wurden, oder Abteilungen einfach um eine zusätzliche Funktion im Unternehmen erweitert wurden, nicht realisiert werden. Auch ist es häufig so, dass die Lösung für Probleme in den Unternehmen vorhanden sind, häufig aber die Zeit fehlt, diese umzusetzen. Man baut auf kurzfristige, taktische Entscheidungen, läßt dabei aber eine langfristige Strategie aus dem Auge. Die kontinuierliche Beschleunigung der Managementprozesse verbessert fraglos die Agilität eines Unternehmens. Schnelle Entscheidungen aber sind nur möglich, wenn eine transparente Sicht auf die Prozesse beziehungsweise auf die von diesen beeinflussten Kennzahlen gewährleistet ist. Und da heute kein Unternehmen mehr als Insellösung funktioniert, geht es nicht nur darum, dass alle Bereiche eines Unternehmens mit allen Niederlassungen auf die gleichen aktuellen Daten zurückgreifen können, Subunternehmen und Lieferanten müssen ebenfalls in den gleichen aktuellen Informationsfluss eingebunden werden. Das Real-Time Unternehmen agiert so direkt am Markt. Wo früher zeitverzögertes Reagieren zum Verlust von Aufträgen geführt hat, sichert sich das agile Unternehmen jetzt einen Wettbewerbsvorsprung.

Prozesse zu identifizieren, zu messen und zu optimieren, aber auch die passenden IT-Lösungen zu implementieren stellt einen wesentlichen Schritt zum RTE dar. Gleichwohl sind weitere Schritte notwendig: Ein aktives Change-Management, das Einbeziehen aller Mitarbeiter sowie die Abstimmung mit Kunden, Partnern und Lieferanten ist unabdingbar. So kann nur ein Mitarbeiter, der sich selbst als Real-Time Worker versteht, die Voraussetzungen schaffen, das RTE auch umzusetzen. Wer nicht selbstständig entscheidet, wer keine eigene Verantwortung innerhalb einer Prozesskette übernimmt, der wird auch einen perfekt optimierten Ablauf aufhalten. Die Schaffung von Bewusstsein für die tiefgreifenden Veränderungen, welche durch die Entscheidung eines Unternehmens hin zum Real-Time Enterprise entstehen sowie notwendige Schulungen anzubieten, sind an dieser Stelle von zentraler Bedeutung. Aber auch die Schulungsbereiche müssen sich neuen Herausforderungen im Rahmen des RTE stellen. Wer weiterhin auf Präsenzschulungen als einzige Ausbildungsplattform setzt, wird schon in der Konzeptionsphase verlieren. Hier gilt es Just-in-Time Schulungskonzepte zu realisieren, und moderne E-Learning-Aktivitäten in den Unternehmen zu institutionalisieren.

Ehrgeizige Projekte lassen sich nur in einem intelligenten, schrittweisen Prozess realisieren. RTE wird für Unternehmen schon sehr bald kein „nice to have" mehr sein, sondern unerläßlich, um auch morgen noch profitabel zu arbeiten.

Welche langfristigen und nachhaltigen Potenziale birgt das Konzept RTE in einer Zeit, die von IT verlangt sich schnell bezahlt zu machen, und in welcher neue Technologien den Markt überfluten? Die Antwort ist einfach: Alle. Die Potenziale müssen nur in das Konzept der Real-Time Enterprise eingehen und wirkliche Optimierung ermöglichen.

Beispiele hierfür sind Mobile Applications, welche in die bestehenden Architekturen und Managementansätze von Unternehmen integriert werden oder Radio Frequency Identification Tag (RFID) -Technologien, die schon heute in Supermärkten oder bei Konsumgüterherstellern sowie nachgelagerten Logistikdienstleistern zum Einsatz kommen. Bei RFID werden passive Sender zur Identifizierung von Produkten und Gütern genutzt, welche in Form von Etiketten auf die Produkte aufgebracht werden. So wird eine schnelle und direkte Datenerfassung ermöglicht, welche keinen weiteren Personaleinsatz benötigt.

Das Ziel solcher neuen Technologien darf nicht primär Cost-Cutting sein, sondern vor allem dem Kunden zu schneller Belieferung zu verhelfen. Nur durch die Kombination dieser Zielgrößen ist ein RTE erfolgreich.

Vielfältige Szenarien sind in der Zukunft denkbar:

- Maschinen, welche durch Selbstdiagnose Ersatzteile und Servicepersonal bestellen
- Bestellungen, welche durch mobile Endgeräte weltweit verarbeitet werden und keine weiteren Arbeitsschritte erforderlich machen usw.
- Produkt- und Preisvergleiche, die im Laden via Handy vorgenommen werden können

Ein bereits realisiertes Instrument im Bereich dieser Technologie ist das Flottenmanagementsystem Fleetboard der DaimlerChrysler AG, ein Telematiksystem, welches es erlaubt, Lasten mobil zu disponieren, Wartungsintervalle am LKW zu identifizieren und Informationen auszutauschen. Auch hier wird der wirkliche Nutzen nur dann erfüllt, wenn die vor- und nachgelagerten Prozesse auf Echtzeit basieren und dem Unternehmen einen wirklichen Zeitvorteil bei der Reduktion von Stand- und Lieferzeit ermöglichen.

RTE bedeutet: Den Kunden und den Kunden des Kunden zufrieden stellen. Dies führt zu Folgeaufträgen treuer Abnehmer und zeigt im Endeffekt einen direkten Zusammenhang von König Kunde und einem weiteren, dem RTE zugrundeliegenden traditionellen Wirtschaftsparadigma auf: „Zeit ist Geld“.

2 Enabler für Real-Time Enterprises

2.1 Strategieentwicklung im Real-Time Enterprise (RTE)

Wolfgang Bierer
Manager, Core Service Management Consulting, IDS Scheer AG

IDS Scheer AG
Franklinstr. 62
60486 Frankfurt a.M.
Deutschland

Ioannis Liappas
Director, Core Service Management Consulting, IDS Scheer AG

IDS Scheer AG
Franklinstr. 62
60486 Frankfurt a.M.
Deutschland

Zusammenfassung

Strategieentwicklung im Zeitalter des Real-Time Enterprise ist eine große Herausforderung für die Unternehmen. Traditionelle Strategieplanungsprozesse funktionieren nur noch bedingt und vorausschauende, transparente Planung ist ein „Muss" für erfolgreiche Unternehmen. Dies setzt einen Real-Time Strategie Prozess voraus, welcher in fünf Phasen (Strategy, Design, Execution, Controlling und Optimization) unterteilt werden kann. Die großen Herausforderungen des Real-Time Management Prozesses liegen in der Zeitdimension, der Einbindung von Szenarien in die Unternehmenssteuerung sowie beim Faktor Mensch, der entscheidend zum Erfolg eines Unternehmens beiträgt.

Einleitung

Unternehmen aller Branchen und jeder Größe unterliegen heute einem sehr starken Veränderungsdruck. Im wirtschaftlichen Umfeld werden Geschwindigkeit, Kostenbewusstsein sowie Veränderungs- und Anpassungsfähigkeit verlangt.

Fundamentale Neuausrichtungen von Unternehmen oder von Geschäftsbereichen werden zu einem immer schneller wiederkehrenden Vorgang. Dieser Vorgang wird nur unzureichend durch die traditionellen strategischen Planungsansätze unterstützt, die stark reaktiv und taktisch ausgerichtet sind.

In der Zukunft besteht der Strategie-Prozess aus einem Kontinuum aus Definition, Implementierung, Durchführung und Kontrolle einer proaktiven Unternehmensstrategie, die dynamisch neue Chancen und Gefahren integriert – dem **Real-Time Strategie Prozess.**

Warum funktionieren die alten Prozesse nicht mehr?

In jeder Organisation wird Zeit verschwendet:

- Zeit um Informationen zu bekommen...
- Zeit um auf Marktanforderungen zu reagieren...
- Zeit um Entscheidungen zu treffen...

Heutzutage verschwenden viele Unternehmen Zeit, indem sie alten Prozessen und Prozeduren folgen, die über Jahre hinweg eingeführt und weiterentwickelt worden sind, ohne zu merken, dass die Prozesse die bisher funktioniert haben, heute zu bedeutsamen Wettbewerbsnachteilen führen.

Der traditionelle Strategieplanungsprozess wurde unterstützt durch lange Produktlebenszyklen, konstant bleibende Märkte und eine reaktive Managementkultur.

Managemententscheidungen basieren heute vorwiegend auf vergangenheitsbezogenen Informationen die in Monats-, Quartals- und Jahresberichten dokumentiert sind. Dies hat zur Folge, dass sich wandelnde Marktbedingungen, ein geändertes Kundenverhalten und ein Technologiewechsel nur mit einer bestimmten Latenzzeit auf die strategische Planung des Unternehmens auswirken.

Strategische Planung ist sehr stark von den Veränderungen des Unternehmensumfelds abhängig. Heutzutage ändert sich das Unternehmensumfeld allerdings kontinuierlich in Real-Time.

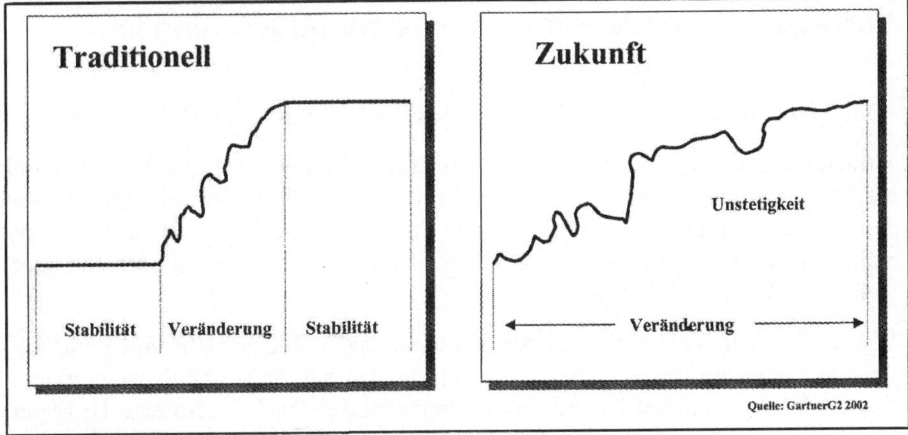

Abb. 1. Unternehmensumfeld – Früher und Heute

Die Veränderungen sind getrieben durch den Wandel vom Industrie- zum Informations-Zeitalter. Im Informations-Zeitalter ist der Wandel jedoch allgegenwärtig:

- Konstanter Technologiewechsel
- Verschiebung der Macht vom Hersteller zum Kunden
- Veränderte Industriestrukturen - Deregulierung, Einkaufsverbände
- Schnellere Geschäftszyklen – evtl. zeitweise Wettbewerbsvorteile
- Globalisierung – stark steigende Anzahl von Konkurrenten

All diese Faktoren tragen dazu bei, dass strategische Planung immer komplexer wird. Da die Veränderungen immer schneller vonstatten gehen, wird eine Vorhersage der Zukunft immer schwieriger.

Unter diesen Umständen drängt sich die Frage auf:

Macht strategische Planung überhaupt noch Sinn?

Diese Frage kann klar mit *JA* beantwortet werden, denn je schneller Dinge sich ändern, umso wichtiger ist es, eine Strategie zu haben, mit der man sofort im veränderten Umfeld agieren kann und damit den Anschluss behält.

Um diesen Anforderungen gerecht zu werden, ist ein neuer strategischer Planungsansatz notwendig.

Vorrausschauende Planung wird wichtiger denn je:

“One cannot manage change. One can only be ahead of it” (vgl. Drucker 1999)

Veränderungen lassen sich in der heutigen schnelllebigen Zeit nur bedingt durch die Unternehmen steuern, da viele Einflussfaktoren von außen vorgegeben werden. Dahinter steht im wesentlichen der Paradigmenwechsel im Unternehmensmanagement der letzten Jahre: Das Management hat die Unternehmensziele nicht mehr exklusiv unter Kontrolle.

Während in der Vergangenheit der Vorstand (nach Rücksprache mit dem Aufsichtsrat) über die Unternehmensziele entschieden hat, haben heutzutage, zumindest bei börsennotierten Unternehmen, Fondsmanager und andere externe Experten Einfluss auf die Unternehmensziele. Das Top Management kann sich nicht darauf konzentrieren, die eigenen Prozesse im Griff zu haben und am Schluss einer Periode darüber zu berichten, sondern muss sich auf extern vorgegebene Ziele einstellen und sich dazu vorab verpflichten.

Das Jahr 2002 hat gezeigt, dass Unternehmensziele oft nicht erreicht, Forecasts weit verfehlt wurden und dass Transparenz in den Topetagen von Unternehmen noch ein Fremdwort ist. Als eine Lehre daraus werden Investoren in der Zukunft regelmäßiger detaillierte Geschäftsberichte fordern und auch auf mehr Transparenz im Unternehmen drängen (Corporate Governance Initiative). Herr Raskino von der Gartner Group geht sogar noch ein Stück weiter und erklärt: „Wer Wochen braucht, um die finanzielle Situation seines Unternehmens zu analysieren, setzt sich heute dem starken Verdacht aus, Zahlen zu manipulieren:“ Dies stellt die meisten Unternehmen vor eine große Herausforderung.

Das Unternehmensmanagement wandelt sich von einem Inside-out zu einem Outside-in Prozess.

Um in Zukunft erfolgreich zu sein, benötigen Unternehmen einen Real-Time Prozess Ansatz, um Ihre Geschäftsprozesse entlang der Wertschöpfungskette den neuen Rahmenbedingungen anzupassen. Die Prozesse müssen Ihnen ermöglichen:

- Extern gesetzte Ziele, intern konsistent und schnell in Maßnahmen umzusetzen
- Proaktiv am Markt zu agieren – Vorhersage von zukünftigen Möglichkeiten/Gefahren durch Szenario Management
- Flexibel, flink, anpassungsfähig und innovativ zu sein
- Ihr Business zu steuern – Real-Time Monitoring (Process Performance Measurement), Prozesse, Feedback

Real-Time Strategie Prozess

Der Real-Time Strategie Prozess kann wie folgt dargestellt werden.

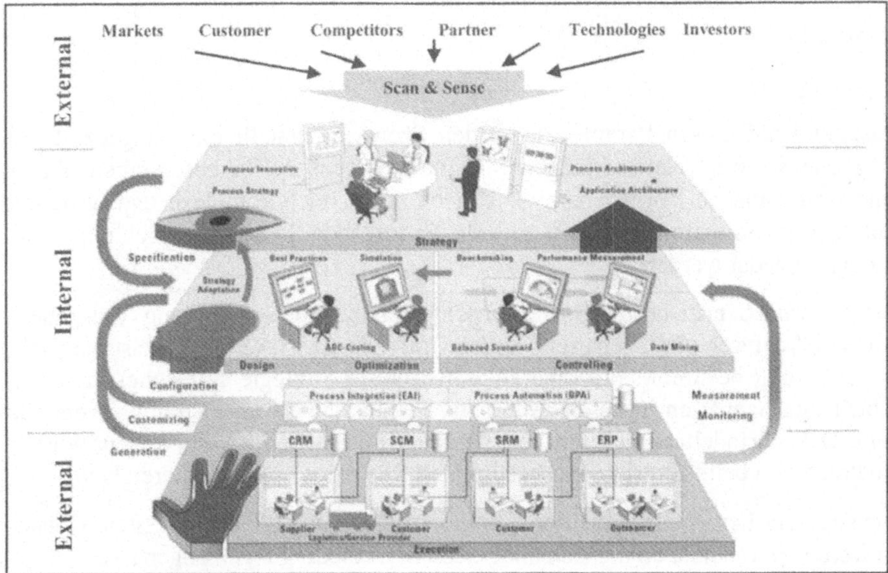

Abb. 2. Real-Time Strategie Prozess

Im dargestellten Real-Time Enterprise Modell ist der Real-Time Strategie Prozess ein kontinuierlicher Prozess, der die folgenden Schritte enthält:

1. Strategy

Auf der Ebene Strategie werden kontinuierlich (in Real-Time) externe sowie interne Parameter überwacht und analysiert um die gegenwärtige Situation des Unternehmens zu erfassen. Das Hauptaugenmerk bei den externen Parametern liegt dabei auf:

- Den Unternehmensmärkten
- Den Kunden
- Der Konkurrenz
- Den Partnern
- Bei den Investor Relations sowie auf
- Neuen Technologien

Bei den internen Parametern sind vor allem die folgenden von hoher Bedeutung:

- Prozesse
- Ressourcen
- Mitarbeiter
- Management

Basierend auf diesen Parametern werden Szenarien erstellt bzw. angepasst, die mögliche künftige Entwicklungen im Unternehmensumfeld beschreiben. Durch eine systematische Vorgehensweise können selbst hoch komplexe und unsichere Entscheidungssituationen erfasst und für die folgende Strategieentwicklung handhabbar gemacht werden.

Der zentrale Schritt besteht in der anschließenden Strategiefindung. Ausgehend von den Analysen und Szenarien werden Optionen entwickelt und die strategische Stossrichtung bestimmt. Für eine zukunftsrobuste Strategie sollte diese auf verschiedenen Szenarien basieren. Alternativ lassen sich Eventualstrategien entwickeln. Dabei handelt es sich um vollständige Strategien, die beschreiben, wie ein Unternehmen beim Eintritt eines bestimmten Szenarios optimal agieren kann.

Die strategischen Analysen laufen kontinuierlich ab und die entwickelten Szenarien werden permanent an die sich ändernden Marktbedingungen angepasst.

Steht die strategische Ausrichtung fest, beginnt der Prozess der Strategieformulierung. Wiederkehrende Bausteine von Unternehmens- und Geschäftsstrategien sind Leitbilder, strategische Kompetenzen und Positionen sowie konkrete Maßnahmen.

Das Szenario-Management wird bei der strategischen Unternehmensteuerung in der Zukunft immer bedeutender werden, so dass in einem späteren Abschnitt nochmals näher darauf eingegangen wird.

2. Design

Auf der Ebene Design werden die von der Unternehmensleitung genehmigten strategischen Vorgaben operationalisiert. Dabei werden verschiedene Perspektiven berücksichtigt.

Zum einen ist dies die interne Perspektive, bei der Prozesse entwickelt bzw. angepasst, Ressourcen geplant, Organisationsstrukturen aufgebaut/angepasst und IT-Systeme geplant/erweitert werden.

Eine andere Perspektive bezieht sich auf die Marktsicht und beschäftigt sich mit der Planung von Vertriebskanälen, Markenbildung sowie der Umsetzung der Vermarktungsstrategie.

Eine weitere Perspektive beleuchtet neue Technologien und integriert Best Practice-Ansätze.

Bei allen Prozessen, Organisationsstrukturen und IT-Systemen muss darauf geachtet werden, dass diese stets flexibel und anpassungsfähig geplant werden, um schnell auf Marktanforderungen der Zukunft reagieren zu können.

Ebenso müssen geeignete Prozesskennzahlen festgelegt werden, mit denen man die Einhaltung der Geschäfts- und Unternehmensziele überwachen kann. Zu allen Kennzahlen müssen Schwellwerte definiert werden, die bei evtl. Über- oder Unterschreitung Events oder Alerts auszulösen. Ein wichtiger Aspekt in Bezug auf Kennzahlen im Real-Time Enterprise ist, dass man sich bei jeder Kennzahl fragen muss, mit welcher Frequenz sie erhoben werden sollte. Bei einigen Metriken wird auch in Zukunft eine periodisches Erhebung genügen, bei anderen ist eine Erhebung in Echtzeit unerlässlich (z.B. Call Center Wartezeit).

3. Execution

In dieser Ebene werden die strategischen Vorgaben in Form von integrierten Prozessen mit Hilfe von adäquaten Anwendungssoftware letztendlich im täglichen Business umgesetzt. Damit dies erfolgen kann, ist ein Zusammenspiel aller beteiligten IT-Systeme (z. B. CRM, SCM, SRM und ERP) entlang der kompletten Wertschöpfungskette notwendig. Dies schließt Kunden, Partner und Lieferanten mit ein. Wie Real-Time Prozesse im Kontext von CRM, SCM, SRM und ERP ablaufen, wird in den folgenden Kapiteln beschrieben.

4. Controlling

Eine der wichtigen Aufgaben im Real-Time Strategy Process ist das Controlling der Geschäftsprozesse. Hierbei werden vereinbarte Kennzahlen zur Laufzeit mit geeigneten Systemen gemessen (z.B. *ARIS - Process Performance Manager*™) und mit Zielvorgaben verglichen. Business Intelligence (Kap. 3.2.4) bereitet diese Rohdaten weiter auf und stellt die Informationen den verantwortlichen Managern mit Hilfe von Portalen – sogenannten Real-Time Management Cockpits – zur Verfügung. Die Portale können so konfiguriert werden, dass bestimmte Rollen nur auf bestimmte Daten Zugriff haben. Die Prozesskennzahlen schaffen eine transparente Sicht auf die Prozesse und ermöglichen somit schnelle Entscheidungen auf allen Managementebenen. Das Geschäft wird somit steuerbar.

Die Kennzahlen des Prozesscontrollings bilden zusammen mit den Kennzahlen des Unternehmensumfelds die Zahlenbasis für die strategische Planung und die kontinuierliche Verbesserung der Prozesse.

5. Optimization

Auf der Ebene Optimization werden die Prozesse nachhaltig verbessert bzw. neu entwickelt. Um einem Unternehmen einen Wettbewerbsvorteil durch RTE zu sichern, ist eine 100%ige Daten- und Prozessqualität notwendig. Dies kann durch

Qualitätsinitiativen wie z. B. dem Six Sigma-Ansatz realisiert werden. Ein Vorgehensmodell hierzu wurde von der IDS Scheer in Form eines *Six Sigma Scouts* entwickelt.

Um zukünftig schlagkräftig mit neuen Produkten und Dienstleistungen am Markt agieren zu können, ist ein permanenter Innovationsprozess erforderlich. Dieser wird ebenfalls durch die erfassten internen und externen Kennzahlen gesteuert.

Begleitend zu allen Veränderungen im Unternehmen muss ein kontinuierlicher Change Management-Prozess ablaufen. Dieser stellt sicher, dass Veränderungen frühzeitig im Unternehmen kommuniziert, Mitarbeiter geschult und qualifiziert werden.

Der beschriebene Real-Time Strategie Prozess soll nicht darüber hinwegtäuschen, dass auf dem Weg zum Real-Time Enterprise viele Unternehmen noch einige Hürden überspringen müssen. Im folgenden Abschnitt wird auf einige dieser Herausforderungen näher eingehen.

Herausforderungen des Real-Time Strategie Prozesses:

Zeitdimension:

Eine der großen Herausforderungen im Real-Time Strategie Prozess ist die Zeitdimension.

Für globale Unternehmen ist Business Agilität nicht das gleiche wie Schnelligkeit.

Jeder kann schnell sein, aber zu welchen finanziellen und organisatorischen Kosten?

Wirklich agile Unternehmen sind wie Hochleistungsathleten. Sie sind schnell und halten dabei eine niedrige Pulsfrequenz, und das alles mit einem hohen Niveau an Fitness und Ausdauer. Sie können sich auch bei wechselndem Tempo an jeden Rhythmus anpassen ohne „müde“ zu werden.

Der Schlüssel für einen niedrigen Unternehmenspulsschlag ist die Verfügbarkeit von Real-Time Informationen, die regelmäßig den Status des Unternehmens einer breiten Mitarbeitergruppe zur Verfügung stellt und diese auch bevollmächtigt, sofort Maßnahmen anhand dieser Informationen zu ergreifen.

Bei General Electric (GE) verlassen sich täglich tausende Mitarbeiter rund um die Welt auf ein sogenanntes „Digitales Cockpit“, dass in Echtzeit Business Performance Metriken zur Verfügung stellt. Jedes Geschäftsfeld hat dabei zehn bis fünfzehn Real-Time Metriken, welche kritisch für den Erfolg des Unternehmens sind. General Electric hat die verschiedenen Metriken auf drei standardisierte Cockpit Ansichten verteilt: Einkauf, Produktion und Vertrieb.

Eine typische Cockpit Ansicht beinhaltet Warnungen, „Drill Down“ Möglichkeiten zur genaueren Analyse, Verzweigungen zu anderen Geschäftsfeldern und Vergleichs-Benchmarks.

Ein Vorteil der Management Cockpits liegt darin, dass sie den Managern helfen sich auf die wichtigsten Messwerte zu konzentrieren. Dadurch können schneller Entscheidungen getroffen, die Durchlaufzeiten verkürzt und das Risikomanagement verbessert werden. Das Warten auf die Monats- und Quartalsberichte gehört bei GE der Vergangenheit an.

Dabei ist die Auswahl der Performance Kennzahlen von entscheidender Bedeutung. Vor allem die Anzahl, sowie die Häufigkeit mit der die Kennzahlen erhoben werden, muss genau geplant sein. Es muss verhindert werden, dass Mitarbeiter an den Real-Time Management Cockpits kleben, wie Aktienhändler am Dax-Chart. Zu viele Kennzahlen verhindern, dass zügig Entscheidungen getroffen und Maßnahmen eingeleitet werden. Werden die Kennzahlen immer online erhoben, so ist die Gefahr groß, dass kurzfristige Ausschläge ins Positive wie ins Negative falsch interpretiert werden.

Im folgenden Bild werden die verschiedenen Performance Kennzahlen und die Real-Time Erwartungen dargestellt:

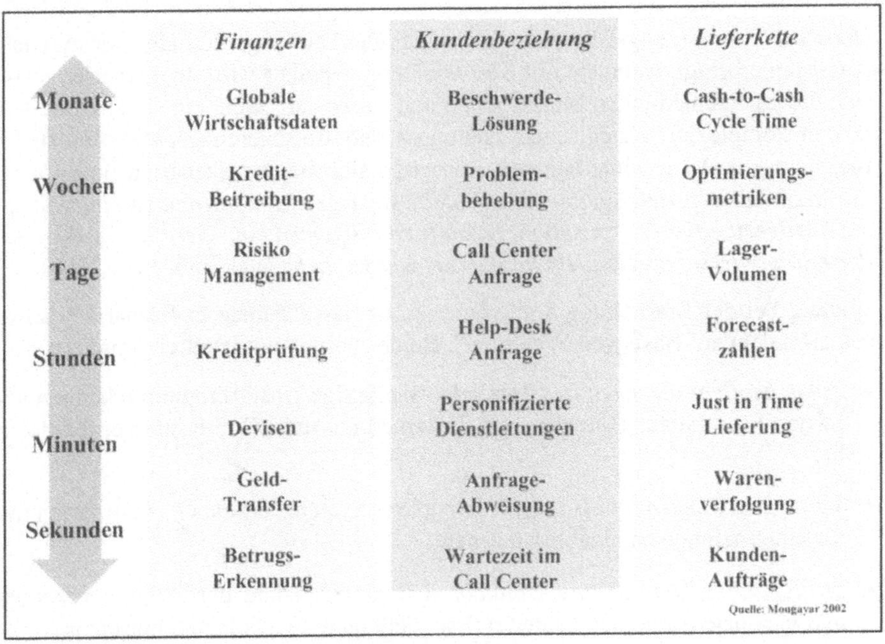

	Finanzen	*Kundenbeziehung*	*Lieferkette*
Monate	Globale Wirtschaftsdaten	Beschwerde-Lösung	Cash-to-Cash Cycle Time
Wochen	Kredit-Beitreibung	Problem-behebung	Optimierungs-metriken
Tage	Risiko Management	Call Center Anfrage	Lager-Volumen
Stunden	Kreditprüfung	Help-Desk Anfrage	Forecast-zahlen
Minuten	Devisen	Personifizierte Dienstleitungen	Just in Time Lieferung
Sekunden	Geld-Transfer	Anfrage-Abweisung	Waren-verfolgung
	Betrugs-Erkennung	Wartezeit im Call Center	Kunden-Aufträge

Quelle: Mougayar 2002

Abb. 3. Performance Kennzahlen (vgl. Mougayar 2002)

Einige dieser Kennzahlen haben direkte Auswirkungen auf das momentane Geschehen im Unternehmen, andere dagegen auf die strategische Ausrichtung. Wenn zum Beispiel die Wartezeit im Call Center einer Versicherung zu hoch ist, werden zur Verminderung der Wartezeit sofort Mitarbeiter des Back-Office Bereichs zum Telefondienst hinzugezogen. Diese Kennzahl muss online verfügbar sein, da sie eine hohe Korrelation mit der Kundenzufriedenheit aufweist.

Im Hinblick auf die strategische Planung liegt die Herausforderung in der Verkürzung der Planungshorizonte. Ging man früher bei einer Unternehmensvision von fünf bis 10 Jahren aus, so sollte dieser Wert heute bei zwei bis drei Jahren liegen. Um dies zu erreichen, muss die Strategieformulierung, wie in Kap. 3.2.1.4 beschrieben, kontinuierlich durch strategische Analysen unterstützt werden. Dabei ist es auch wichtig, dass die Anzahl der Kennzahlen für den strategischen Planer überschaubar bleibt. Weniger ist oftmals mehr!

Eine Möglichkeit die strategischen Planungszyklen zu verkürzen, bietet das Szenario-Management, auf das im folgenden Abschnitt eingegangen wird.

Szenario- Management:

Der Real-Time Strategie Prozess setzt auf Früherkennung, die indes nur nützliche Aussagen erbringt, wenn sie mit Szenarien eng verzahnt wird. In Szenarien lassen sich die unterschiedlichen Marktsignale und Trends erfassen, um sie anschließend in den komplexen strategischen Planungs- und Entscheidungsprozessen zu berücksichtigen. Viele Unternehmen erarbeiten sich bereits Szenarien und können mit Ihrer Hilfe gezielt agieren. *Eine solche strategische Vorschau ist eine Kunst – die Fertigkeit einer Organisation, Zukunft und Visionen eine Gestalt zu geben, aus der erfolgswirksames Handeln hergeleitet werden kann* (vgl. Fink et.al. 2000).

Wichtig bei der Erarbeitung von Szenarien ist das „Denken in Szenarien" sowie das „Handeln auf Basis von Szenarien". Beides beruht auf den drei Grundlagen:

- *Zukunftsoffenes Denken und Handeln:* Vielfältige Unsicherheiten erkennen und in den Entscheidungsprozess von Unternehmen und Organisationen einbeziehen
- *Vernetztes Denken und Handeln:* Komplexe Systeme erkennen, analysieren und für Unternehmen handhabbar machen
- *Strategisches Denken und Handeln:* Erfolgspotenziale der Zukunft erkennen und visionäre Strategien zu deren Erschließung entwickeln und umsetzen

In der Schnittmenge all dieser Grundlagen liegt das Szenario Management, als die Verknüpfung von vernetztem, zukunftsoffenen und strategischem Denken und Handeln.

Integration des Szenario Managements im Real-Time Strategie Prozess:

Wie bereits auf der Ebene Strategie kurz beschrieben, werden in einem ersten Schritt kontinuierlich (in Real-time) externe sowie interne Parameter überwacht und analysiert. Dabei wird die gegenwärtige Situation des Unternehmens anhand geeigneter Beurteilungskriterien charakterisiert. In einem zweiten Schritt werden Szenarien erstellt, die mögliche künftige Entwicklungen des Unternehmens beschreiben. Bei diesem Schritt ist es wichtig auch Szenarien zu berücksichtigen, die eine geringe Eintrittswahrscheinlichkeit haben. Es ist ratsam „Out of the box“ zu denken, um auch zukünftige Unsicherheiten zu berücksichtigen.

Der zentrale Schritt besteht in der anschließenden *Strategiefindung*. Dabei werden als erstes die in den verschiedenen Umfeldanalysen ermittelten Chancen, Gefahren und damit verbundenen Handlungsoptionen betrachtet. Dabei gilt die Faustregel, alle Szenarien, auch die sehr unwahrscheinlichen, so lange wie möglich im Spiel zu halten. Auf diese Weise werden auch die in negativen Szenarien enthaltene Chancen sowie die gerne verdrängten Gefahren einer „guten“ Entwicklung berücksichtigt. Im Zuge der Strategiefindung muss entschieden werden, ob die Strategie am Ende auf einem oder mehreren Szenarien aufbauen soll. Eine streng fokussierte Planung basiert auf einem ausgewählten Referenzszenario, eine zukunftsrobuste Planung basiert auf mehreren Szenarien. Dabei ist es auch möglich, Eventualstrategien zu entwickeln, die beschreiben, wie ein Unternehmen beim Eintritt eines ganz bestimmten Szenarios optimal agieren könnte. Ist dies erfolgt, wird eine strategische Stossrichtung festgelegt, die als Basis für die Strategieformulierung dient.

Bei der *Strategieformulierung* werden die immer wiederkehrenden Bausteine von Unternehmens- und Geschäftsstrategien beschrieben. Dabei handelt es sich um das Leitbild, strategische Kompetenzen und Positionen sowie um geeignete Maßnahmen zur Strategieumsetzung. Dabei sind unter Leitbildern keine kleinen, alltäglichen Ziele zu verstehen, sondern die „großen Entwürfe“. Die Konkretisierung eines Leitbildes erfolgt über strategische Kompetenzen („Was müssen wir haben oder können, um unsere Leitbild zu erreichen?“) und strategische Positionen („Wo müssen wir was anbieten, um das Leitbild zu erreichen?“). Die Maßnahmen bilden dabei die Brücke zwischen der Gegenwart zu den in Leitbild, Kompetenzen und Positionen beschriebenen Zielen.

Das folgende Bild stellt die Integration von Szenarien in die strategische Planung dar.

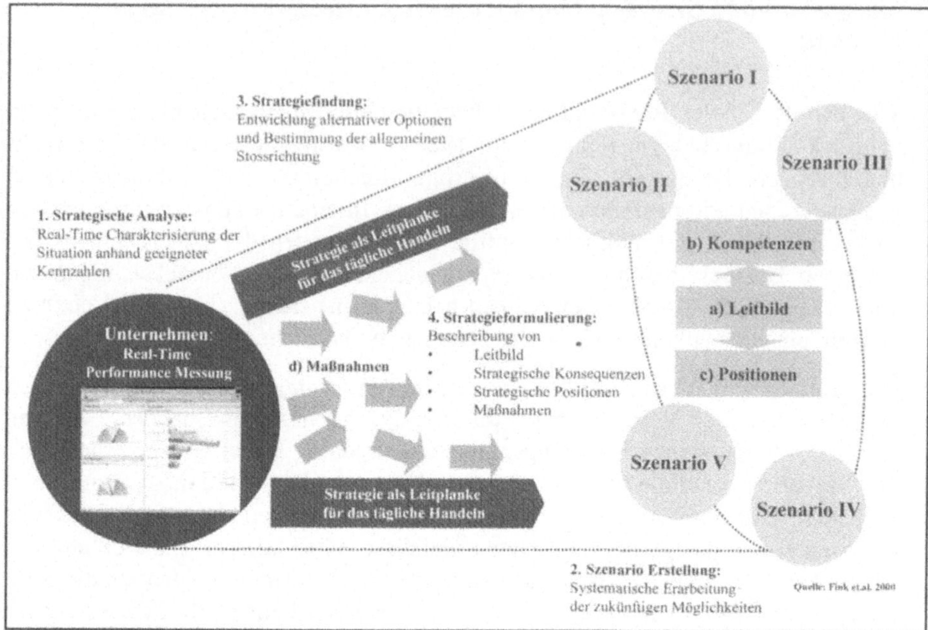

Abb. 4. Integration von Szenarien

Den meisten relevanten Umfeldentwicklungen gehen sogenannte „Schwache Signale“ voraus. Gelingt es dem Unternehmen, die Signale frühzeitig mit Hilfe von Real-Time Informationen zu orten, zu analysieren und gezielt zu bearbeiten, so vergrößert es seinen Spielraum, Chancen zu nutzen beziehungsweise Gefahren zu entgehen. Ein Beispiel für die Gestaltung der systematischen Vorausschau ist das „Dreamteam“ von AUDI. Zu ihm gehören sechs Vertreter verschiedener Unternehmensbereiche, die regelmäßig verschiedenste Faktoren analysieren, die den zukünftigen Erfolg des Unternehmens ausmachen könnten. Es versucht, relevante Produkt- und Geschäftsfeldoptionen aufzuspüren und Anstöße zu grundsätzlichen Überlegungen und Umdenkprozessen zu liefern. Diese Überlegungen werden dann anhand von Szenarien analysiert.

Um eine systematische Umfeldvorausschau erfolgreich durchführen zu können, ist ein Real-Time Management Cockpit unabdingbar, indem die Parameter jederzeit verfügbar sind und durch geeignete Business Intelligence Metriken aufbereitet werden. Im Kapitel 3.2.4 Business Intelligence wird auf die Einzelheiten näher eingegangen.

Faktor Mensch

Nicht zuletzt ist ein ganz entscheidender Faktor, ob der Real-Time Enterprise Ansatz Erfolg haben wird oder nicht, der Mensch. Die Verfügbarkeit von Real-Time

IT-Systemen und Performance Kennzahlen ist noch kein Erfolgsgarant dafür, sondern das Führungsverhalten des Managements.

Es muss den Prozess steuern, kurzfristig die richtigen Entscheidungen treffen und seine Mitarbeiter befähigen, aktiv am Prozess teilzunehmen. Dies setzt voraus, dass Mitarbeiter qualifiziert und trainiert sind und dass im Unternehmen ein aktiver Change Management Prozess verankert ist. Das heißt: offen, schnell und detailliert über Veränderungen informieren.

Um den Real-Time Enterprise Ansatz erfolgreich zu machen, bedarf es keinem „IT Projekt", sondern vielmehr einer kontinuierlichen, strategischen Anstrengung, die das Unternehmen in seine Umwelt integriert (Netzwerkorganisation), die internen Prozesse an der Kundenperspektive ausrichtet, die Prozesse durch IT-Systeme unterstützt und kontrolliert , sowie seine Mitarbeiter durch aktives Change Management an den Veränderungen im Unternehmen teilnehmen lässt.

Literaturverzeichnis

Drucker, Peter F., Management Challenges for the 21st Century, HarperCollins Publisher Inc.,NY 1999, Seite 73

Fink, Alexander et.al., Wie sie in Szenarien die Zukunft vorausdenken, Harvard Business Manager, Heft 2, I. Quartal 2000

Mougayar, William, Spanning the Globe in Real Time, September 2002, Issue 11

2.2 Betroffene Prozesse

2.2.1 Kundenzentrierte Prozesse

Thomas Joachim
Senior Manager, Core Service Customer Relationship Management,
IDS Scheer AG

IDS Scheer AG
Altenkesseler Str. 17
66115 Saarbrücken
Deutschland

Marc Vietor
Senior Manager, Core Service Customer Relationship Management,
IDS Scheer AG

IDS Scheer AG
Altenkesseler Str. 17
66115 Saarbrücken
Deutschland

Zusammenfassung

Das Real-Time Enterprise gibt der Kundenbeziehung eine weitere Dimension. Unabhängig vom Kontaktkanal sind alle kundenrelevanten und damit auch entscheidungsrelevanten Informationen vorhanden. Ein RTE begreift Customer Relationship Management nicht nur als Unternehmensgrundsatz sondern auch als real-time Agieren mit den Geschäftspartnern.

Für jeden Mitarbeiter sind alle relevanten Kundendaten in Echtzeit abrufbar. Die Sammlung von Informationen zum Kunden wird nicht länger als lästige Systembefriedigung betrachtet. Sie dienen zur proaktiven Geschäftssteuerung. So kann das Unternehmen vorausschauend Planen, zielgruppen-orientiert die richtigen Leistungen und Produkte anbieten und das Fullfillment kundenwunschgemäß vollziehen.

Der Gewinn für das Unternehmen mit diesem Verständnis liegt in der Schaffung von Wettbewerbsvorteilen. Denn nur der „early bird catches the worm" – d.h. Zeit ist Geld. Real-Time Management leistet damit einen aktiven Beitrag zur Kundenbindung. Die Informationstechnologie hilft zudem zugehörige Prozesse effizient und kostengünstig umzusetzen.

Das Real-Time Enterprise versteht implementierte Prozesse nicht als Status quo. Kundenfeedback als auch die Untersuchung der Prozess Performance sind die Ansätze zur kontinuierlichen Verbesserung, die sofort umsetzbar sind.

Bedeutung des Real-Time Management für Customer Relationship Management

Erfolg im Markt manifestiert sich an der Fähigkeit eines Unternehmens, Kunden zu binden, durch die richtigen Produkte und Leistungen zu überzeugen und dies zu adäquaten Preisen. Eine Herausforderung, die nur gemeistert wird, wenn alle Prozesse mit Kundeninteraktion bzw. Kundenrelevanz optimiert ablaufen. Dies muss für den Kunden bei jedem Kontakt erlebbar sein. Der Kunde empfindet eine echte Servicementalität aller Mitarbeiter. Die permanente Überwachung, ob dies vom Kunden erkannt ist, ob die Prozesse die geforderte Performance aufweisen, ob der Markt neue Anforderungen an die Prozesse stellt, dies ist Aufgabe des umfassenden Kundenbeziehungsmanagements. All dies erfolgt vor dem Hintergrund enger werdender Margen in vielen Branchen und dem daraus resultierenden Kostendruck. So ist der Kostendruck häufig die Triebfeder, Prozesse neu zu gestalten. Das Real-Time Enterprise wird diesen Gesichtspunkten gerecht, in dem die Prozesse für eine Real-Time Abwicklung gestaltet sind, die IT-Plattform alle notwendigen Prozessschritte automatisiert, relevante Information den Beteiligten proaktiv zur Verfügung stehen und die Integration in z.B. SCM-, ERP- und Datawarehousesysteme realisiert ist.

So führt ein auftretender Alert in der Value Chain des Real-Time Enterprises zu folgerichtigen Aktionen. Dies geht über Unternehmensgrenzen hinweg. Kommt es zu einem Lieferstopp eines Lieferanten aufgrund technischer Probleme mit direkten Auswirkungen auf die Produktion des Unternehmens, wird der Produktionsplaner die betroffenen Kundenaufträge ermitteln, einen neuen Liefertermin bestimmen und die Kundenbetreuer z.B. mittels Workflow über die geänderten Bedingungen informieren. Hier endet die Kette der Aktionen nicht: Die Prozesskette geht weiter zum Kunden, damit auch er in seiner Value Chain die notwendigen Maßnahmen treffen kann.

Dieses alltägliche Beispiel zeigt die Notwendigkeit des Real-Time Agierens und seiner Bedeutung für die Kundenbeziehung. Fehlt die notwendige Transparenz, und das Unternehmen reagiert zeitverzögert auf Ausnahmen, so ist die Unzufriedenheit des Kunden vorprogrammiert. Der Kunde wird sich mittelfristig für einen neuen Lieferanten entscheiden.

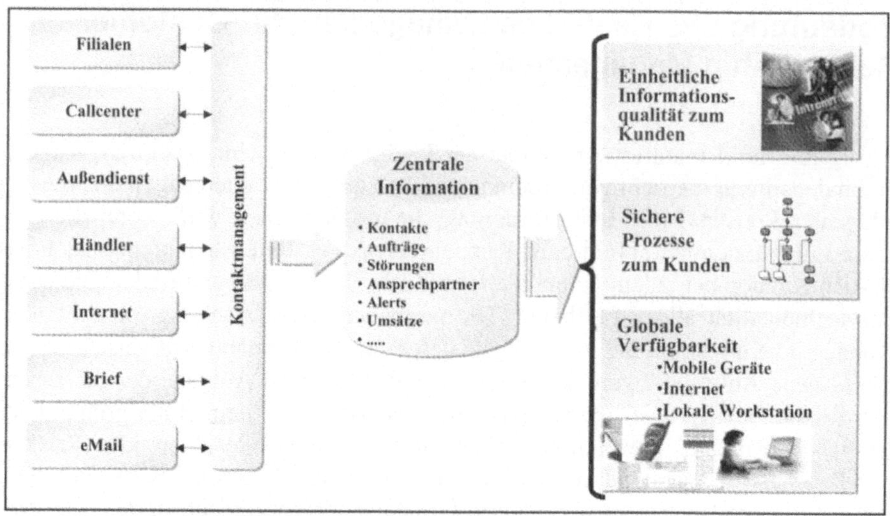

Abb. 1. Value Chain zum Kunden - Kontaktpunkte

Auch in der nicht von Ausnahmen und Prozessstörungen geprägten Zusammenarbeit mit dem Kunden prägt schnelles Agieren, das Wissen um die Wünsche des Kunden die effiziente Zusammenarbeit. Real-Time Enterprises verschaffen sich hier entscheidende Wettbewerbsvorteile.

In den folgenden Abschnitten werden die Prozesse des Real-Time Enterprises mit ihren Kopplungen zum Kunden beleuchtet.

Leistungsentwicklung

Produktinnovationen müssen zwischen Kunde, Entwicklung, Marketing, Vertrieb und Service wachsen. Gerade die enge Kooperation zwischen Vertrieb und damit dem Kundenwunsch sowie dem Product Lifecycle Management ist die Wiege des Erfolges. Das RTE muss die Kundenbedürfnisse kennen, bevor die Konkurrenz sie überhaupt erahnen kann. In Zusammenarbeit mit dem Marketing können relevante Zielgruppen ermittelt werden, weitere Daten zur Analyse gesammelt werden und Absatzprognosen erstellt werden. Die Basis für die Managemententscheidung über Go oder No Go der Leistungen entsteht. Die Prozesse der Produktentwicklung müssen in kürzester Zeit umgesetzt werden, um die „Time-To-Market" zu minimieren. Nur der Erste kann gewinnen. Produkt heisst in diesem Zusammenhang nicht nur physisch greifbare, sondern alle vom Kunden wahrgenommenen Leistungen des Unternehmens, seien sie bepreist oder Bestandteil eines Bundles oder reine Dienstleistungen.

In einigen Branchen erfolgt die Produktentwicklung in enger Abstimmung mit dem Kunden. Collaborative Szenarien ermöglichen eine Beschleunigung des Entwicklungsprozesses. Über Internet können die Partner an der Gesamtlösung entwickeln. Dabei regeln Zugriffsrechte die Verantwortungsbereiche. Ein Vorgehen, das aus der Automobilindustrie heute nicht mehr wegzudenken ist. Für die Investitionsgüterindustrie hat es derzeit noch Vorreiterstatus.

Die enge vertriebliche Verflechtung mit den unterschiedlichen Ansprechpartnern beim Kunden führt zu einem umfassenden Beziehungsnetzwerk, in dem alle Entscheider, Beeinflusser und sonstige Beteiligte transparent sind. Informationen über geplante Innovationen sind frühzeitig allen relevanten RTE Mitabeitern bekannt. Das Vertriebsprojekt ist in Bearbeitung bevor die Konkurrenten von dem Vorhaben erfahren. Alle beteiligten Mitarbeiter des RTE sind in Echtzeit in die Verkaufschance eingebunden und ziehen an einem Strang. Die frühzeitige und umfassende Kenntnis des Kundenvorhaben führt zur adäquaten Leistungserstellung und damit zur signifikanten Steigerung der Erfolgsquote.

Marketing

Das Marketing plant in Abstimmung mit dem Vertrieb unter Berücksichtigung der Absatzplanung das Marketingportfolio. Der Marketingplan als hierarchisches Strukturierungsinstrument auf Unternehmensebene berücksichtigt u.a. die Kampagnen und Promotions, die Außenauftritte (Messen, Events, etc.) sowie die unterstützenden Maßnahmen wie Broschüren und Web-Sites. In diesem Gesamtplan werden auf den einzelnen Ebenen wie beispielsweise den einzelnen Sparten oder Produktgruppen Ziele, Budgets, Verantwortliche und die Kommunikationskanäle definiert. In der Umsetzung dieser Planung werden die Zielgruppen für einzelne Aktionen bestimmt. Hierzu werden die Daten (Merkmale des Partners, operative Auftragsdaten, demographische Daten) aus allen beteiligten System online herangezogen, statt, wie heute noch häufig anzutreffen, per Programmierauftrag der Fachabteilung in wochenlanger Abstimmung durch die IT-Abteilung umgesetzt zu werden.

Auch bei adhoc Anforderungen, wie z.B. Umsatzprobleme in einer Produktgruppe, helfen die Auswertungen des sogenannten analytischen CRM, die relevanten Kunden zu identifizieren und klare Massnahmen zu treffen. So kann aus der Analyse und Zielgruppenselektion eine Aktion für den Aussendienst oder das Interaction Center direkt resultieren. Die relevanten Tasks sind sofort in der Eingangsbox der zuständigen Mitarbeiter. Ohne Zeitverlust kann gesteuert werden, bevor die Realität das Unternehmen einholt.

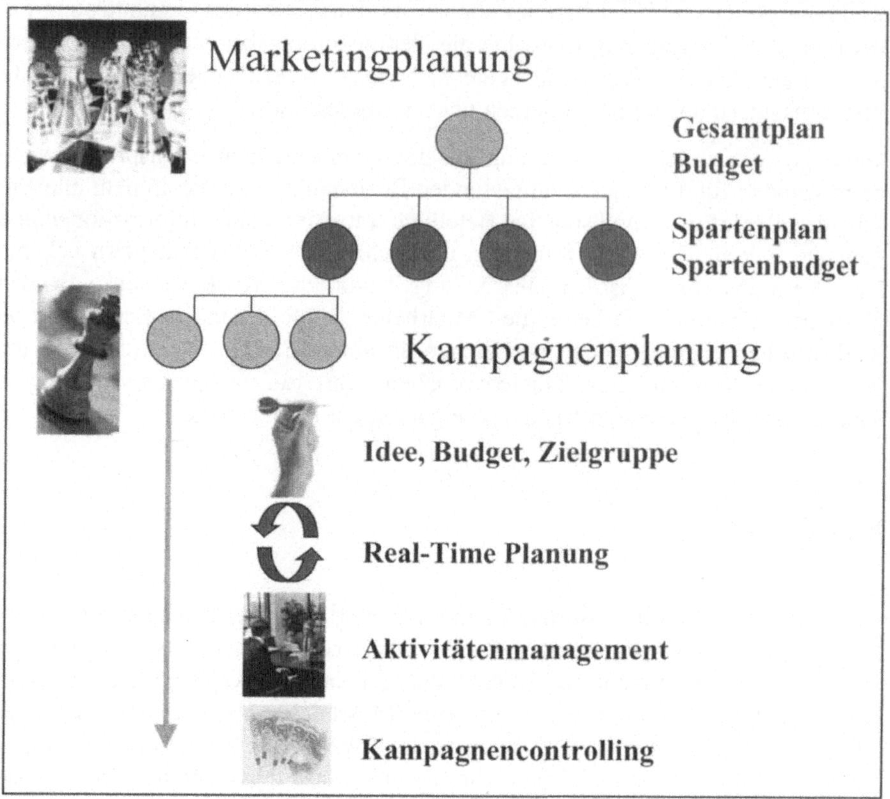

Abb. 2. Zusammenspiel Marketing Planung - Produktion - Sales

Zeit ist Geld - der Marketingmanager muss die kleinste Veränderung des Kundenverhaltens oder Responseraten auf aktuelle Kampagnen gemäss seiner individuellen Warngrenzen gemeldet bekommen, um unter Einbeziehung aller Markt- und Umweltdaten zu reagieren. Die Massnahmen sind unter Rückgriff auf erfolgreiche Kampagnen zu simulieren und durchzutesten. So muss beispielsweise die Automobilbranche bei sich abzeichnenden Steueränderungen bei Firmenwagen Marketingaktionen umsetzen, ihre Absatzplanungen anpassen und die Auswirkungen über die gesamte Supply Chain simulieren.

Marketing in der RTE Beispielfirma

In einem RTE der Konsumgüterbranche sieht ein optimierter Marketing-Prozess beispielsweise wie folgt aus:

Der Vertriebsleiter wird bei seinem morgendlichen Start des Unternehmensportals durch einen Alert informiert, dass für ein spezielles Produkt der Trend der Ist-Absätze und in noch stärkerem Masse der des Forecasts der Keyaccount Betreuer nach unten zeigen. Dieser Abwärts-Trend korreliert mit aktuellen Marktinformationen, dass ein Wettbewerber ein neues Produkt auf den Markt bringt. Die Kunden, die verstärkt das Wettbewerberprodukt nachfragen und somit den negativen Trend verstärken, werden automatisch zu einem Vorschlag für eine Zielgruppe zusammengefasst. Für diese Kunden wird eine direkte Kampagne gestartet. Ein Bundle, also ein Paket aus dem (noch) schlecht laufenden Produkt mit einer kostenlosen Beigabe, soll die Lösung bringen. Durch die Kombination des Produkts mit der Beigabe soll die Attraktivität für die Verbraucher erhöht werden. Zusätzlich wird den Zielkunden im Handel werbliche Unterstützung in Form eines Werbekostenzuschusses angeboten. Die Daten der Kampagne werden erfasst und zeitgleich an die relevanten Key Accounter zur Abschätzung der Absatzsteigerungen verteilt. Die konsolidierten Mengen werden online an die Supply Chain Planer weitergegeben, die aufbauend auf diesen Daten die mehrstufige Absatzplanung vornehmen. Die Key Accounter erhalten nicht nur die Planungsanfrage, sondern auch den geplanten Besuch bei ihren Kunden in ihren Arbeitsvorrat.

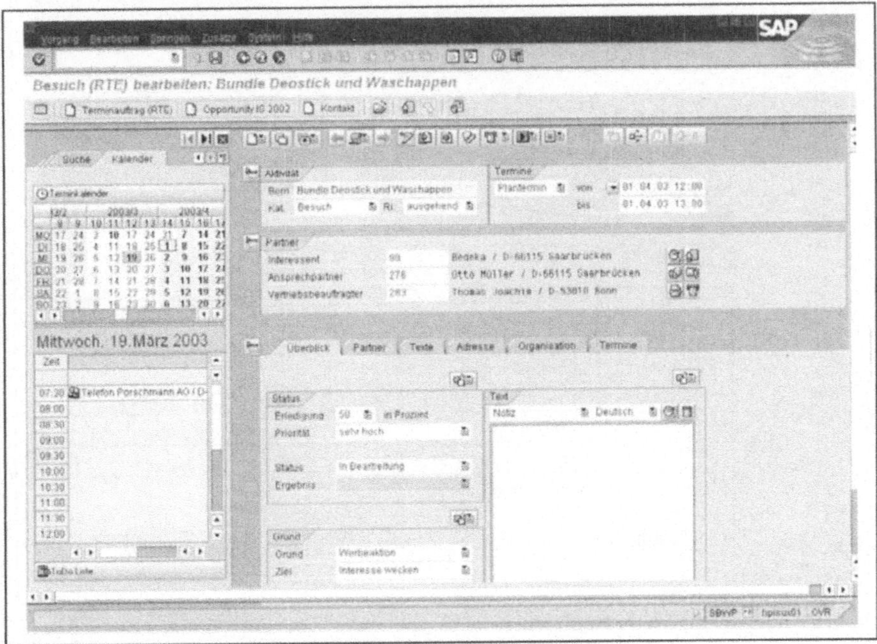

Abb. 3. Terminplanung des Kundenmanagers mit SAP CRM

Aktionspreise und Aktionspackungsgrößen werden über die gesamte logistische Kette automatisch durchgereicht. Die Erfolgsrechnung zur Kampagne ist jederzeit möglich, da sowohl die Planungsdaten in der Konzeptionsphase als auch die Ist-Daten aus der Umsetzung der Massnahme zur Verfügung stehen. Im Portal können sich der Marketingleiter und auch die Vertriebsverantwortlichen direkt über den Verlauf der Kampagne informieren. Sie sehen die Kosten der Kampagne für Werbung, die Umsätze und auch den realisierten Deckungsbeitrag. Per Drill-down kann bis in die Absatzzahlen der einzelnen Kunden der Zielgruppe verzweigt werden.

Vertriebsplanung und -steuerung

Warum ist Sylvester der entscheidende Tag des Jahres? Alle Planungen haben das Jahr als Grundlage der Planung. Wie soll es aber in einem RTE aussehen? Aus den Analysen der Vergangenheit werden die rollierenden Planungen für den Absatz erstellt. Dies kann für die Jahresplanung als Top-down und Bottom-up Planung erfolgen. Die einzelnen Vertriebsverantwortlichen erhalten Ihre Planungsmappe, die dann wieder zu einer Gesamtplanung aggregiert wird.

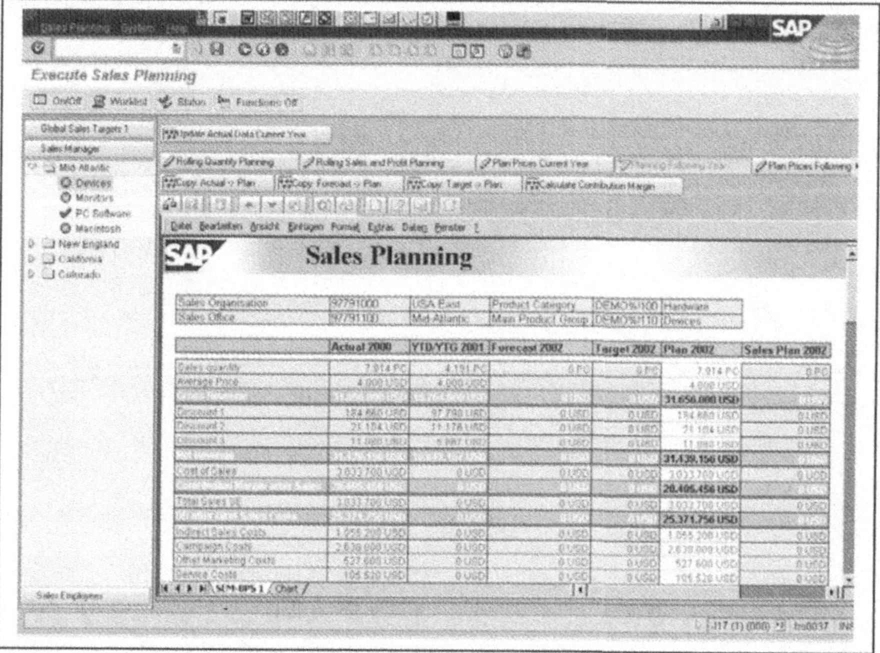

Abb. 4. Planungsmappe Kundenbetreuer

Diese Ergebnisse werden nun in die Abstimmung mit der Produktion eingebracht. Diese Daten stehen im Data Warehouse der Produktionsplanung zur Verfügung. Rückkopplungen aus diesem Planungsprozess können dann im Vertrieb bearbeitet werden. Die permanente Verfügbarkeit der Planungsdaten gewährleistet kurze Planungszyklen. Dies ist umso bedeutender für die rollierende unterjährige Planung. Hier können frühzeitig Alertsituationen erkannt und Lösungsstrategien festgelegt werden.

Aber wer kann schon ein Jahr in die Zukunft schauen? Jede Planung ist falsch. Und das ist gut so... Für das Real-Time Enterprise bedeutet dies eine rollierende

Tages- bzw. Wochenplanung, die nur noch statistisch im Data Warehouse auf Quartals- und Jahresebene aggregiert wird. Nur so können unterjährige Einflüsse permanent berücksichtigt werden und für die Steuerung des Unternehmens genutzt werden.

Vertrieb

Wie sieht es heute im Vertrieb aus? Die Aussendienstmitarbeiter haben ihr Know-how im Notizbuch oder im Kopf. Der Erfolg des Einzelnen und des Unternehmens stellt sich erst am Jahresende heraus. Keiner kennt die komplette „Lebenslaufakte" des Kunden. Termin- und Produktinformationen sind eher grob verfügbar oder werden dem Zufall überlassen. Die Prozesslaufzeiten werden nicht überwacht und sind sehr lang.

Wie sieht es in einem RTE aus?

Alle Mitarbeiter in kundenrelevanten Prozessen greifen auf eine einheitliche Datenbasis zurück. Selbst die Rechnungsstellung in der Finanzbuchhaltung ist mitunter eine wichtige Kundeninteraktion, die es zu nutzen gilt. Alle Aktivitäten mit dem Kunden und seinen Mitarbeitern sind allen, jederzeit transparent. Die Daten müssen beispielsweise auf dem Laptop, PDA oder Handy der Aussendienstmitarbeiter jederzeit abrufbereit sein.

1. Das Real-Time Enterprise betreibt ein aktives Kundenmanagement. Der Vertrieb wartet nicht auf die Anfrage des Kunden. Ein kontinuierlicher Kommunikationsprozess mit den Ansprechpartnern beim Kunden ist etabliert. Die Analysen über Bedürfnisse, Potenziale und der Wert des Kunden (CLTV = Customer Lifetime Value) aus dem Data Warehouse unterstützen bei der Wahl der richtigen Kommunikationskanäle. So kann der telefonische Kontakt, ergänzt um E-Mail Newsletter, für eine wenig profitable Kundengruppe und die persönliche Keyaccount Betreuung für eine andere, sehr profitable Gruppe, das geeignete Medium sein.
   Feedback Prozesse vom Kunden in das Unternehmen, häufig nur als Beschwerde oder Reklamation betrachtet, und die laufende Messung der Prozess Performance liefern die Erkenntnisse zur Verbesserung. Wandelnde Anforderungen werden rechtzeitig erkannt, Frühindikatoren helfen die Prozesse auf jeden einzelnen Kunden richtig zu justieren. Zum Beispiel kann die Korrelation zwischen Anzahl der Kontakte des Kundenmanagers und Auftragseingang ein Frühindikator sein. Diese Informationen stehen dem Vertriebsmanagement jederzeit zur Verfügung.

2. Die Vertriebsleitung steuert und unterstützt aktiv den Aussendienst. Die Mitarbeiter erhalten ihre abgestimmten Vertriebsziele und Aktivitäten online und in

Echtzeit. Der Zielerreichungsgrad kann jederzeit online von beiden überprüft werden. Die Daten hierzu liefern das CRM- und ERP-System in das Data Warehouse.
Die Verwaltung aller Aktivitäten zum Kunden - besonders in Vertriebsteams - sichert dem Unternehmen eine weitreichende Datenbasis. Dies hilft den Mitarbeitern des Unternehmens im laufenden Geschäftsprozess ohne Verzug mitzuarbeiten. Der Kundenmanager verteilt die erforderlichen Aktivitäten zur Leistungserstellung. So wird der Aussendienstmitarbeiter sofort die Entwicklung involvieren, sobald er Kenntnis über die Notwendigkeit der Entwicklung bzw. Anpassung einer Produktreihe erlangt. Die enge Bindung des Kunden und die gezielte Steuerung des Prozesses sichern den Erfolg. Die Art und Weise wie die Auftragsabwicklung erfolgt, ob „Real-Time", per elektronischem Datenaustausch von Maschine zu Maschine oder per Auftragserteilung im persönlichem Gespräch mit dem Kundenmanage, ist von Branche zu Branche unterschiedlich. Entscheidend ist die gemeinsame Optimierung des Kundenprozesses. D.h. der Prozess des Kunden und die Prozesse des RTE sind nahtlos so zu verzahnen, dass für beide die höchste Profitabilität entsteht. Unabhängig, ob der Auftrag durch den Aussendienstmitarbeiter, im Call Center oder durch durch den Kunden selbst via Internet in das CRM System gelangt, das Real-Time Enterprise ist sofort auskunftsfähig über die globale Lieferfähigkeit auf Basis der Daten aus dem direkt verknüpften SCM System und den kundenindividuellen Preisen aus den aktuellen CRM Daten. Die dann zugesagten Daten stehen allen nachfolgenden Unternehmenseinheiten zur zielgerichteten Erfüllung des Kundenwunsches zur Verfügung.

Sales in der RTE Beispielfirma

Der Key-Account Verantwortliche findet in seinem Arbeitsvorrat die aktuellen Aktivitäten, die aus der Bundle-Kampagne erzeugt wurden. Alle notwendigen Informationen über Zielsetzung, betroffenes Produkt, Sonder-Preise, Ansprechpartner beim Kunden etc. sind in der Aktivität automatisch vorhanden. Der Vertriebsmitarbeiter fixiert daraufhin den Kundentermin. Dieser Termin ist automatisch mit seinem Groupware System synchronisiert und ist auch auf seinem PDA verfügbar. Alle wichtigen Informationen zur Besuchsvorbereitung findet er komprimiert im „Kundenstammblatt" im CRM System und natürlich auch auf seinen mobilen Devices. Nach der Besuchsdurchführung komplettiert er die Aktivität, in dem die Ergebnisse des Besuchs festgehalten werden. In einem Fragebogen können in sekundenschnelle die wichtigsten Inhalte hinterlegt werden. Entscheidet sich der Kunde sofort und platziert einen Auftrag, so wird dieser mit Bezug zu dieser Aktivität und damit auch zur Kampagne angelegt. Das Real-Time Enterprise ist sofort zum Liefertermin auskunftsfähig. Dazu versorgt sich das CRM System mit den Daten des SCM. Der Kundenauftrag ruft hierzu automatisch die aktuelle Verfügbarkeit des Materials (Global ATP = Global Available to promise) im SCM auf, das unter Berücksichtigung aller Kapazitäten wie Produktion, Transport und Vorlieferanten den Termin zu bestätigen versucht. Der Kundenauftrag sichert sich somit die Kapazitäten in der Auftragsabwicklung gemäß Kundenwunschtermin. Sollte dies nicht möglich sein, können Vertriebsmitarbeiter und Produktionsplaner unterschiedliche Lösungen simulieren und die beste Alternative für den Kunden realisieren.

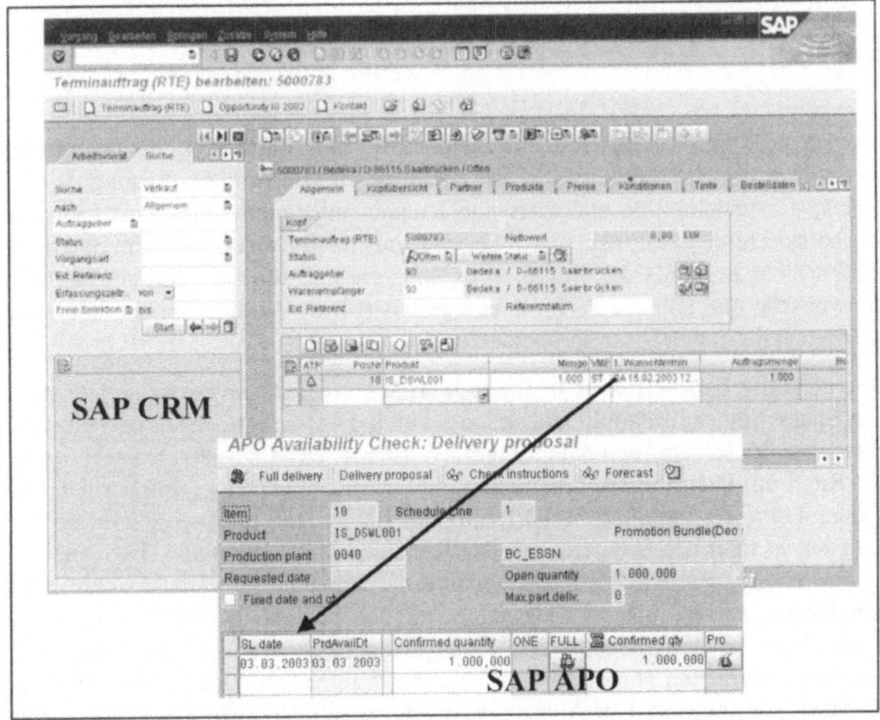

Abb. 5. ATP Prüfung aus der Auftragserfassung

Der Auftragseingang ist sicher ein zentraler Punkt im Prozess, aber nicht das Ein und Alles. Die vor- und insbesondere die nachgelagerten Prozesse müssen ihre Durchlaufzeitvorgaben einhalten, um die Kundezufriedenheit zu sichern. Die Prozesslaufzeit wird dazu in Echtzeit dem Management visualisiert, so dass bei Abweichungen sofort reagiert werden kann. Kennzahlen wie „Perfect Order Time", die Zeit vom ersten Kundenkontakt bis zur Rechnungszahlung, stehen allen zur aktiven Steuerung zur Verfügung.

Wie kann der integrierte Realtimevertrieb in der Praxis aussehen? Stellen wir uns einen Konsumenten in der Vorweihnachtszeit vor. Er entscheidet sich für ein Abonnement eines Pay-TV Anbieters, gekoppelt mit einem passenden Decoder. Die Bestellung erfolgt über ein allgemeines Internetportal und wird per automatischer E-Mail aus dem CRM System inklusive geprüftem Lieferdatum aus dem SCM System bestätigt. Der Konsument ruft einen Tag später bei der Pay-TV Hotline an, um die Bankverbindung im CRM zu korrigieren, dabei unterbreitet ihm der Agent der Hotline ein aktuelles, gemäß seinem Kunden-Profil passendes Angebot und informiert den Kunden über die in der nächsten Stunde anstehende Lieferung. Überrascht durch den schnellen Service entscheidet sich der Kunde für das unterbreitete Angebot. Hier zeigt sich, dass die Integration von SCM und CRM den Gesamtunternehmenserfolg nachhaltig steigert.

Service

Die Güte des Service ist heute entscheidend für den Markterfolg eines Unternehmens. Die schnelle Reaktion auf Kundenanfragen, die prompte Lösung des Problems, der fachkundige und über den Kunden informierte Mitarbeiter sind das Aushängeschild. Die Prozesse im Service, mit häufig einer Vielzahl Beteiligter, dürfen nicht Ergebnis des Zufalls sein, sondern sind für die Erfüllung der Kundenwünsche und höchste Performance gestaltet. Best Practice Service bindet den Kunden aktiv in die Gesamtprozesskette ein.

Wie kann das beispielsweise in einem RTE aus der Energieversorgung aussehen? Ein Bauherr eines Einfamilienhauses, der viel in Eigenarbeit leistet, bestellt seinen Baustrom bei seinem regionalen Energieversorger. Der Energieversorger, der sich als Rund-um-Dienstleister positioniert, liefert die notwendige Infrastruktur und schliesst den Vertrag über die Lieferung des Baustroms. Im Zuge dieser Abwicklung macht man den Bauherrn auf das Rundumsorglos Paket für Hausbauer aufmerksam. Hier werden alle Dienstleistungen gebündelt, vom Hausanschluss über den Umzugsservice bis zur Gasanlage mit den passenden Checks. Der Kunde nutzt dieses für seine Bedürfnisse massgeschneiderte Angebot. Der Kunde ruft nun den enthaltenen Hausanschluss über das Internet ab. Dort findet eine grobe Terminabklärung statt. Der Auftrag wird automatisch an einen externen Dienstleister online weitergeben, wobei der Termin mit dessen verfügbaren Kapazitäten geprüft war. Der externe Dienstleister stimmt zwei Tage vorher den Detailtermin über das gewünschte Medium, E-Mail oder Anruf, mit dem Bauherrn ab. Der Status des Auftrags ist für alle Beteilgten (Bauherr, Versorger, Dienstleister) jederzeit verfügbar, so dass auch der Anruf im Call Center des Versorgers zwecks Terminverschiebung keine Probleme im Prozess bereitet.

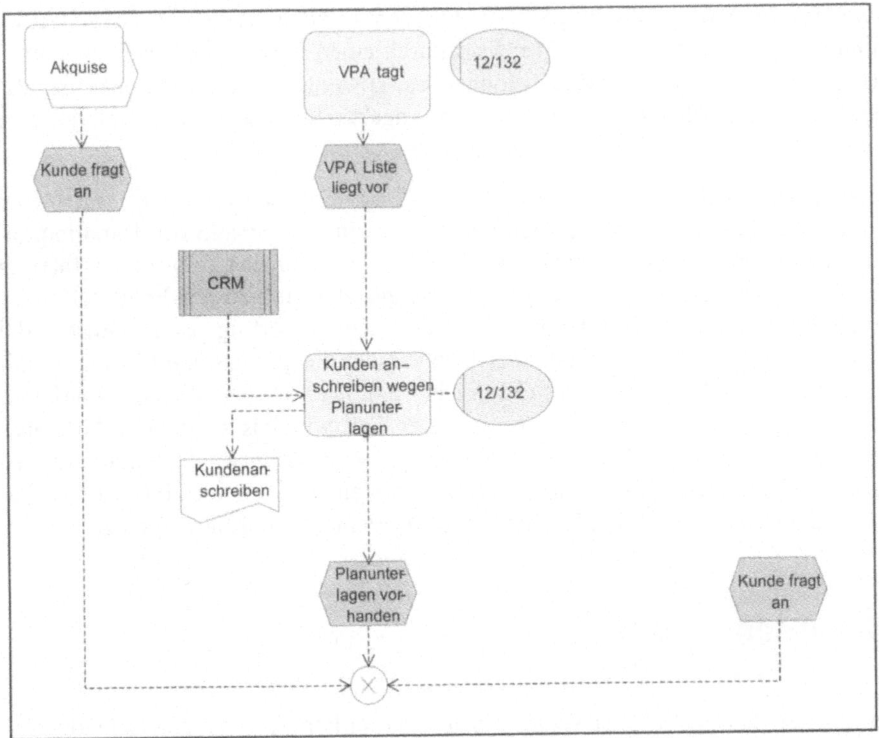

Abb. 6. Prozessauschnitt Hausanschluss

Auch komplexe Einsatzplanungen wie sie im Maschinenbau üblich sind, stellen für Real-Time Enterprises kein Problem dar. Das Customer Service System als Modul des CRM unterstützt den Serviceleiter bei der Einplanung der Wartungen. Dabei werden u.a. notwendige Skills des Servicetechnikers, erforderliches technisches Equipment und verfügbare Ersatzteile auf den Kundenwunschtermin hin gesteuert. So können zum Beispiel Wartungsmassnahmen in einem Kraftwerk nur in einem engen Zeitfenster durchgeführt werden. Die Einplanung der Ressourcen erfolgt auf diesen Termin hin. Während der Durchführung der Wartung erfasst der Techniker eingesetzte Materialien, Dauer der Arbeiten und Zustandsberichte der Anlage. Erkennt er, dass Ersatzteile ungeplant zu Erneuern sind, löst er die Beschaffung dieser Teile aus, sofern sie nicht am Lager vorrätig sind. Durch die Online- oder Remote-Verbindung in die Service-Applikation des CRM Systems wird die Bedarfsanforderung sofort bearbeitet und die Anlieferung der Teile durch den Lieferanten angestossen. Die Arbeiten können termingerecht abgeschlossen werden. Schnelligkeit und Zuverlässigkeit sind der entscheidende Faktor in diesem Prozess.

E-Services bilden die konsequente Fortsetzung oder Ergänzung dieses Geschäftsprozesses. Die Maschine meldet selbständig dem Hersteller alle relevanten Informationen über Betriebszustand, Laufleistung oder Störungen online über das Internet. Der zuständige und entsprechend qualifizierte Techniker wird von der

Maschine im Störfall direkt geordert. Für den Kunden werden so Ausfallzeiten minimiert. Das Unternehmen erreicht dadurch einen hohen Grad der Kundenbindung. Konsequent weitergedacht können die gewonnenen Informationen genutzt werden, um dem Kunden rechtzeitig ein Angebot für eine neue Maschine, eine Aufrüstung oder eine Überholung anzubieten.

Nicht jeder Kundenservice, den das Real-Time Enterprise anbietet, wird vom Kunden bei Inanspruchnahme auch bezahlt. So sind Informationen, Handlingsanfragen zum Produkt oder einfache Problemlösungen für den Kunden via Internet abrufbar. Im Kundenportal kann in der Lösungsdatenbank zu den Fragestellungen recherchiert werden. Die Interaktion mit dem Kunden erfolgt kostengünstig, die Prozesssicherheit ist hoch. Findet der Kunde nicht die gewünschte Lösung, schaltet er direkt per Knopfdruck das Call Center ein. Hier können weitere Mitarbeiter bei Spezialfragen hinzugezogen werden. Der Call wird bis zu seinem Abschluss verfolgt. Die Prozesslaufzeiten sind Grundlage der Entlohnung der Mitarbeiter, so dass dem Kunden versprochene Responsezeiten auch intern verfolgt werden. Damit ist die Grundlage für ein Service-Level-Agreement-Controlling gelegt.

Analytisches CRM

Im Rahmen des analytischen CRM lassen sich drei Perspektiven unterscheiden:

- Analysen des Marktumfeldes
- Analysen der eigenen Geschäftszahlen
- Analysen der kundenzentrierten Prozesse

Bei der Analyse des Marktumfeldes geht es um das Sammeln und Auswerten aller aus dem Unternehmensumfeld stammenden Informationen, wie beispielsweise Entwicklungen des gesamten Marktes, Umsätze der Wettbewerber, soziodemographische Entwicklungen oder politische Entscheidungen. Diese sind möglichst automatisiert in das Data Warehouse zu transferieren und den unternehmensspezifischen Daten anzugliedern.

Bei der Analyse der eigenen Geschäftszahlen geht es um das klassische Reporting von beispielsweise Umsatz und Absatz auf den verschiedensten Aggregationsebenen. Beim Real-Time Reporting stehen diese Informationen jedoch Sekunden nach ihrem Entstehen allen Beteiligten zur Verfügung. Dazu sind natürlich auf der technischen Ebene die Extraktions- und Umwandlungsverfahren auf eine Real-Time-Plattform zu stellen. Damit lassen sich gleichfalls kontinuierliche, in Echtzeit Kundenlebenswert-Ermittlungen umsetzen und somit die Profitabilität aller Kundensegmente steigern.

Der Kundenwert stellt das Verbindungselement zwischen der Kundenbeziehung und dem Unternehmensgewinn dar, denn im Laufe der Geschäftsbeziehung führen steigende Umsätze und Kosteneinsparungen zu einem kontinuierlich wachsenden Gewinnstrom.

Der Wert einer Kundenbeziehung ergibt sich aus der Summe aller Ertragsströme, die durch einen Kunden oder eine Kundengruppe generiert werden. Demnach ist der Customer Lifetime Value der Wert eines Kunden bzw. einer Kundengruppe (die Summe aller dem Kunden bzw. der Kundengruppe zurechenbaren Umsätze und Kosten) über die ganze Dauer der Geschäftsbeziehung. Diese Informationen stehen dem Real-Time Enterprise zur Verfügung und können zur Segmentierung der Kundenbasis genutzt werden. So kann aktiv gesteuert werden, welche Kunden mit welchen Prozessen und über welche Kommunikationskanäle betreut werden. Ziel ist hierbei die Steigerung des Kundenwertes durch adäquate Prozesse. So wird das Unternehmen einen Kunden mit vielen Anfragen bei geringem Auftragsvolumen tendenziell eher über das Interaction Center bedienen und den Außendienst in Richtung der anspruchsvollen und umsatzstarken Kunden steuern.

Performante Prozesse sind der Grundstein für hohe Kundenzufriedenheit. Die Analyse der kundenzentrierten Prozesse muss deshalb in Real-Time stattfinden, damit sobald erste Anzeichen für Abweichungen von den Soll-KPIs vorhanden sind, diese proaktiv an die Prozessverantwortlichen eskaliert werden. Dabei besteht die Herausforderung darin, die Prozessfragmente aus den verschiedensten beteiligten Systemen zu einem gesamten Prozess zu verbinden. Die Prozessbetrachtung geht dabei über die eigenen Unternehmensgrenzen hinaus – Kunden, Lieferanten und andere Marktpartner sind eingebunden. Denn eine Kette ist nur so stark wir ihr schwächstes Glied. Im Zeitalter des Real-Time Enterprise gewinnt das Netzwerk, das die schnellsten Prozesse hat und diese Performance durch permanentes Management kontinuierlich steigert.

ROI

Am Ende des Tages fragen die Unternehmenseigner nach dem Return on Investment des RTE im Bereich CRM. Gerade der Nutzen von CRM wird von vielen Unternehmen als schwer bewertbar angesehen. Auf der anderen Seite versprechen die Softwarehersteller gigantische Umsatzzuwächse durch den Einsatz ihrer Softwarelösungen. Nach dem Motto: Wenn sie kein CRM machen, dann sind sie in 2 Jahren nicht mehr am Markt.

Die Erfahrungen aus aktuellen Projekten der IDS Scheer belegen zwei Hauptaussagen:

- CRM rechnet sich
- Das Gold liegt in den Prozessen

Die Wirtschaftlichkeit von CRM – von der Strategie über Prozessoptimierungen bis zur IT – ist beispielsweise bei einem mittelgroßen westdeutschen Stadtwerk nachgewiesen worden. Der ermittelte Barwert für den ROI betrug mehr als 2 Mio. €, wobei die Zahlenwerte von den Mitarbeitern des Unternehmens auf konservativ, realistischer Basis geschätzt wurden. Auch hier zeigte sich, dass der Nutzen kaum aus Umsatzsteigerungen zu erzielen ist, da der Marktanteil bei einigen Produkten über 99% liegt, aber durch eine massive Verbesserung der operativen Prozesse die Aufwände für die Einführung und den laufenden Betrieb mehr als kompensiert werden.

Unter Einsatz des dynamischen und prozessorientierten ROI-Rechners des ARIS CRM Scouts wird der ROI sehr praxisnah ermittelt:

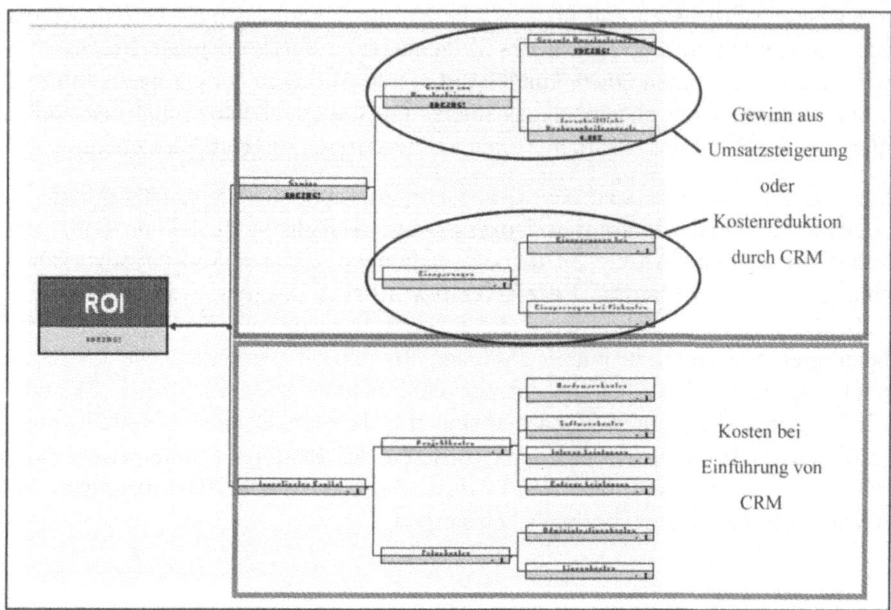

Abb. 7. ROI Baum (Ausschnitt)

Die Kostenreduktion wird anhand der Hauptprozesse und deren Teilprozessen mit den Prozessverantwortlichen ermittelt. Gleiches gilt für die Umsatzsteigerungen, die jedoch um generelle Steigerungen aus verändertem Kundenwechselverhalten plus Cross- und Upsellingraten ergänzt werden.

2.2.2 Übergreifende Koordination zum Fulfillment im Supply Chain Netzwerk

Carsten T. Jörns
Director Value Chain Management, IDS Scheer AG

IDS Scheer AG
Altenkesseler Str. 17
66115 Saarbrücken
Deutschland

Zusammenfassung

Ein perfektes Customer Relationship Management (CRM) ist ein entscheidender Schritt, macht aber allein noch kein Real-Time Enterprise. Der Kunde muss die physischen Güter, die er sich gewünscht hat, auch erhalten und zwar zur rechten Zeit am rechten Ort. Aus Sicht des Kunden nennt man diesen Vorgang Fulfillment. In Wirklichkeit steckt dahinter das Zusammenspiel verschiedenster Unternehmen, das sogenannte Supply Chain Netzwerk. Hier nimmt jeder Partner eine wichtige Rolle ein. Die seit langem bekannte Disziplin Supply Chain Management (SCM) sorgt wie ein Dirigent für ein harmonisches Zusammenwirken der Unternehmensprozesse aller Partner und damit für den Erfolg im Fulfillment. Im Real-Time Enterprise kommt SCM somit die Rolle der umsetzenden Kraft zu. Dabei setzt ein gelungenes SCM auf allen Ebenen an, von der Gestaltung der passenden Netzwerkstruktur über die ständige Optimierung der logistischen Prozesse bis hin zur Vernetzung der Partner über modernste informationstechnische Systeme.

Herausforderung Fulfillment

Ist erst einmal mittels einem gelungenen CRM bekannt, was der Kunde wirklich will, ist alles ganz einfach, so sollte man meinen. Diese ideale Welt erscheint auf den ersten Blick wie die Lösung aller Probleme. Wenn ein Unternehmen frühzeitig weiss, was es wann, wo und in welcher Menge verkaufen wird, hat es die Möglichkeit, termin- und bedarfsgerecht zu produzieren. Des weiteren kann es Lager-, Transport- und Lieferantenkapazitäten dementsprechend anpassen und somit seinem Kunden einen sehr guten Service bieten. Wären die genannten Voraussetzungen in der Regel gegeben, so wäre die Disziplin *Supply Chain Management*, also das Management der Lieferkette vom Kunden des Kunden bis zum Lieferanten des Lieferanten, vom Aussterben bedroht. Heute ist aber gerade SCM gefragter denn je, was verschiedene Gründe hat:

- Die Supply Chain ist keine Kette, sondern ein komplexes logistisches Netzwerk, das sog. *Supply Chain (SC) Netzwerk*, bestehend aus verschiedensten Unternehmen, die teilweise mehrere Arten von Beziehungen, wie z. B. Kunde–Lieferant, zueinander unterhalten

- Die Produkte eines Unternehmens verändern sich schnell. Technische Neuerungen kommen in immer kürzeren Zyklen und sorgen für Varianten bestehender Produkte, für neue Produkte oder gar für Produktfamilien. Dadurch verkürzt sich die Zeit zur Vermarktung eines Produktes (‚time to market') zunehmend

- Die Nachfrage der (End-)Kunden ist immer unstetiger, sie nähert sich dem Jetzt-Bedarf. Zum einen folgen Trends, in der Technik oder auch in der Ernährung, immer rascher aufeinander. Zum anderen führen kurzfristige Bedarfe immer wieder zu Unruhe im Logistiknetz: Möglichkeit zur Veränderung des bestellten Produkts bis kurz vor der Fertigung, moderne Vertriebsmethoden, wie Internetportale, mit oder ohne Konfigurator

- Viele Kunden geben zwar Abschätzungen Ihres Bedarfes preis, müssen diese Angaben aber durch die vorgenannten Faktoren oft kurzfristig korrigieren, da sie selbst wieder Lieferant eines (End-)Kunden sind. Zusätzlich versuchen verschiedene Stufen des Logistiknetzes – wie beispielsweise im Handel üblich – durch gezielte *Aktionen* den Absatz oder auch den Preis beim Lieferanten in ihrem Sinne zu beeinflussen. Dabei treten häufig grössere Abweichungen von den zuvor geplanten Volumina auf

- Neben schwankenden Bedarfen auf Kundenseite existieren auf Seiten der Produktion viele Güter, deren Herstellung, z. B. als Komponentenbedarf, sehr lange Vor- oder Durchlaufzeiten benötigen. Auch ein sonst flexibler Hersteller muss die Bevorratung dieser Komponenten langfristig planen. Bei Verwendung solcher Komponenten bestehen kurzfristig nur eingeschränkte Möglichkeiten auf signifikant höhere Bedarfe zu reagieren

- Einen ähnlichen Effekt hat die sogenannte *Push-Produktion*, bei der die Produktion – einmal begonnen – vor einem bestimmten Fertigstellungsgrad nicht gestoppt werden kann. Somit kann zwar teilweise bedarfsgerecht produziert werden, andererseits entstehen oft Nebenprodukte, für die derzeit kein Bedarf vorliegt. Beispiele sind kontinuierlich betriebene Erdöl-Cracker in der chemischen Industrie, oder die Landwirtschaft, in der bei Anbau oder Aufzucht der endgültige, spätere Bedarf zwar abgeschätzt wird, aber nicht genau vorhersagbar ist. Ungewollte Bestände sind die Folge

Darüber hinaus wird der Vertrieb immer bemüht sein, den berühmten Grossauftrag zu ergattern. Dies führt zu einem kurzfristig sprunghaften Anstieg des Bedarfs, der ebenfalls kaum vorhersehbar ist. Kaum dass dieser Bedarf bekannt ist, ruhen alle Blicke auf dem Fulfillment und damit auf dem Supply Chain Netzwerk.

Wenn also die genannten Gegebenheiten die Regel sind, führt dies dazu, dass ein ständiges Management des Logistiknetzwerks im Real-Time Enterprise eine Hauptaufgabe ist, um den Kundenbedarf effizient befriedigen zu können. Dieses Management stellt enorme Herausforderungen an die Qualität der Planung sowie an die Flexibilität und die Kontrolle der Ausführung logistischer Prozesse. Wie diese Herausforderung mit modernsten Methoden zu meistern ist, wird nachfolgend erläutert.

Supply Chain Management ist Real-Time Enterprise "im Kleinen"

Die Methode, unter der alle Massnahmen zur Beherrschung eines komplexen Logistiknetzwerks zusammengefasst werden, wird als *Supply Chain Management (SCM)* bezeichnet. Vereinfacht gesprochen ist die Aufgabe des SCM, die mehrstufigen Lieferungen im Netzwerk mit dem Endkundenbedarf zu synchronisieren. Häufig wird auch davon gesprochen, dass SCM ein SC Netzwerk nach dem sog. *Pull-Prinzip* ausrichtet. Das bedeutet, dass möglichst alle Aktionen durch den konkreten oder erwarteten Kundenbedarf ausgelöst werden. SCM nimmt dabei keine Rücksicht auf Unternehmensgrenzen oder IT-Systeme. Vielmehr bedingt SCM, dass alle Bereiche der einzelnen Lieferstufen möglichst ohne Friktion zusammenarbeiten, um den Marktbedarf unter optimaler Nutzung aller denkbaren Ressourcen effizient befriedigen zu können. Konkret lässt sich das SC Netzwerk typischerweise am Kundennutzen messen, es richtet sich folglich nach den Kundenpräferenzen und Einkaufsgewohnheiten aus. Dies bedeutet, dass der Kunde in die operative Steuerung des SC Netzwerks eingebunden wird: Er entscheidet über den Ort, die Zeit und die Gestaltung der gewünschten Leistung. Der Anbieter ist gut beraten, das gegebene Versprechen einzuhalten und termingerecht, preiswert, verläßlich, akkurat und in geforderter Qualität zu liefern.

Somit erfüllt SCM perfekt die logistischen Aufgaben, die in einem Real-Time Enterprise (RTE) nach der Definition der renommierten Gartner Group (vgl.

Raskino 2002) anstehen. RTEs sind auch in schwierigen Märkten und Zeiten zukunftsfähig, da sie durch zwei Dinge gekennzeichnet sind:

- Das Wissen über das Geschehen im betrieblichen Umfeld läßt sich ohne Zeitverzug mobilisieren
- Die Folgerungen aus diesen Informationen lassen sich ohne Umschweife in Handlungen umsetzen

Wie im gesamten RTE stellt SCM grosse Herausforderungen an Organisationen in Bezug auf Prozessorientierung und -effizienz einerseits und an den Informationsaustausch zwischen den einzelnen Beteiligten andererseits. Schliesslich gelingt die gestellte Aufgabe nur dann, wenn eine reibungslose Koordination verteilt ablaufender Prozesse stattfindet, bei denen Material beschafft, entsteht, verbraucht, transportiert oder verändert wird. *Transparenz* über Bedarfe und Materialverfügbarkeit sowie über alle damit im Zusammenhang stehenden vorhandenen Kapazitäten ist somit eine der wichtigsten Aufgaben. Folglich wird ein Unternehmen, das intensiv am Management eines ganzen SC Netzwerks teilnehmen möchte, für seine Partner zu einem gläsernen Unternehmen, in dem alle Prozesse von der Produktentwicklung bis hin zur Lieferung einsehbar sein müssen.

Aus diesem Grund betreiben viele Unternehmen heute als erste Stufe zum SCM ein sog. *internes SCM*, bei dem alle unternehmensinternen Logistikprozesse – z. B. das Geschäft mit den Auslandsgesellschaften – im Fokus der SCM Aktivitäten stehen. Um sich stärker am Marktbedarf ausrichten zu können, werden in einem zweiten Schritt häufig bereits zusätzliche Informationen mit den eigenen Kunden und Lieferanten ausgetauscht. Als verbreitete Vertreter solcher *einstufiger Collaboration* treten insbesondere Vendor Managed Inventory, Collaborative Engineering (Austausch von Daten zur gemeinsamen Produktgestaltung, um die Time to Market zu verkürzen) oder auch das sog. *Collaborative (Demand) Planning*, die Abstimmung eines gemeinsamen Absatzplans, auf. Siehe zu diesen Punkten auch in Weisphal, IDS Scheer AG und Heydt 1998.

Erst wenige Unternehmen vernetzen sich mit Unternehmen, die von ihnen aus im SC Netzwerk weiter entfernt liegen, oder gar mit Mitbewerbern, wie es z. B. in den Initiativen Efficient Consumer Response (ECR, vgl. Heydt 1998), Collaborative Planning, Forecasting and Replenishment (*CPFR*, vgl. Weisphal, IDS Scheer AG) sowie dem Supply Chain Council (vgl. Supply Chain Council, www.supply-chain.org) beschrieben ist. Vorreiter ist hier einmal mehr die Automobilindustrie. Aber auch Konsumgüterunternehmen haben begonnen, die Vorschläge der ECR Initiative umzusetzen, vgl. dazu Weisphal, IDS Scheer AG. Als Argument wird – teilweise zurecht – die mangelnde Fitness des eigenen Unternehmens für die Vernetzung genannt, da viele Unternehmen ihre eigenen Unternehmensprozesse und -daten noch nicht durchgängig integriert haben, insbesondere in grösseren, verteilten Unternehmen. Vielfach wird daher auch von der SCM-(Un-)Fähigkeit eines Unternehmens gesprochen.

Die Real-Time Welt ohne SCM?

Ein Real-Time Enterprise zeichnet sich dadurch aus, dass Start- und Endpunkt aller Prozesse letztlich durch den Kunden bestimmt sind. SCM ist darin für die logistisch relevanten Prozesse zuständig. Der Kunde setzt mit seinen Erwartungen die Randparameter, an denen sich das RTE – und das SCM – ausrichtet. Sein Bedarf – ausgedrückt in seinen Aufträgen – „triggert" das gesamte SC Netzwerk. Aber das SC Netzwerk kann in den seltensten Fällen auf den konkreten Kundenauftrag warten und ist daher auf erwartete Kundenaufträge angewiesen, die sich in Prognosen ausdrücken. Grund hierfür ist der Anspruch des Kunden, immer schneller beliefert zu werden, was im Widerspruch zu den folgenden Punkten steht:

- Die Komplexität der Produkte
- Die globale Verteilung der zahlreichen Produktionsstufen, verbunden mit dazwischen liegenden Transporten
- Die Konkurrenz um bestimmte, lange im Voraus zu bestellende Zulieferteile
- Der vom Kunde erwartete Preis für das Produkt

Der Wunsch, selbst grösste Bedarfsschwankungen kurzfristig befriedigen zu können, war und ist die Herausforderung, die nur durch ein gelungenes SCM zu meistern ist.

Wie arbeiten Unternehmen, die nicht den Anspruch haben, ein RTE zu sein, die also noch keine Ambitionen verspürt haben, sich mit SCM zu beschäftigen? Sie erhalten Aufträge „ohne jede Vorwarnung" und reichen diese – so schnell sie es können – intern an die Auftragsbearbeitung weiter, die ihrerseits nach Ermittlung der Fertigungsdauer und der grundsätzlichen Möglichkeit die Ecktermine an den Einkauf weiterleiten kann. Der Einkauf stimmt seinerseits die (neuen) Termine mit dem Lieferanten ab und gibt – durch dabei aufgetretene Schwierigkeiten verursachte – Abweichungen wieder an Fertigung und Auftragsbearbeitung zurück. In mehreren Runden wird nun versucht, die neue Terminsituation für alle in Einklang zu bringen.

Typischerweise setzen produzierende Unternehmen *Enterprise Resource Planning* Systeme *(ERP-Systeme)* wie SAP R/3, J. D. Edwards oder Peoplesoft ein, um ihr gesamtes Unternehmen zu planen und zu steuern. Durch die Integration der Daten in ERP-Systemen liegen allen Beteiligten in einem Unternehmen bis hin zur Buchhaltung die gleichen Informationen vor, die nur einmal in das System eingegeben werden müssen. Bei der Berechnung von Terminen und der Prüfung der Materialverfügbarkeit funktionieren ERP-Systeme jedoch auf der sog. *MRP II* (Manufacturing Resource Planning) Logik. Diese basiert auf zwei Prinzipien, die dem SCM widersprechen:

- Zum einen werden Aufträge terminiert, ohne dass bei der Auflösung von Stücklisten konkurrierende Bedarfe berücksichtigt werden, bzw. ohne dass zum gleichen Zeitpunkt benötigte Kapazitäten von Ressourcen (für Fertigung etc.) überprüft werden

- Zum anderen erfolgt bei dem anschliessenden Abgleich der Kapazitäten für eine Stufe keine Berücksichtigung verfügbarer Materialien der Vorstufen oder die Koordination mit Kapazitäten der anderen Fertigungsstufen

Eine iterative Planung ist die Folge. Der dritte Nachteil des MRP II Ansatzes liegt in der Belastung eines ERP-Systems während des MRP-Laufes. Da ERP-Systeme während eines MRP-Laufes meist sehr stark belastet sind, werden mehrstufige MRP-Läufe nur einmal am Tag – zumeist in der Nacht – durchgeführt. Im obigen Beispiel bedeutet dies, dass der Kunde u. U. erst Tage nach seiner Bestellung erfährt, dass der ihm zugesagte Termin Makulatur war.

Aus dieser Unsicherheit heraus verwenden mit MRP II planende Firmen meist *Puffer*. Im Zuge einer groben Bedarfsplanung wird der Bedarf an Baugruppen oder lagerfähigen Komponenten für einen mittleren bis langen Horizont errechnet. In der Produktion werden Kapazitätspuffer wie Sonderschichten vorgehalten um auf Bedarfsspitzen reagieren zu können. Die auf dem Materialbedarfsplan basierenden Bedarfe an Zukaufteilen werden durch den Einkauf verhandelt. Meist handelt es sich dabei um grössere Mengen, die wenige Male im Jahr geliefert werden, um beim Lieferanten möglichst günstige Konditionen und dabei gleichzeitig höchste Sicherheit für die eigene Fertigung zu erreichen. Folge sind zu hohe Bestände bei den Rohmaterialien wie auch bei den falsch prognostizierten Komponenten und Endprodukten.

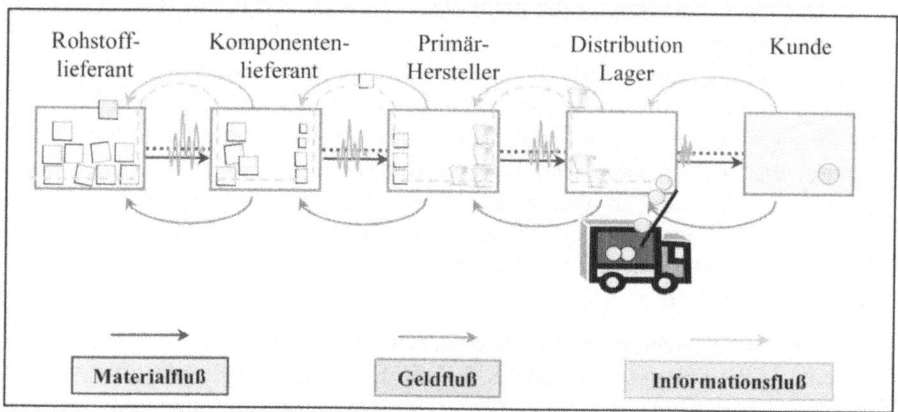

Abb. 1. Vereinfachte Darstellung der Unternehmensbeziehungen

Der Einfachheit halber sei eine mehrstufige Logistikkette (kein SC Netzwerk) nach Abbildung 1 mit durchgängig nicht an SCM ausgerichteten Unternehmen angenommen. In dieser Kette liegen am Anfang, dicht am Kunden, die marktüblichen Bedarfsschwankungen als Information für die kommenden Monate vor. Das erste Unternehmen kompensiert diese Unsicherheit durch die zuvor beschriebene Pufferplanung, einschliesslich der Eindeckung bei seinem Zulieferer. Der Zulieferer hingegen erlebt das gerade beschriebene Unternehmen als seinen Kunden. Er selbst puffert seine Unsicherheit intern und zu seinem Zulieferer hin ab. Es ist leicht vorstellbar, dass schon der prognostizierte Bedarf der vierten Stufe nichts mehr mit dem eigentlichen Marktbedarf zu tun hat, siehe dazu auch Abbildung 2. Diese, sich mehrstufig aufschaukelnden Bedarfsschwankungen, werden in der Literatur auch als Bull-Whip Effekt oder auch Forrester-Effekt bezeichnet, siehe dazu Lee 1997.

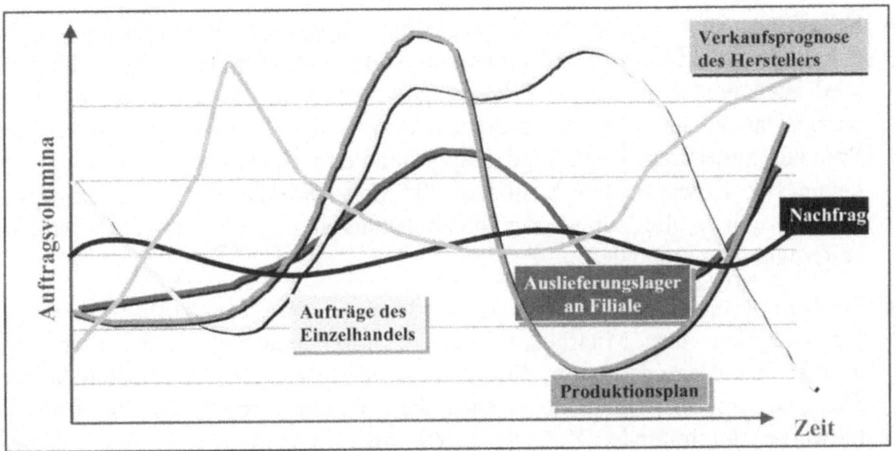

Abb. 2. Aufschaukeln der Bedarfe am Beispiel Procter and Gamble (vgl. Mc. Guffry 1998)

Eine nach MRP II gesteuerte Supply Chain ist trotz der überall angelegten Puffer anfällig für Planabweichungen, da in den weiter hinten liegenden Unternehmen durch die hohen, seltenen Bedarfe viele Kapazitäten gebunden werden. Es ist leicht zu erkennen, dass grössere – nicht in dieser Höhe prognostizierte – Schwankungen des Endkundenbedarfs zu chaotischen Verhältnissen und teuren Sonderaktionen in dem gesamten Netzwerk führen. Eigens angemietete Hubschrauber für die Anlieferung kritischer Baugruppen direkt an die Fertigungsstrasse in der Automobilindustrie sind dabei nur die Spitze des Eisbergs.

SCM als ganzheitliche Methode

Es ist offenkundig, dass ein rein MRP II gesteuertes Unternehmen nicht Bestandteil eines agilen SC Netzwerks oder gar selbst ein RTE sein kann. SCM, als logistischer Teil eines RTE betrachtet, besitzt eine wesentliche Eigenschaft, die es so unverzichtbar macht bei der Schaffung eines RTE: Die Ganzheitlichkeit. SCM ist anders als es viele Softwarehersteller glauben machen wollen mehr als nur die Einführung eines Softwaretools. Vielmehr gehen bei SCM verschiedenste Massnahmen Hand in Hand, die teilweise auch Werkzeugunterstützung benötigen. Mit der Zeit haben sich einzelne Teildisziplinen im SCM gebildet, die auch die verschiedenen Ebenen im ganzheitlichen SCM Ansatz widerspiegeln:

- Bewertung des betrachteten Ausschnitts im SC Netzwerk anhand geeigneter *Kennzahlen*, sog. *Key Performance Indikatoren (KPI)*, wird häufig als *Supply Chain Controlling* bezeichnet. Neben finanziellen Kennzahlen des Unternehmens werden u. a. Bestandsreichweiten, Umschlaghäufigkeiten, Umrüstkosten und -zeiten, Lieferperformance (inbound & outbound) und Positionen pro Auftrag (inbound & outbound) betrachtet.

- Schaffung neuer logistischer Konzepte und *Supply Chain Strategien* – z. B. Fokussierung auf bestimmte Kerngeschäftsfelder oder Produktfamilien. Hierbei wird auch von *strategischer Planung* gesprochen. In diesem Zusammenhang werden auch der Entstehungsprozess sowie die Fertigungsmethoden der Produkte hinterfragt. Denn ungünstig gestaltete Produkte oder Lieferabhängigkeiten bei Komponenten behindern die *Steuerbarkeit* des SC Netzwerks. Letztlich gilt es, die Vorteile der Massenherstellung mit denen der Kundeneinzelfertigung zu verbinden.

- Festlegung eines geeigneten *Change Managements* zur Vorbereitung und Unterstützung der Mitarbeiter und des Managements hinsichtlich der anstehenden Veränderungen, die sich aus der Strategiephase ableiten lassen. Dieses Change Management ist einer der wichtigsten Faktoren bei SCM, da teilweise tiefgreifende Veränderungen im Unternehmen und in dessen *Unternehmenskultur* – gerade auch im Umgang mit (strategischen) Partnern im SC Netzwerk als potenzielle Kunden – notwendig sind. Schliesslich stellt SCM eine neue Philosophie für die logistischen Teile des eigenen Unternehmens dar, die es in das tägliche Handeln umzusetzen gilt. Dazu gilt es, Vertrauen zu den externen Partnern aufzubauen, zu denen bisher klassische Geschäftsbeziehungen unterhalten wurden, wie z. B. in der Rolle Einkäufer.

- Umgestaltung des SC Netzwerks zur Umsetzung der festgelegten Strategien. Beispielhaft seien das *Outsourcing* bestimmter Teilprozesse (z. B. Transporte und Lagerung), Neuordnung der Supply Chain Partnerunternehmen oder die Konsolidierung der eigenen Distribution genannt. Dabei ist es ein wichtiges Ziel, die Flexibilität durch eine gelungene Kooperation zu erhalten. Diese Phase wird meist als *Supply Chain Design* bezeichnet.

- Ausrichtung der eigenen Prozesse und der zugehörigen *Supply Chain Organisation* auf die Erfüllung der Marktbedürfnisse. In vielen Fällen muss dazu noch die starre funktionale Trennung von Einkauf, Produktion, Distribution und Vertrieb durch geeignete Massnahmen zugunsten einer Marktorientierung abgebaut werden. Ansätze dazu sind z. B. die Schaffung einer Spartenorganisation oder die Einrichtung eines *Supply Chain Managers*, der mit den nötigen Befugnissen ausgestattet ist, um bei einem Interessenskonflikt zwischen den genannten Einheiten im Sinne des Markts und des Firmennutzens entscheiden zu können. Manche Unternehmen binden aber auch ihre Kunden so eng in die eigenen Arbeitsabläufe mit ein, dass sie die Produkte gemeinsam mit dem Kunden entwickeln, wobei man vom *Collaborative Engineering* spricht. Auch hier ist Vertrauen zwischen den Partnern eine wichtige Voraussetzung für den Erfolg. In all diesen Fällen bringt die klassische Methode der Geschäftsprozessanalyse vieles von dem zu Tage, was bis dahin unklar war. Dieser Prozess wird ideal durch Werkzeuge zum Geschäftsprozessmanagement wie dem *ARIS* Toolset unterstützt, bei denen neben den Prozessen an sich auch Kosten und Zeitdauern aufgenommen und analysiert werden können. Darüber hinaus können neu festzulegende Lösungen auch gegenübergestellt und bewertet werden. Als Referenzmodell für Supply Chain Prozesse stellte das Supply Chain Council das *Supply Chain Operation Reference (SCOR)* Modell vor, das als Basis für die eigene Supply Chain Gestaltung dienen kann. Die SCOR Prozesse stehen auch in Form einer ARIS Datenbank (EasySCOR, siehe Supply Chain Council, www.supply-chain.org) zur Verfügung, die konfiguriert und um die eigenen Prozesse ergänzt werden kann.

- *Integration* aller notwendigen Prozesse und Partner auf einer geeigneten *Informationsplattform.* Dabei geht es nicht um die High-End Lösung aller denkbaren Fälle, sondern vielmehr um die effiziente Einbindung aller zur Handlungsfähigkeit benötigten Informationen und der daran beteiligten Prozesse im Sinne der Transparenz über das SC Netzwerk. Hauptziel der technischen Überlegungen ist dabei die Harmonisierung und Konsolidierung von Stammdaten, sowie die Reduktion und Vereinheitlichung der Schnittstellen und der darin verwendeten Datenformate.

- Umsetzung der Supply Chain Prozesse durch den Einsatz von SCM-Systemen, häufig auch als *Supply Chain Realisierung* bezeichnet. In der Praxis wird unterschieden meist zwischen IT-Systemen für das *Supply Chain Planning (SCP)*, für die Ausführung *Supply Chain Execution (SCE)* Systeme – zumeist ERP-Systeme – und für das sog. *Supply Chain Process Management*, deren Aufgaben in den folgenden Abschnitten näher beschrieben werden. Eine wichtige Randbedingung, warum Unternehmen bis heute kein vollständiges SCM im Sinne der ursprünglichen Definition einsetzen, liegt neben den organisatorischen Hürden gerade in der Informationstechnologie begründet. So sind die Prinzipien für SCM zwar bereits seit den Sechziger Jahren bekannt, aber trotz der Formulierung von Konzepten wie Computer Integrated Manufacturing (CIM) fehlte in all den Jahren die technologische Basis, um die zugehörigen SCM Algorithmen auszuführen. Erst Mitte bis Ende der Neunziger Jahre entstanden die ersten wirklich einsatzfähigen Lösungen für SCM. Auch heutige SCM-Systeme stossen häufig an Grenzen, wenn das SC Netzwerk auf mehrere Partner erweitert werden soll. Durch die rasche technologische Entwicklung kann aber davon ausgegangen werden, dass der Fortschritt hinsichtlich der SCM-Systeme mit dem Abbau der organisatorischen Hürden innerhalb und zwischen Unternehmen Schritt halten wird.

- Bereits während der Realisierung, spätestens aber nach Abschluss der ersten SCM Massnahmen, sollten Unternehmen beobachten, ob die gesetzten Ziele nachhaltig durch SCM erreicht werden, bzw. ob sich nach einiger Zeit Abweichungen einstellen. Das Messen der vereinbarten Kennzahlen, das häufig als *Supply Chain Performance Management* bezeichnet wird, dient dabei im Gegensatz zum ersten Eindruck nicht zur Überwachung des Projektteams. Vielmehr sollen falsche Annahmen über das Marktgeschehen oder spätere Veränderungen im Markt aufgespürt werden, die sich negativ auf die *Supply Chain Performance* auswirken. Schliesslich kann nur das verbessert werden, was auch gemessen wird. Das beste Beispiel dafür entstand in der ersten Zeit der sog. New Economy: Der Einsatz von Internetshops als neuem Vertriebskanal resultierte in hohen Anforderungen an das Fulfillment, auf die die meisten Firmen nicht eingestellt waren. Die sinkende Lieferperformance sowie die damit verbundenen Kosten zeigten schnell, dass es vor dem Einsatz des Shops einem Redesign des SC Netzwerks bedurft hätte. Insbesondere das Messen der *Prozess Performance* deckt rasch Schwachstellen auf, indem es Kennzahlen liefert, die mit Durchlaufzeiten durch das SC Netzwerk zusammenhängen. Mit dem ARIS Process Performance Manager steht ein Werkzeug zur Messung solcher Kennzahlen bereit. Als Beispiele für Prozess Performance Kennzahlen seien genannt: Order-to-delivery-time, order-to-cash-cycle-time oder auch die cash-to-cash-cycle-time.

Diese Massnahmen zusammen – auch als Selektion (wer ist involviert?), Allokation (Verteilung der Aufgaben), Regulation (Prozesse zwischen den Akteuren abstimmen) und Evaluation (Erfolgs- und Risikoverteilung) bezeichnet (vgl. Stölzle 2002) – ergeben ein komplettes und funktionsfähiges SCM. Dabei können sich die Massnahmen auf einen beliebigen Ausschnitt aus dem gesamten SC Netzwerk beziehen: Unternehmensintern, erweitert um direkte Partner, auf ein abgeschlossenes Partnernetzwerk oder auf die Gesamtheit aller SC Beteiligten. Je nachdem welche Teile des SC Netzwerks durch SCM gesteuert werden, lassen sich die Auswirkungen des SCM anhand der Kennzahlen ermessen. Umgekehrt können schlechte Kennzahlen bezogen auf das gesamte SC Netzwerk auch ein Hinweis dafür sein, dass der mit dem aktuellen SCM gesteuerte Ausschnitt aus dem SC Netzwerk zu klein ist, um die festgestellten Probleme in den Griff zu kriegen. Ein Vorbild für eine hervorragend geführte Supply Chain aus dieser Zeit bildet die Firma Dell Computers in den USA, die ein straffes Management aller Supply Chain Partner mit einem innovativen Produktkonfigurator in ihrem Internet Shop verbanden. Das Resultat sind exzellente Kennzahlen im gesamten SC Netzwerk bei hoher Qualität der Produkte und einem ausgezeichnetem Kundenservice.

Standortbestimmung

Bevor sich ein Unternehmen in das „Abenteuer SCM" stürzt, ist es folglich ratsam, sich mit wichtigen Fragen im Zusammenhang mit allen angesprochenen Ebenen des SCM auseinanderzusetzen. Nur so können unliebsame Überraschungen wie hohe Projektkosten, eine lange Einführungsdauer oder gar die geringe Akzeptanz des SCM vermieden werden. Stellvertretend für verschiedene Methoden zur Bestimmung der Ausgangslage, die oft SCM *Assessment* oder als SCM *Screening* bezeichnet werden, wird im folgenden der bereits eingeführte

Begriff des *Supply Chain Controlling (SC Controlling)* verwendet. Der Grund dafür liegt in der Kontinuität des SC Controlling. SC Controlling verwendet die vor einem SCM Vorhaben ermittelten Ergebnisse und leitet daraus Potenziale für ein SCM Projekt ab. Im Laufe des SCM Projekts dienen diese Ergebnisse jederzeit als Bewertungsmassstab aller denkbaren Massnahmen zur nachhaltigen Verbesserung der Performance. Darüber hinaus unterstützt SC Controlling nach dem Projektabschluss auch den kontinuierlichen Verbesserungsprozess (KVP) im SCM, indem sich verändernde Kennzahlen frühzeitig angezeigt werden. Ein geschickt aufgestelltes Kennzahlensystem erlaubt es dann, die richtigen Schlüsse aus den Symptomen zu ziehen und die geeigneten Massnahmen daraus abzuleiten.

Beispielhaft für die zu behandelnden Fragestellungen sollen an dieser Stelle nicht die klassischen Punkte wie Bestandshöhen, Umschlaghäufigkeiten, Durchlaufzeiten etc. akribisch aufgelistet werden. Vielmehr sei die bei Bragg 2002 vorgestellte Liste von zehn Symptomen für eine schlechte Supply Chain Performance in der nachfolgenden Abbildung 3 zitiert, die einmal mehr belegt, dass mit einem gut gesteuerten SC Netzwerk ein grosser Schritt in Richtung RTE getan ist.

Gehen Vertrieb, Marketing, Produktion, Logistik und Ihre Lieferanten von den gleichen Bedarfs-Prognosen aus?

Vermeiden Sie die Mehrfacheingabe von Daten?

Sind bei Ihren Lieferzeiten die verfügbaren Kapazitäten berücksichtigt?

Werden alle Ihre Produktionspläne mathematisch optimiert?

Sind Ihre Teilenummern durch alle Systeme hindurch konsistent?

Messen Ihre Schlüssel-Kennzahlen die Leistungsfähigkeit Ihrer gesamten Lieferkette?

Wissen Sie wieviel von Ihren Produkten Ihre Hauptkunden heute verbraucht haben?

Nutzen Sie für Ihre Transporte zusammengefaßte und überwachte Beschaffungs- Planungs- und Ausführungsprozesse und die entsprechende Technologie?

Wird der verantwortliche Manager noch am selben Tag informiert, wenn ein Prozeß unterbrochen wird?

Werden Kapazitätsauslastung, Aktionen von Mitbewerbern und der einzelne Kunde bei Ihrer Preisfindung dynamisch berücksichtigt?

Abb. 3. Zehn Symptome für eine schlechte Supply Chain Performance (vgl. Bragg 2002)

Ein gutes SCM nutzt harmonisierte logistische Prozesse und Systeme, die optimal aufeinander abgestimmt sind. Damit können die verschiedenen Partner im SC Netzwerk Ihre Entscheidungen auf der Basis verlässlicher, konsistenter und aktueller Informationen fällen. In den folgenden Abschnitten wird dargestellt, wie SCM die Fragestellungen aus Abbildung 3 löst, und wie diese Lösungen im Zusammenspiel mit den nicht logistischen Prozessen die Basis eines RTE bilden.

Supply Chain oder Demand Chain?

Die teilweise geführte Diskussion, ob es nicht besser sei, ein *Demand Chain Management* statt eines SCM zu betreiben, erinnert stark an die Frage, wer zuerst da war: Die Henne oder das Ei? Letztendlich steht hinter der unnützen Diskussion über die Begrifflichkeit die blanke Missachtung dessen, wofür SCM steht: Wie im RTE zählt bei SCM allein der Kundenbedarf. Alle SCM Aktivitäten dienen der optimalen Befriedigung des Kundenbedarfs, ob er bereits konkret bekannt ist, oder durch Annahmen wie Forecasts angenähert werden muss, um besser auf die eingehenden Aufträge vorbereitet zu sein. Fakt ist, dass der Ermittlung des Bedarfs, auch als *Absatzplanung* (engl. *Demand Planning*) bezeichnet, eine entscheidende Rolle bei SCM zukommt. Demand Chain Management und SCM sind daher im folgenden synonym zu sehen, bzw. es wird weiterhin nur noch der Begriff SCM verwendet.

Unabhängig von dem Streit über korrekte Begriffe kommt der Demand Seite des SC Netzwerks eine besondere Bedeutung zu. Je schneller und exakter die dort verfügbaren Informationen in das eigene Unternehmen und zu den übrigen Partnern gelangen, desto effizienter gelingt aufgrund dieser Transparenz die Steuerung aller Aktivitäten zur Befriedigung der eingehenden Aufträge. Dabei zeigt bereits Abbildung 3, wie wichtig es dabei ist, dass sämtliche Informationen über den Bedarf an allen relevanten Stellen zur Verfügung stehen und nicht nur auf dem Faxeingang der Auftragserfassung bzw. des Innendienstes. Noch besser ist es natürlich, wenn man weiss, was der (End-)Kunde tatsächlich von dem verbraucht hat, was man hergestellt und geliefert hat (Im Handel wird dies mit Point of Sales (POS) Information bezeichnet) und wie hoch sein Bedarf in den nächsten Perioden sein wird.

Daher ist eine verlässliche *Absatzplanung* eine wesentliche Grundvoraussetzung für ein funktionierendes SC Netzwerk. Dabei sollte der Absatzplan nicht mit dem Vertriebsplan verwechselt werden, in dem der Vertriebsleiter die Quoten für seinen Aussendienst festlegt. Vielmehr geht es bei der Absatzplanung darum, Informationen zu liefern, die dazu dienen, Materialien und Kapazitäten im gesamten SC Netzwerk auf die kommenden Bedarfe abzustimmen. Der erste Schritt der Absatzplanung besteht daher zweifelsohne darin, alle auf der Absatzseite verfügbaren Informationen zu erfassen. Gemäss dem ersten Punkt aus Abbildung 3 sollten dabei insbesondere Marketing und Vertrieb im selben Boot sitzen. In einem RTE gelingt dies am besten, indem die im CRM-System generierten Zahlen für geplante Verkäufe und zugehörige Vertriebsaktionen herangezogen werden. Idealerweise wurden diese Daten bereits mit dem Supply Chain Manager des Unternehmens hinsichtlich grober Kapazitätsbedarfe abgestimmt. Ist dies nicht der Fall, oder werden die Zahlen von Vertrieb und Marketing nicht im CRM-System abgestimmt, kommt der Absatzplanung diese Aufgabe zu, die im SCM-System optimal unterstützt wird.

Während in CRM-Systemen Planungen durch sog. analytische CRM Komponenten, die meist nicht Teil der Core CRM Lösung sind, unterstützt werden, bieten Supply Chain Planning Systeme umfangreiche, integrierte Funktionen zur Absatzplanung. Dazu werden Absatzpläne von den verschiedenen Partnern im SC Netzwerk eingesammelt. Geschieht dies unternehmensübergreifend, z. B. mit Hilfe internetgestützter Planungsportale, wird von Collaborative Demand Planning gesprochen. Vom verantwortlichen Absatzplaner werden darauf die einzelnen Bedarfsinformationen aus dem Unternehmen, z. B. auch von Auslandsgesellschaften etc., in verschiedenen Aggregationsstufen konsolidiert und mit den Absatzplänen von Vertrieb, Marketing und Produktmanagement verglichen. Auf die zusätzlich vorhandenen historischen Daten (z. B. auch POS) wird eine statistische Prognose angewendet, die die erste Basis für den Bedarfsplan bildet.

In einem zweiten Schritt kann dieser Plan durch die konsolidierten Informationen und weitere Marktinformationen, z. B. aus dem restlichen SC Netzwerk oder von Marktforschungsinstituten, angereichert werden. So können nicht nur die eigenen geplanten Verkaufsaktionen in den Plan einbezogen werden, sondern es ist möglich, Aktionen von Mitbewerbern – z. B. durch einen anderen Elektrowerkzeughersteller mit dem Handel – in Form von *Kannibalisierungseffekten* auf den eigenen Absatz abzuschätzen. In der Automobilindustrie sind Kfz-Zulassungszahlen sinnvolle Informationen, die als sog. *kausale Planung* die Absatzplanung für das daraus resultierende Ersatzteilgeschäft konkretisieren.

Wird die Verabschiedung des Absatzplanes schliesslich ganz im SCM Sinn durch eine Abstimmung zwischen allen Beteiligten – also auch mit den wichtigen Lieferanten, Lohnbearbeitern und natürlich dem Kunden – abgestimmt, wird auch von einem auf Konsens basierten Absatzplan, oder von *CPFR*, vgl. oben, gesprochen.

Bekanntermassen ist eine Prognose (engl. Forecast) immer falsch. Das Ziel einer gelungenen Absatzplanung ist es daher, durch möglichst akkurate Informationen – ggf. aus dem ganzen SC Netzwerk – die Abweichung der späteren Verkäufe vom Absatzplan zu verringern. Dazu gehört natürlich auch der Mut zur Veränderung. So sollte ein Plan angepasst werden, wenn relevante Informationen dafür vorliegen. Insbesondere im Kontext von RTE sollte dies öfter erfolgen als quartalsweise. Eine Aktualisierung der Planung sollte spätestens durchgeführt werden, wenn grössere Abweichungen, z. B. durch falsche Annahmen, erkannt werden. In einem solchen Fall müssen alle Betroffenen im SC Netzwerk auch unmittelbar von dem geänderten Plan erfahren, um ggf. höhere Umsatz auch tatsächlich zu realisieren.

Im SCM hat wegen der hohen Bedeutung der Absatzplanung die Kennzahl Forecast-Genauigkeit einen besonders hohen Stellenwert erlangt. Nicht selten wurde die Forecast-Genauigkeit auch Bestandteil des persönlichen Zielsystems der Verantwortlichen. Je höher der Prozentsatz der Genauigkeit, desto besser war das Unternehmen auch auf kurzfristige Schwankungen vorbereitet und konnte in Echtzeit reagieren, erwies sich folglich als RTE.

Bedarf und Kapazität

Ist der Kundenbedarf prognostiziert, ist ein wichtiger Schritt zur Supply Chain Optimierung getan. Alle Beteiligten in dem SC Netzwerk können sich nun auf die mit den vorhergesagten Absätzen einhergehenden Materialflüsse einstellen. Was passiert, wenn der Absatzplan zwar richtig erscheint, aber ein Teil der dazu benötigen Kapazitäten im SC Netzwerk nicht ausreicht, soll folgendes Beispiel zeigen: Der Markt ist reif für die neue Generation von Mobiltelefonen. Aber die Produktion der darin verwendeten, hochmodernen Halbleiterchips bereitet immer noch technische Probleme und erlaubt es somit nicht, die geplanten Vertriebsaktionen im Markt rechtzeitig durchzuführen. Darüber hinaus können Engpässe bei der Komponentenbeschaffung auftreten. Diese ergeben sich in der High-Tech Industrie beispielsweise dadurch, dass der Hersteller der Halbleiterchips seine Verkäufe streng kontingentiert, damit seine Kunden nicht einseitig benachteiligt werden, wenn ein Kunde besonders hohe Abnahmemengen anfordert.

Bei einem Nicht-SCM Unternehmen steht auch in diesem Fall in der Wiederbeschaffungszeit des Materials ein fester Wert, der bei den Planungsschritten nach der Absatzplanung herangezogen wird. Die Unfähigkeit zu liefern tritt somit erst bei dem Versuch zu Tage, z. B. tatsächlich die Halbleiter für die Produktion des Mobiltelefons zu beschaffen. Bis dahin sind aber bereits zahlreiche Schritte an mehreren Stellen des SC Netzwerks angelaufen. Die Korrekturen einer solchen Fehlinformation sind über das gesamte SC Netzwerk betrachtet sehr kostspielig. Dennoch sind zahlreichen Unternehmen die wirklichen Folgen teilweise offensichtlich noch nicht bewusst, wie Abbildung 4 zeigt.

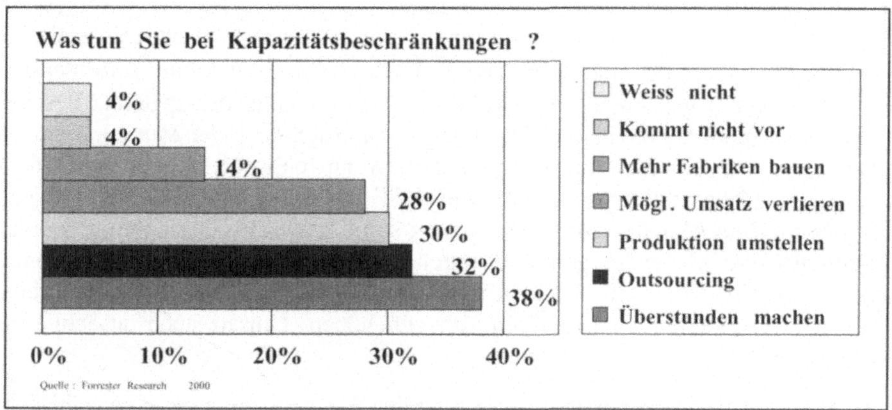

Abb. 4. Forrester Umfrage zu Kapazitätsengpässen in 50 Manufacturing Unternehmen

In solchen Fällen besteht bei SCM ein zweiter Schritt darin, dass der Supply Chain Manager die Beteiligten koordiniert. Im Gegensatz zu MRP II Systemen kann er frühzeitig durch Simulationen über das gesamte im SCP-System abgebildete SC Netzwerk auftretende Engpässe erkennen, bevor sie entstehen können. Da gilt es, den Überblick zu behalten. Dazu versucht der Supply Chain Manager, die im Absatzplan angegebenen Bedarfe für die nächsten Perioden mit Hilfe der im System hinterlegten Kapazitäten zu befriedigen. Es wird dabei von einem *Demand-Supply Match* gesprochen. Im Vordergrund stehen *machbare* Lösungen, die bei den meisten SCP-Systemen durch mathematische Optimierer und/oder Heuristiken schnell und unter Berücksichtigung aller Einschränkungen (engl. *Constraints*) und Materialbedarfe ermittelt werden können. Dies setzt allerdings eine hohe Qualität der Stammdaten und Angaben über die Struktur und die Kapazitäten im SC Netzwerk voraus.

Dabei stammen die Kapazitätsangaben aus aktuellen Angaben der Partner im SC Netzwerk, die ggf. sogar direkt durch die Partner im SCP-System eingegeben werden. Sollten bei der Planung Kapazitätsprobleme auftreten, kann der Supply Chain Manager verschiedene Szenarien mit allen ihm bekannten Restriktionen durchspielen. Darauf basierend erarbeitet er Lösungsszenarien, die anschliessend mit den Partnern abgestimmt werden.

Sinnvollerweise werden die Ergebnisse in einen angepassten Absatzplan zurückgespielt, der dann häufig als *Capacity Constrained Demand Plan* bezeichnet wird. Schliesslich wird nach Abbildung 3 erst dann ein erfolgreiches Fulfillment erreicht, wenn alle Beteiligten im SC Netzwerk mit dem selben Bedarf arbeiten – und das schliesst auch den Vertrieb mit ein. Somit weiss das RTE nach dieser Planung, welche Produkte es tatsächlich ohne Zusatzkosten in welchen Mengen an den Markt bringen kann.

Davon profitieren auch alle angeschlossenen Partner. Ist es nicht einfacher, sich mit einem Lieferanten oder Contract Manufacturer (z. B. einem Verpacker) abzustimmen, der die „Macken" seines Kunden dank der Daten in seinem CRM-System gut kennt? Umgekehrt weiss das Unternehmen selbst aufgrund der eigenen Lieferantenbeurteilung im *Supplier Relationship Management (SRM)*-System, dass er derjenige Lieferant ist, auf den man sich in schwierigen Zeiten verlassen kann, siehe dazu Abbildung 5. Schliesslich müssen alle Beteiligten im SC Netzwerk an einem Strang ziehen, wenn das SC Netzwerk auch dieses Mal den Tick besser sein will als das SC Netzwerk, gegen das es konkurriert.

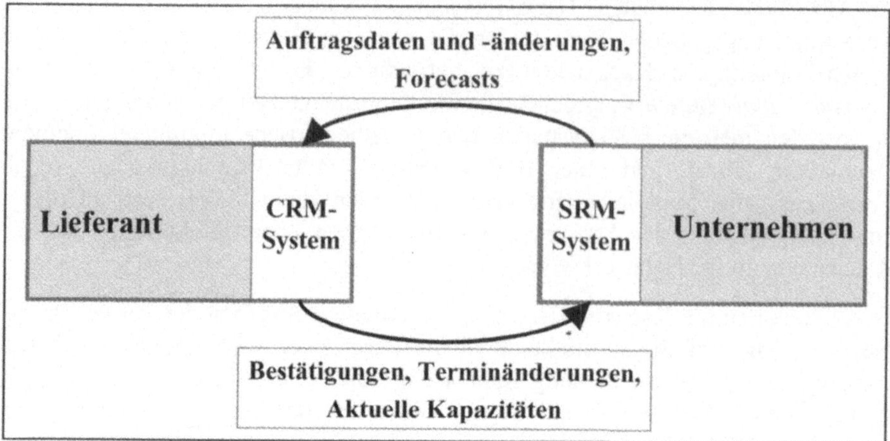

Abb. 5. Zusammenspiel der Partner

So können sich mit dieser Information alle Partner auf die kommenden Wochen und Monate einrichten:

- Lagerkapazitäten werden an den abgestimmten Bedarf angepasst, um ggf. Kostenvorteile zu erhalten. Dies gilt für die Lagerung aller Rohstoffe, Halb- und Fertigerzeugnisse. Im Gegensatz zum Pufferprinzip der MRP II Unternehmen dienen Lager beim SCM als Puffer für die nach einer Abstimmung im Plan enthaltenen Unsicherheiten. So wird im SCM darauf geachtet, dass der Wert gepufferter Materialien möglichst gering ist. Kostspielige Schritte in der Wertschöpfung sind nach Möglichkeit gemäss dem Pull-Prinzip erst mit dem Kundenauftrag auszulösen. Dazu werden die Puffer an vorteilhafte Stellen in der Supply Chain verlagert: Sie liegen dort, von wo aus der Kundenbedarf in wenigen Schritten zeitnah – und damit auch real-time gerecht – befriedigt werden kann. Dies bedeutet insbesondere, dass die gelagerten Materialien kundenneutral sein müssen. In der Computerfertigung sind dies die einzubauenden Komponenten einer noch offenen Konfiguration. Bei der Herstellung von Düngemitteln wird der Wirkstoff gelagert, der Varianten wie flüssig oder gekörnt und vor allem auch länderspezifische Verpackungen zulässt.

- Verarbeitende und zum Transport benötigte Ressourcen, einschliesslich der benötigten Mitarbeiter, können grob geplant werden, so dass die Ziele des Unternehmens mit den bestehenden Ressourcen optimal erreicht werden. Hierfür kann eine Supply Chain Planung eingesetzt werden, die das gesamte SC Netzwerk umspannt. Von den meisten Herstellern von SCP-Systemen wird sie als Network Planning bezeichnet. Hiermit wird die Bedeutung evident, die der Beziehung der Partner im SC Netzwerk zukommt. Öffnen sich die Partner einander, so werden über die üblichen Auftragsdaten auch die in Abbildung 5 angegebenen Daten zum Abgleich zukünftiger Lieferkapazitäten ausgetauscht.

- Rahmenverträge werden auf sinnvolle Änderungen bzw. auf eine möglicherweise günstigere Verteilung der Last hin überprüft, wenn beide Seiten einverstanden sind. Auch dies ist Konsequenz der Offenheit im SC Netzwerk. Schliesslich wissen beide Seiten, dass die dauerhafte Zufriedenheit des Kunden wichtiger ist als eine kurzfristig abzugebende Lastspitze an einen anderen Partner im SC Netzwerk. Denn es ist der Kunde, der entscheidet, ob er aus diesem SC Netzwerk weiter bedient werden möchte, womit er indirekt auch über das Überleben des einzelnen Unternehmens entscheidet.
- Ein SC Netzwerk ist dynamisch, und das nicht nur in Bezug auf die darin bewegten Güter. Vielmehr muss es sich ständig neu optimieren und hinterfragen, denn die Märkte verändern sich ebenfalls kontinuierlich. Ggf. ist es somit sinnvoll, das SC Netzwerk aufgrund ermittelter, dauerhafter Tendenzen mittelfristig umzugestalten. Dazu können Gespräche mit neuen potenziellen Partnern geführt werden, die bestehende oder neu hinzugekommene Aufgabenfelder übernehmen sollen, um noch effizienter auf die Markterfordernisse reagieren zu können. Auch das Ausscheiden der Partner, die dem Anspruch des SC Netzwerks hinsichtlich seiner (Real-Time) Performance oder der Qualität nicht genügen, darf dabei kein Tabu-Thema sein. Nicht zuletzt können Fusionen und Übernahmen eine Neuordnung des SC Netzwerks notwendig machen. Es ist somit immer wieder wichtig, seine eigene Position im SC Netzwerk zu stärken und durch eine hervorragende Supply Chain Performance, z. B. als Servicegrad, für Partner und Kunden sichtbar zu machen.

Feinabstimmung der Planung

- Die permanente Optimierung des SC Netzwerks bringt alle beteiligten Unternehmen in die Position, gut für die wirkliche Herausforderung vorbereitet zu sein: Die Echtzeit-Welt der Kundenaufträge. Und die kommt meist nicht ganz so, wie in den beschriebenen Schritten vorher geplant. Ausnahmen beherrschen den Alltag, die von Terminverschiebungen der Kunden bis hin zu kurzfristigen Aktionen im Vertrieb reichen, um nur diejenigen aufzuführen, die gewissermassen mutwillig in das Netzwerk einfliessen.
- Damit die Realität das sorgsam aufgestellte SC Netzwerk nicht ausser Kontrolle bringen kann, verfügt SCM über ein wichtiges Prinzip, das von Michael Dell treffend mit „Information statt Bestand" beschrieben wurde. Der Vorsprung des SC Netzwerks liegt darin, dass jedes Unternehmen darin gelernt hat, auf verschiedenen Kanälen eingehende Informationen nicht zu seiner lokalen Optimierung zu verwenden, sondern um das globale Optimum für das gesamte SC Netzwerk zu erreichen, siehe dazu auch Abbildung 6 und vgl. Goldratt 1990. Vielmehr gibt jeder Partner im SC Netzwerk die Informationen, die er erzeugt, direkt an all diejenigen Partner weiter, die davon profitieren können. So hat insbesondere die Automobilindustrie in den vergangenen Jahren dazu

gelernt, dass es in ihren eng verzahnten Produktionsnetzwerken mit einer Just-In-Time Anlieferung an das Produktionsband nicht ausreicht, eine enge Verzahnung mit ihren direkten Lieferanten zu unterhalten. Inzwischen wenden sich alle grossen Automobilhersteller auch den sogenannten Tier 2, 3 und 4 Lieferanten zu, da sie die Abhängigkeit der einzelnen Stufen teilweise schmerzlich erfahren mussten, vgl. z. B. Quack 2002. Der Effekt eng vernetzter Fertigungsstufen zeigt sich in einem gleichmässigen Materialfluss und in sinkenden Beständen, die dennoch auch schwankenden Bedarfen gut folgen können.

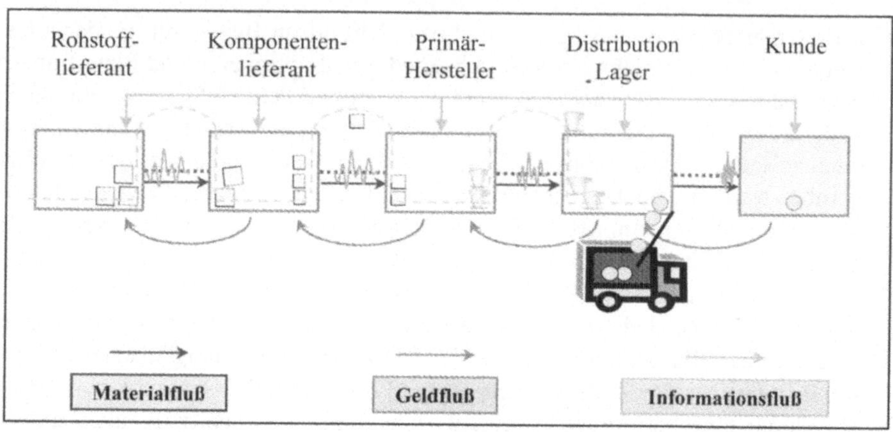

Abb. 6. Verbesserter Informationsfluss im vereinfachten SC Netzwerk, der Supply Chain

Neben dem vernetzten Informationsfluss setzt SCM auf einen weiteren Baustein, der Sicherheit gibt, auf kurzfristige Änderungen geeignet reagieren zu können: Machbare Planung auf allen Planungsebenen. Wie in der mittelfristigen, *taktischen Planung* des Network Planning basiert auch die Feinplanung (engl. *Scheduling*) beim SCP im Unterschied zu MRP II darauf, dass bei der Auflösung der Stückliste gleichzeitig alle im Arbeitsplan angegebenen Ressourcen auf ihre Verfügbarkeit hin überprüft werden. Diese Art der integrierten Material- und Kapazitätsplanung ermöglicht dem planenden Unternehmen, sehr schnell auskunftsfähig zu sein. Bereits bei der ersten Einplanung eines Bedarfs liefert das SCP-System damit einen Plan, dessen Ecktermine bei dem derzeitigem Stand der Kenntnis – der auf aktuellen Rückmeldungen zu allen Auftragsdaten beruht – eingehalten werden können.

Wieviel Puffer das Unternehmen dazu in diesen Plan einbauen möchte, legt es in den Stammdaten fest. Die grosse Anzahl der durch IDS Scheer realisierten SCM Projekte hat jedoch gezeigt, dass zeitliche Puffer nur in der Höhe verwendet werden, die technologisch bedingt ist. Darüber hinaus sind die Möglichkeiten, in der Feinplanung verschiedenste Ressourcentypen und Fertigungsmethoden (wie z. B. Fliessfertigung, Serienfertigung oder Kampagnenfertigung mit Batches) mit ihren Constraints abzubilden, in SCP-Systemen sehr umfangreich.

Moderne SCP-Systeme bilden aber nicht nur eine Feinplanung der Produktion ab. Statt dessen werden in zahlreichen Projekten auch inner- und überbetriebliche Transporte in die Planung des kurzfristigen, sog. *operativen Planungs*horizonts mit eingebunden. Dies ist insbesondere in transport-intensiven Branchen wie der chemischen Industrie sinnvoll. Wie bei der Produktionsplanung können dabei Kapazitäten der Transportdienstleister und der Handlingressourcen bei der Verladung wie auch die Routen und Abladezeiträume berücksichtigt werden. Spezialität einiger Anbieter ist schliesslich die Optimierung der Ladung einzelner Trucks etc. Letztlich bringt ein guter, kurzfristiger Auftrag einem Unternehmen nichts mehr ein, wenn man den letzten Gewinn beim Eilboten lässt, der die Ware liefern muss, weil die Transportkapazitäten des vorgesehenen Lieferanten nicht ausreichten. Ähnlich wie in der Produktion werden auch bei den Transporten die groben Kapazitäten vorher unter den Partnern ausgehandelt, wobei auch sog. frozen Zones für Kapazitätsveränderungen als vertrauensbildendes Element eingesetzt werden. Beim sog. strategischen Frachteinkauf erfolgt dabei der Abgleich der angebotenen Kapazitäten des Logistikdienstleisters und seiner besonderen Stärken mit dem geplanten Nachfrageprofil des Versenders.

Terminänderungen, wo immer sie verursacht werden, lassen sich folglich mit einem SCP-System in den betroffenen Teilen des SC Netzwerks simulativ unter Berücksichtung aller Constraints neu planen und die Auswirkung auf möglicherweise betroffene Kundenaufträge errechnen. Dass dies nicht mit herkömmlichen Planungssystemen möglich ist, liegt an der fehlenden Integration – entweder hinsichtlich der Daten oder der Planung. Der Unterschied zwischen den verschiedenen Planungssystemen – ERP und SCP-System, integriert oder extern – ist am Beispiel des SCP-Systems Advanced Planner and Optimizer (APO) der SAP AG in Abbildung 7 noch einmal zur klareren Gegenüberstellung dargestellt.

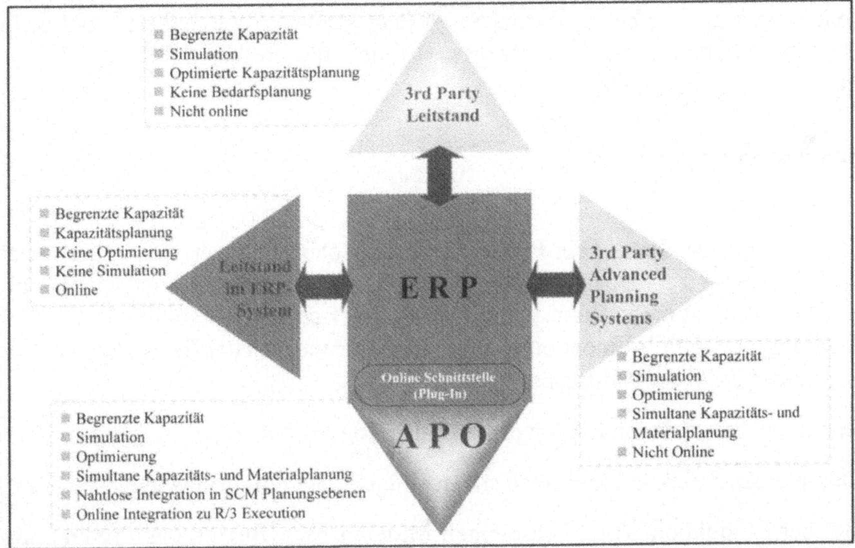

Abb. 7. Gegenüberstellung der Planungen ERP mit und ohne SCP, Quelle SAP AG 2002

Fulfillment im SCM

Eine weitere Steigerung in Richtung RTE ist die Einbindung der machbaren Planung in die Auftragsabwicklung, die eine Erweiterung der *Verfügbarkeitsprüfung* (engl. *Available to promise, ATP)* darstellt. Bei der Auftragsanlage im ERP- oder CRM-System wird in die sog. *Capable to promise (CTP)* des SCP-Systems verzweigt. CTP plant alle zur Bereitstellung des Produkts benötigten Produktions- und/oder Transportaktivitäten basierend auf den verfügbaren Materialien und Produktionskapazitäten im aktuellen Planungsstand simulativ ein und gibt den machbaren Termin an den aufrufenden Auftrag in Echtzeit zurück. Der zugesagte Termin ist damit ein ebenso machbarer Plan, wie er auch in der Fertigungssteuerung geplant wird. Zusätzlich ermitteln moderne ATP Lösungen in SCP-Systemen gleichzeitig, ob eine Lieferung oder Fertigung auch aus einem anderen Standort möglich ist, oder überwachen, dass Kunden die ihnen zugesagten Kontingente nicht überschreiten. Gepaart mit einer Dynamic Pricing Lösung im aufrufenden CRM-System kann der Innendienst oder der Vertriebsbeauftragte zusätzlich bereits bei der Auftragsanlage ablesen, ob sich die vom System vorgeschlagene Lösung auch rechnet. Eine derartige Aussage wird als Profitable-to-Promise bezeichnet.

Damit entfallen Zusagen an den Kunden, die nach der nächsten Planungsrunde wieder revidiert werden müssen. Diese Art der erweiterten Verfügbarkeitsprüfung hat sich insbesondere in den Branchen Metallindustrie und papiererzeugende Industrie durchgesetzt, da die Liefertermine aufgrund der Charakteristik der Produktion zum einen von grossen Schmelzen bzw. Zellstoffkesseln und anschliessend von der Güte des angeforderten Produkts abhängen. Dabei wird die Güte wiederum durch den Kunden erst im Auftrag genau spezifiziert. Auch wenn er seinen Auftrag, wie bei der Firma Sappi Fine Paper Europe realisiert, online im Internet erstellt, erhält er seine Antwort real-time – powered by SCM.

Koordination

Der Plan steht fest. Doch kein Grund zur Ruhe, schon droht er wegen der ersten Hiobsbotschaften zu kippen. Was auch immer der Grund dafür ist, ein Supply Chain Netzwerk ist nie in Ruhe. Zusätzlich zu den Bedarfsschwankungen oder den Abweichungen im Fulfillment einer Stufe treten immer wieder Ereignisse auf, die ganz unterschiedlicher Natur sind:

- In einem Unternehmen kommt es Ausfällen von Produktionsressourcen
- Durch einen Streik in Frankreich sitzen einige Laster mit dringenden Teilen fest
- Bei der Produktion wird nach einigen Minuten nach Beginn des Produktionsauftrags festgestellt, dass bei Verwendung eines Rohmaterials die Produktqualität signifikant abweicht

- Qualitätsprobleme am Fertigprodukt werden festgestellt, nachdem die Ware bereits unterwegs zum Kunden ist
- Der Laster mit der Terminware eines Endprodukts für den Markt hat einen Unfall, durch den die Ladung unbrauchbar wird

Eines ist all diesen Störungen gemeinsam: Sie haben eine direkte Auswirkung auf Teile des SC Netzwerks. Die Kunst besteht darin, schnell herauszufinden, welche Teile betroffen sind. Natürlich gilt es vor allem zu klären, ob – und wenn ja, welche – Kundenaufträge davon betroffen sind. Ohne diese Information können zwar lokale Massnahmen ergriffen werden, aber der Zweck des SCM ist erst erfüllt, wenn der Kunde seine Ware auch erhält. Nur die Massnahmen, die zur Erfüllung anstehender Bedarfe führen, sind Lösungen im Sinne des SCM.

Wäre es da nicht hilfreich, wenn es eine Glaskugel gäbe, in der „drohendes Unheil" sichtbar wird? Ein Unternehmen will sich kratzen, bevor es juckt. Fakt ist, dass jedes Unternehmen über eine Vielzahl von Informationsquellen verfügt, in denen der aktuelle Stand des eigenen Arbeitsfortschritts abzulesen ist, die im folgenden als Event bezeichnet werden. Diese Events werden in Bezug auf sog. Supply Chain Objekte wie eine Ladungseinheit, einen Produktionsauftrag, eine Charge o. ä. überwacht:

- Wareneingänge und -ausgänge werden per Scanner oder über Funkidentifikation erfasst
- Die Qualitätsprüfung gibt Chargen im Labor-Informationssystem elektronisch frei
- Der Staplerfahrer quittiert den Auftrag, den Rohstoff zur Produktion zu bringen als erledigt
- Die Produktion erfasst alle relevanten Zeitpunkte (Leistungen), produzierte Mengen sowie die zugehörigen Verbräuche
- Der Fahrer der Spedition meldet Be- und Entladung, Abfahrt und Ankunft an Auf- und Abladestellen sowie wichtige Informationen wie ungeplante Stopps und längere Verzögerungen wie einen Stau mit der zugehörigen, geschätzten Dauer

Diese Informationen über den tatsächlichen Zustand der zuvor geplanten Abläufe ermöglichen es, proaktiv auf Abweichungen vom Plan zu reagieren. Unter dem Begriff *Supply Chain Event Management* (*SCEM*, vgl. Bittner 2000) werden die Überwachung und Bewertung von Geschäftsprozessen, Ereignissteuerung, Simulation und „Decision Support" verstanden. Demnach umfasst SCEM die folgenden Aufgaben, die von den meisten Software-Herstellern auch in ihren SCM bzw. SCEM Produktpaletten angeboten werden:

- **Monitor** – Überwachung des aktuellen Geschäftsprozess-Fortschritts gegenüber dem Plan über die Auswertungen relevanter Events

- **Notify** – Benachrichtigung der betroffenen Unternehmen im SC Netzwerk bei Abweichung geplanter von aktuellen Ereignissen über Mail, SMS etc. Dabei geben Regeln an, welche Abweichungen zu der Benachrichtigung welcher Partner führen.
- **Simulate** – Bei einer festgestellten Abweichung vom Plan wird eine planerische Aktivität im SCP-System angestossen. Per Simulation wird ein Lösungsvorschlag unter Berücksichtigung aller relevanten Constraints erarbeitet, und die Alternativen werden bewertet.
- **Control** – Gibt dem Entscheider die Möglichkeit, vorgeschlagene Lösungen zur Verbesserung der aktuellen Situation umzusetzen. Insbesondere geht es hierbei um die reibungslose Integration der simulativen Planung mit der Execution.
- **Measure** – Erst durch das Ermitteln der mit der Lösung erreichten Logistikkennzahlen und dem Vergleich mit den angestrebten Zielwerten kann ermittelt werden, ob auch mittelfristig die richtigen Entscheidungen getroffen wurden. Oft werden diese Informationen für einen weiteren Schritt – Learn – verwendet. Dieses Lernen soll in zukünftigen, ähnlichen Situationen helfen, einen passenden Vorschlag schneller und zuverlässiger zu erarbeiten.

Im Umfeld stark vernetzter SC Netzwerke sind die aufgeführten Aufgaben unumgänglich. Sie ermöglichen es, Abweichungen vom Plan umgehend erkennen und Korrekturen einleiten zu können. Ohne diese Informationen bleiben entweder vorher eingeplante Puffer ungenutzt oder Verzögerungen pflanzen sich wie ein Dominoeffekt weiter fort. Somit kann SCEM wie ein Mittler zwischen Planung und Ausführung wirken, der sich positiv auf die Performance des gesamten SC Netzwerks auswirkt, indem es die Abweichung zwischen Planung und Ausführung transparent macht. Bei einer Collaboration in Form von SCEM geben sich folglich die einzelnen Partner des SC Netzwerks die Möglichkeit, frühzeitig durch die aus dem eigenen Unternehmen bereitgestellten Informationen zu profitieren und damit die Gesamtsituation im SCN zu verbessern.

So kann z. B. ein Unternehmen, statt auf eine verspätete Lieferung zu warten, andere Aufträge vorziehen, um dann bei Eintreffen der verspäteten Ware um so besser vorbereitet dafür zu sorgen, dass nach Möglichkeit davon abhängige Kundenaufträge nicht verzögert werden. Ein anderer Anwendungsfall von SCEM ist, den Rückruf einer fehlerhafter Ware aus einem Lagerhaus zu machen, anstatt den Kunden um die Rücksendung der Ware zu bitten. Darüber hinaus kann mit dem Transporteur parallel zum Rückruf bereits der Nachschub neuer Ware veranlasst werden, die auf dem Weg zum Lagerhaus direkt dort hingebracht werden kann.

Somit bietet SCEM die Basis für jedes einzelne Unternehmen, das in der Zusammenarbeit mit anderen den entscheidenden Faktor für seinen Erfolg erkannt hat. Nur gemeinsam und durch die Verbindung ihrer Informationssysteme können Unternehmen in SC Netzwerken ihren Wettbewerbsvorteil ausspielen. Dadurch wird ein Unternehmen zu einem proaktiv agierenden Partner im SC Netzwerk, auf das sich alle anderen Partner verlassen können. Häufig wird auch von adaptiven SC Netzwerken gesprochen, die die im vorigen beschriebenen Prinzipien als Globale Sichtbarkeit, Ereignisgesteuerte Koordination, Adaptive Planung und Durchführung, Dynamische Kollaboration und Erzeugung von Nutzen beschreiben. Als eine kommende Technologie wird derzeit der Einsatz sogenannter „Intelligenter Agenten" – verteilt arbeitender, einfacher, aber effizienter Programme – untersucht, die jeweils einen Teil der verfügbaren Informationen auswerten und im Zusammenspiel mit anderen Applikationen oder Agenten eine Lösung erarbeiten, vgl. dazu Shen und Douglas.

RTE Beispiel

Am besten läßt sich die zentrale Bedeutung des SCM im RTE Kontext an dem durchgängigen Beispiel dieses Buchs erläutern. Dabei erfährt der Supply Chain Manager (im folgenden SC Manager) als einer der ersten von der ungünstigen Entwicklung des DFD AG Geschäfts. Neben den aktuellen Abverkäufen werden in der Absatzplanung des SCP-Systems SAP APO der SAP AG auch die geplanten Absätze aller Beteiligten aus den verschiedenen Regionen, Vertriebskanälen etc. eingespielt. Bereits während diese Daten übernommen werden, wird die Abweichung der rollierenden Vertriebsprognosen von den früheren Forecasts mittels frei definierbarer Makros überwacht. Diese Überwachung stellt bei Abweichungen über bzw. unter einen definierten Schwellwert Warnmeldungen in dem sog. Alert Monitor ein.

Der SC Manager wird sich daher mit Marketing und Vertrieb hinsichtlich der drohenden Gefahr eines Umsatzeinbruchs abstimmen. Das Ergebnis der Abstimmung, das Bundle aus Deostick und Waschhandschuh, wird in einem kreativen Prozess von Marketing und Produktmanagement ersonnen und mit dem Vertrieb auf die grundsätzliche Akzeptanz hin überprüft. Dann kommt bereits wieder der SC Manager in das Spiel. Er übernimmt die Koordination mit Produktion, Einkauf und Lohnbearbeitern, ob die Beschaffung der Waschhandschuhe, die Produktion des Bundles und die Verpackung beim Lohnbearbeiter im geplanten Aktionszeitraum machbar sind. Ist dies der Fall, liegt die konkrete Terminierung und Ausgestaltung der Promotion zunächst wieder beim Vertriebs- und Marketingteam.

Die Daten der SAP CRM Marketingkampagne stehen direkt mit dem dortigen Abspeichern auch in SAP APO zur Verfügung, da sie direkt in die Zeitreihen der SAP APO Absatzplanung transferiert werden. Gleichzeitig stellen diese Daten den fertigen Absatzplan des Bundles dar, da dieses Produkt nach dem Aktionszeitraum nicht weiter verkauft werden soll. Somit kann der Vertrieb sofort bei Vertriebsgesprächen eine Verfügbarkeitsprüfung aus dem CRM-System in SAP APO anstossen, welche die angefragten Mengen anhand der angelegten Prognose bestätigt.

Parallel beginnt die Überarbeitung der bestehenden Absatzplanung. Dazu ist zu bedenken, dass das Bundle im wesentlichen aus dem eigentlichen DFD Hauptprodukt, dem Deostick, gepackt mit dem Waschhandschuh besteht, siehe dazu auch Abbildung 8. Wird das Bundle mit Nachdruck in den Markt gebracht, sinkt folglich gleichzeitig die Nachfrage des ähnlich bepreisten Deosticks. Obwohl dieser Kannibalisierungseffekt auf mehrere Weisen berücksichtigt werden kann, wird an dieser Stelle der konsequenteste Weg beschrieben: Das direkte Einbeziehen in die Absatzplanung.

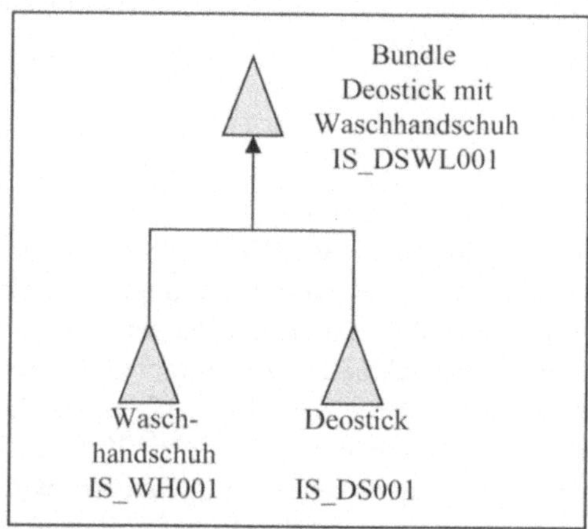

Abb. 8. Einstufige Stückliste eines Bundles

Der Absatzplan des Deosticks ist somit wegen der Kannibalisierung im Aktionszeitraum abzusenken, dafür aber nach der Promotion gegenüber dem jetzigen Forecast anzuheben, da der Promotion ein nachhaltiger Effekt auf das Kaufverhalten unterstellt wird, siehe Abbildung 9. In SAP APO wird dies dadurch bewerkstelligt, dass Daten bereits durchgeführter, möglichst ähnlicher Promotionen herangezogen werden, um sie in Form einer kausalen Planung mit der bestehenden Prognose zu überlagern. Mit Hilfe einer sog. Absatzplanungsstückliste, die die einfache Struktur aus Abbildung 8 besitzt, kann der Gesamtbedarf (Summe in Abbildung 9) an Deosticks zur Kontrolle abgelesen werden, der sich aus dem nun abgesenkten Primärbedarf (Korr. FC in Abbildung 9) und dem Sekundärbedarf aus dem Bundle zusammensetzt. Diese Schritte sind Aufgabe des SC Managers, der anschliessend den erzeugten Absatzplan an alle Beteiligten zurückgibt. Wie im Abschnitt über Bedarf und Kapazität erläutert, besteht nun der nächste Schritt darin, die Machbarkeit des Plans zu überprüfen. Da der SC Manager diese zuvor mit allen Beteiligten bereits abgestimmt hat, sind hier keine Überraschungen zu erwarten.

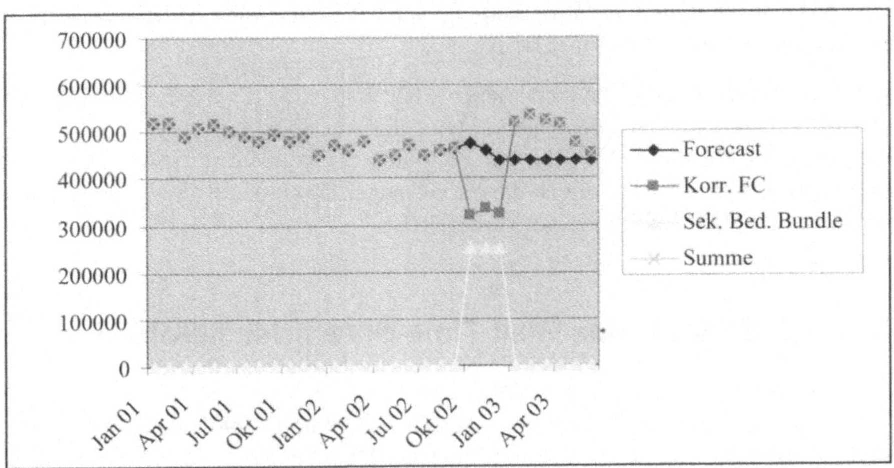

Abb. 9. Absatzplanung des Deosticks

Die beschriebenen Tätigkeiten dauern zusammen wenige Minuten, da durch die Integration der Systeme mit den bereits im CRM Prozess vorhandenen Stammdaten gearbeitet werden kann. Wurden die Stammdaten inzwischen von der Stammdatenabteilung im ERP-System SAP R/3 für die Produktion ergänzt, kann sich der SC Manager gemeinsam mit der Fertigungssteuerung an die Produktionsfeinplanung des Bundles in der Feinplanungstafel des SAP APO machen. Im Arbeitsplan des Bundles taucht dabei die Verpackung durch den Lohnbearbeiter auf. Dies stellt kein Problem dar, da die Kapazität mit ihm abgestimmt ist und die Dauer im Arbeitsplan über das im Rahmenvertrag vereinbarte Service Level Agreement geregelt ist. Bei der Feinplanung werden die selbst zu fertigenden Arbeitsgänge auf den zugehörigen Ressourcen geplant und gleichzeitig die erhöhten Materialbedarfe überprüft. Bei Abweichungen oder Engpässen ist nun das Verhandlungsgeschick des SC Managers gefragt, diese bisher übersehenen Probleme auszuräumen. Durch die integrierte Material- und Kapazitätsplanung in SAP APO steht auch das Feinplanungsergebnis nach wenigen Minuten zur Verfügung.

Das RTE erkennt somit im eiligen Fall Minuten nach der Übertragung aus dem CRM-System das einzige grosse Problem: Woher bekomme ich Waschhandschuhe ansprechender Qualität so schnell zu einem guten Preis? Bei der Stücklistenauflösung der Stückliste nach Abbildung 8 ist SAP APO an der Komponente Waschhandschuh auf ein Kennzeichen gestossen, das darauf hindeutet, dass diese Komponente nicht regulär eingekauft wird, sondern über das Internet auszuschreiben ist, obgleich sie produktionsrelevant ist. Dieses Kennzeichen wurde bereits bei der Stammdatenanlage gesetzt und löst in SAP APO einen manuellen Schritt aus: Das System erwartet, dass der Planer – in Abweichung vom normalen Ablauf – die Beschaffung dieser Komponente explizit anstösst. Damit wird sichergestellt, dass der Planer diesen Schritt bewusst auslöst. Folglich wird er die sog. Veröffentlichung der Ausschreibung erst dann tätigen, wenn sein Plan ansonsten feststeht. Mit der Veröffentlichung wird der Datensatz an die Ausschreibungskomponente im SRM weitergegeben.

Der Planer aber seinerseits wird diesen Plan erst dann für die Produktion freigeben, wenn er einen entsprechenden Status der Ausschreibung aus dem SRM zurückgemeldet bekommt. Von diesem Zeitpunkt an, können nur noch ungeplante Ereignisse stören, aber auf die ist der SC Manager durch den SAP Event Manager im Sinne von SCEM ja immer gut vorbereitet.

Hat sich SCM für das Real-Time Enterprise gelohnt?

Das Hauptziel eines SC Netzwerks ist nach E. Goldratt 1990 erst dann erreicht, wenn der Durchsatz zum Kunden erreicht ist. Dies bedeutet, dass der Endkunde die Ware vollständig akzeptiert und bezahlt haben muss. Ein Real-Time Enterprise misst dabei verschärfend einem weiteren Goldratt Ziel besondere Bedeutung zu: Dem (kurzfristigen) Kundenservice. Stellen die im vorigen Abschnitt dargestellten Szenarien die technischen Möglichkeiten von SCM im RTE dar, so liegt der eigentliche Erfolg von SCM in der sinnvollen Nutzung dieser Möglichkeiten. Erst wenn feststeht, dass SCM tatsächlich der Erhöhung des Kundenservices oder der gezielten Optimierung von Prozessen zur Verbesserung der logistischen Kennzahlen dient, sollte es auch umgesetzt werden. Daher ist die gezielte Analyse der logistischen Kennzahlen, nicht zuletzt der auf den Kunden bezogenen Kennzahlen, ein unerlässlicher Schritt. Auf dem Weg zum RTE ist SCM allerdings ein Muss. Denn welchen Nutzen bringen hoch integrierte Prozesse, die einen online-Informationsaustausch ermöglichen, ohne eine verlässliche und machbare Planung inklusive der effizienten logistischen Ausführung? Dieses Zusammenspiel muss für alle Partner im SC Netzwerk eine Marge erzielen, die ein dauerhaftes Überleben im harten, täglichen Wettbewerb ermöglicht.

Damit kommt dem Supply Chain Controlling auch im Betrieb der SC Netzwerks die wichtige Rolle zu, Effektivität und Effizienz aller Massnahmen permanent und nachhaltig zu überprüfen. Dazu werden neben der Supply Chain Organisation, den Schlüssel-Geschäftsprozessen und den Supply Chain Geschäftsprozessen des eigenen Unternehmens auch die Schnittstellen zu Kunden, Lieferanten und sonstigen Partnern ausgewertet. Alle Bestände, Termintreuen und Laufzeiten werden in Beziehung zu den verursachenden Prozessen und Organisationen im SC Netzwerk gesetzt und bewertet. Anhand der daraus ermittelten Kennzahlen lassen sich unter Berücksichtigung verschiedener Randbedingungen wie der IT Infrastruktur die (kontinuierlichen) Verbesserungsmassnahmen ableiten. Nicht zuletzt muss somit die dauerhafte Messung der Kennzahlen sichergestellt werden, um einen kontinuierlichen Verbesserungsprozess zu unterstützen.

IT-Systeme, wie Data Warehouses (z. B. SAP Business Information Warehouse) und der ARIS Process Performance Manager bewerten dabei gemeinsam, wie in Abbildung 10 dargestellt, die Supply Chain Performance, z. B. in einer Supply

Chain Scorecard. In dieser Scorecard werden die – teilweise abgeleiteten – Kennzahlen ermittelt, die vom Supply Chain Council im Rahmen der Supply Chain Operation Reference (SCOR) Initiative vorgeschlagen wurden, siehe dazu Supply Chain Council, www.supply-chain.org. Das RTE kann somit täglich beurteilen, ob es mit seiner logistischen Leistungsfähigkeit zufrieden ist.

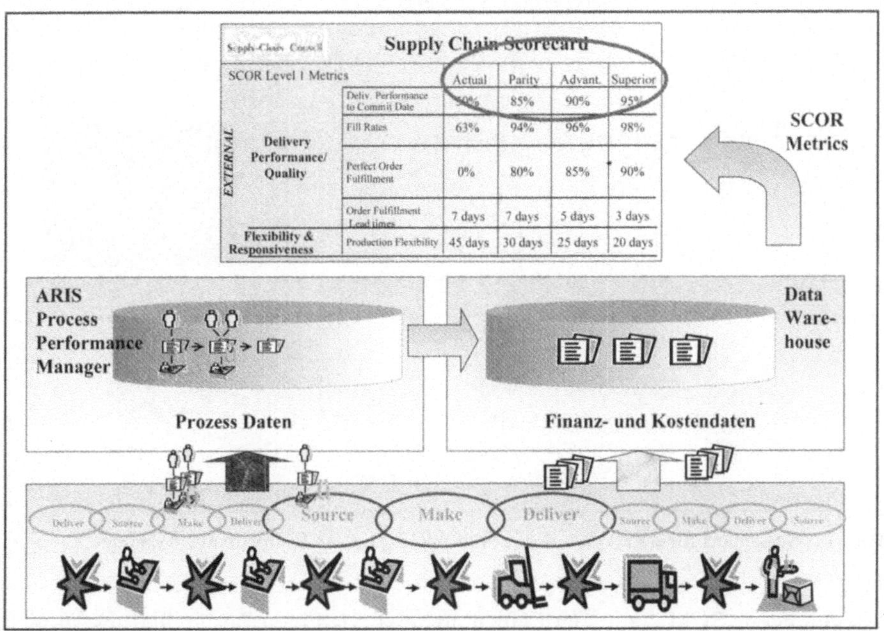

Abb. 10. Integration von Data Warehouse und Process Performance Management in einer SCOR Scorecard

Die Ausprägung einer solchen Scorecard ist in Abbildung 11 beispielhaft dargestellt. Sie kombiniert verschiedene, für den Planer wichtige Informationen auf einem Cockpit in für ihn leicht ablesbaren und informativen Darstellungen. Zusätzlich ist es möglich, auf detaillierte Darstellungen und konkrete Prozesse zu verzweigen, die für diese Kennzahlen verantwortlich sind, vgl. Artikel Jost/ Wagner, Abschnitt „Business Process Performance Measurement“.

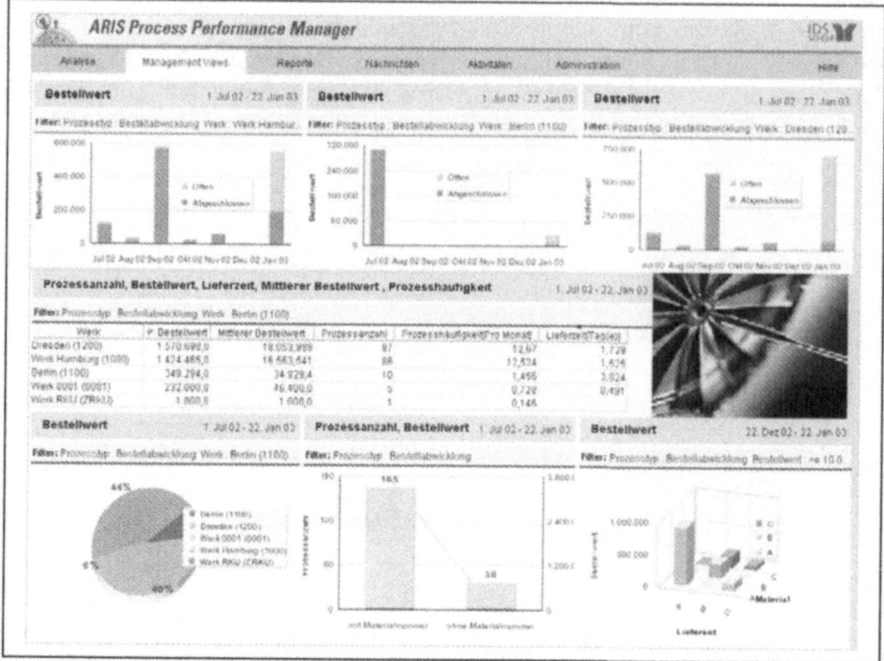

Abb. 11. Scorecard für den Einkauf mit dem ARIS Process Performance Manager

Das gelungene SCM stellt somit einen äusserst wichtigen Bestandteil, wenn nicht gar das Rückgrat, des RTE dar. Als Drehscheibe aller logistisch relevanten Informationen und Aktivitäten sorgt SCM für die Zufriedenheit des Kunden, das Ziel des RTE. SCM wird ergänzt durch ein professionelles Management der Kunden-, Lieferanten- und Partnerbeziehungen und durch eine dynamische und flexible Steuerung der nicht logistischen internen Prozesse des Unternehmens bis hin zur Unternehmensstrategie. Wenn diese Teildisziplinen in einem Unternehmen harmonisch zusammenarbeiten, kann es sich zu Recht als RTE bezeichnen.

Literaturverzeichnis

Bittner, M.: AMR Research: E-Business requires Supply Chain Event Management. In: The Report on Supply Chain Management, Boston, November 2000.

Bragg, S.: Ten Symptoms of Poor Supply Chain Performance, ARC Advisory Group, August 8, 2002, in www.arcweb.com.

Goldratt, E.: Das Ziel, McGraw-Hill Book Company (UK) Limited, 1990.

Heydt, A. v. d. (1998): Efficient Consumer Response, 3. Aufl., Frankfurt 1998.

Lee, H. L.; Padmanabhan, P.; Whang, S.: Information distortion in a supply chain: The bullwhip effect, in: Management Science 43 (1997), S. 546-558.

Mc. Guffry, T. Electronic Commerce and Value Chain Management, 1998.

Quack, K.: Alle Zulieferer haben den Durchblick, In: Computerwoche 8. März 2002.

Raskino, M.: Gartner ruft das Real Time Enterprise aus, In: Computerwoche online, 15.11.2002.

Shen, W.; Douglas, N.: Agent-based Systems for Intelligent Manufacturing: A State-of-the-Art Survey, http://imsg.enme.ucalgary.ca/publication/abm.htm.

Stölzle, W.; Gareis, K. (Hrsg.): Integrative Management- und Logistikkonzepte. Festschrift für Professor Dr. Dr. h.c. Hans-Christian Pfohl zum 60. Geburtstag. Wiesbaden 2002 (Gabler Verlag).

Supply Chain Council (Non-Profit Organisation) Homepage: www.supply-chain.org.

Weisphal, N., IDS Scheer AG: "Strategische Wettbewerbsvorteile durch CPFR", eine europäische Studie.

2.2.3 Supplier Relationship Management im Real-Time Enterprise

Frank Herrmann
Manager, Core Service Supplier Relationship Management, IDS Scheer AG

IDS Scheer AG
Franklinstr. 62
60486 Frankfurt a.M.
Deutschland

Zusammenfassung

Unter SRM wird das ganzheitliche Management des Beschaffungsprozesses und der Lieferantenbeziehungen über alle Unternehmensbereiche hinweg verstanden. Dabei gehören zum SRM neben dem auf die transaktionale Abwicklung und Automatisierung von Prozessen und der Kommunikation gerichteten e-Procurement insbesondere auch strategische Aspekte wie die des Lieferantenmanagements. Wichtige Komponenten bilden z.B. das Management der Lieferantenbasis und der Lieferantenentwicklung. Hierbei finden automatisiert entscheidungsunterstützende Analysen Anwendung, wie zum Beispiel Lieferantenportfolios. Darüber hinaus sind Sourcing und Vertragsmanagement und das Supplier Controlling durch Analysewerkzeuge als zentrale Themen zu nennen.

Supplier Relationship Management

Die zunehmend arbeitsteilige Organisation der Wirtschaft, bedingt durch zunehmende Globalisierung, fragmentierte Märkte und steigende Innovations- und Wissensintensität, zwingt Unternehmen, sich verstärkt mit anderen Unternehmen zu vernetzen. Im Bereich Beschaffung und Einkauf sprechen kostenorientierte wie erlösorientierte Motive dafür, eine solche Vernetzung mit ausgewählten Lieferanten durchzuführen. Erlösorientierte Faktoren können beispielsweise Kompetenzfaktoren wie Wissen oder Imagefaktoren wie Co-Branding sein. Beim Co-Branding profitiert ein Unternehmen vom positiven Image der Marke seines Lieferanten, indem es die eigenen Produkte unter Hinweis auf die Lieferantenmarke platziert. Kostenorientierte Faktoren sind z.B. gemeinsame Beschaffung und zwischenbetriebliche Koordination. Die so steigende Anzahl intensivierter, umfassender Geschäftsbeziehungen verlangt nach einem systematischen Management- und Organisationsansatz. Analog dem Customer Relationship Management ist hierfür der Begriff Supplier Relationship Management (SRM) geprägt worden. SRM hat zum Ziel, einen Ansatz zum ganzheitlichen Management der Lieferantenbeziehungen zu liefern und dabei den jeweils optimalen Integrationsgrad mit den Lieferanten zu identifizieren und zu etablieren. Hierbei ist die informationssystembasierte Koordination von Prozessen oder von Teilbereichen der Lieferantenbeziehung ein entscheidender Faktor.

Phasen und Ebenen des SRM

SRM lässt sich in verschiedene Phasen und Ebenen gliedern. Phasen des SRM sind beispielsweise Information und Partnerauswahl, Verhandlung, Konfiguration, Ausführung und Koordination. Als Ebenen werden die langfristigen, institutionalisierten und die kurzfristigen wiederkehrenden Interaktionen unterschieden. Die das SRM unterstützenden Informationssystemkomponenten lassen sich den Phasen wie folgt zuordnen:

Anbahnung

Zur **Information und Partnerauswahl** unterstützen Auswertungs- und Entscheidungsunterstützungssysteme wie Supplier Assessment, Spend Analysis and Data Mining und Informationsysteme wie elektronische Kataloge, Webseiten oder Newsletter. In den nachfolgenden Schritten werden Anfrage- oder Ausschreibungslösungen eingesetzt.

Verhandlungsunterstützend können Kommunikationssysteme genutzt werden wie E-Mail, Groupware oder Videokonferenzsysteme. Zur Effizienzsteigerung bei

Preisverhandlungen können Komponenten zur inversen Auktion eingesetzt werden.

Die **Konfiguration der Lieferantenbeziehung** unterstützen z.B. Catalog-Content-Managementsysteme und Komponenten zur Lieferantenbewertung und Lieferantenintegration.

Abwicklung

Die **Ausführung der Beschaffung**, die Bestellabwicklung, wird systemseitig am stärksten abgedeckt. Dies geschieht durch Komponenten zur Bestellerzeugung, -genehmigung und Bestellübermittlung, sowie den sich anschließenden Prozessen zur Wareneingangsabwicklung und Rechnungsprüfung. Vermehrt werden kleinere Lieferanten über Supplier-Self-Service Lösungen in diese Prozesse eingebunden oder die Prozesse der Leistungs- und Rechnungserfassung auf den Lieferanten verlagert. Mit größeren Lieferanten werden zunehmend Integrationslösungen per XML durchgeführt. Bezüglich der Systemunterstützung ist zwischen der planungs- und produktionsgesteuerten Beschaffung direkter Güter und der Beschaffung nicht produktionsbezogener, indirekter Güter und Dienstleistungen zu unterscheiden. Während sich bei direkten Gütern die Abwicklungsphase von der Bedarfsermittlung bis zur Bestandsführung auf den im eigenen Unternehmen geführten Materialstamm stützt, der über Stücklisten und Arbeitspläne mit anderen Materialstämmen verknüpft sein muss, bestehen solche Zwänge bei indirekten Gütern nicht.

Kontrolle und Koordination

Die **Koordination** der Beschaffungsprozesse wird zum einen durch Systeme unterstützt, die dem SCM zuzuschreiben sind, wie solche zum Betrieb und Überwachung von „Collaborative Planning, Forecasting and Replenishement". Auf der andren Seite kommen analytische Systeme zur Kontrolle der Beschaffungsprozesse zum „Relationship and Performance Monitoring" zum Einsatz.

SRM im RTE

Die Gestaltung optimaler Beschaffungsprozesse in Real-Time heisst, durch intelligentes Prozessdesign Effizienz und Effektivität in allen Phasen des SRM zu erreichen. Supplier Relationship Management fußt systemtechnisch auf einem Paradigmenwechsel in der Beschaffung, nämlich die eigenen Prozesse auf fremden und eigenen Real-Time Informationen zu basieren. SRM in einem RTE bedeutet damit die Vernetzung der Lieferanten- und Kundenprozesse und die Verlagerung von Aufgaben der Datenpflege und Datenverantwortung an die Stelle der Datenkompetenz.

Als Beispiel hierfür sei die Verfügbarkeitsprüfung eines Beschaffungsmaterials beim Lieferanten genannt. Traditionell werden im Einkaufssystem die Verfügbarkeitsinformationen von Lieferantenmaterialien redundant und vereinfacht im eigenen System geführt, zum Beispiel als Planlieferzeit. Für saisonale Schwankungen oder längere Lieferzeiten bei erhöhten Bedarfsmengen ist hier kein Raum. Will der Einkäufer wirklich sicher sein, dass ein Lieferant seinen Bedarf decken kann, greift er heute wie vor 50 Jahren zum Telefon. Im Real-Time Enterprise dagegen greift der Einkäufer mit Hilfe des eigenen SRM Systems auf den elektronischen Katalog des Lieferanten zu, prüft Verfügbarkeit von Termin und Menge im System des Lieferanten und bestellt die gewünschte Menge zum vereinbarten Preis mit bestätigtem Termin.

Ein SRM Prozess in einem RTE kann und muss also sowohl im eigenen als auch im Lieferantensystem ablaufen und sowohl auf eigenen als auch auf fremden, z.B. Lieferanteninformationen basieren. Hierdurch können Prozesse schneller und vor allem auf gesicherten Real-Time Informationen basierend ablaufen.

Betrachtet man dagegen traditionelle Beschaffungsprozesse, so sind diese durch weitreichende Ineffizienzen geprägt:

- Artikel- und Produktinformationen werden auf Lieferanten- und Kundenseite redundant geführt
- Bestell- bzw. Auftragsinformationen werden doppelt angelegt und aktualisiert
- Die elektronische Abwicklung über EDI reduziert dabei die auf beiden Seiten gehaltenen Daten nicht, sondern fügt der redundanten Datenhaltung noch zusätzliche, für die automatisierte Abwicklung benötigte Konvertierungen hinzu. Dies macht solche Lösungen teuer und inflexibel.
- EDI-Prozesse sind zumeist auf Rahmenvertragabrufe oder Lieferplanabrufe beschränkt, weil sie die Einzelbestellungen eigenen Änderungsprozesse i.d.R. nicht abdecken können

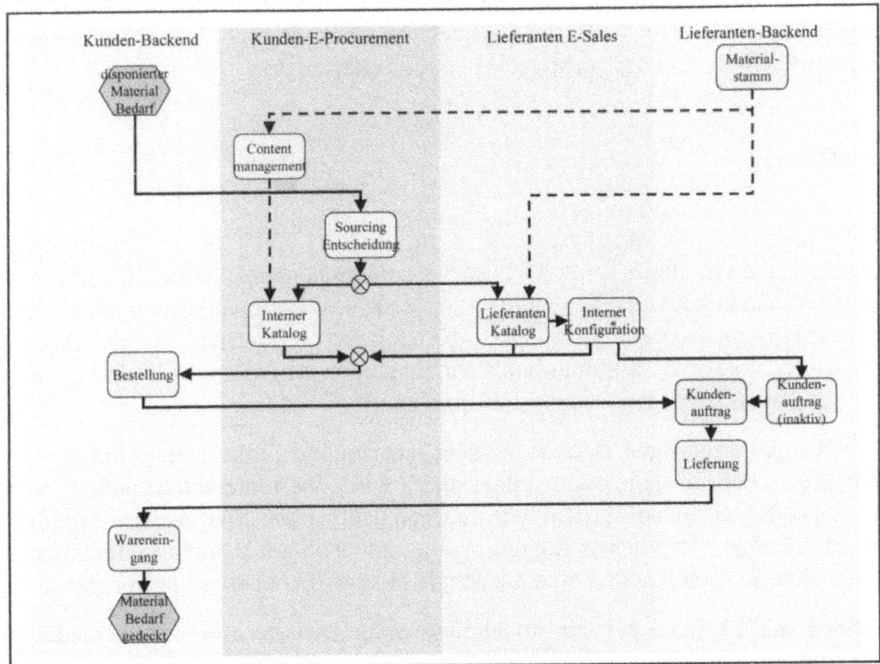

Abb. 1. Schemadarstellung, Bestellabwicklung über Unternehmensgrenzen hinweg

Automatisches Supplier Relationship Management im RTE bedeutet die Einbindung von externer Informationskompetenz in effektiver und effizienter Weise. SRM im RTE heißt, den Wert der Information zum beiderseitigen Nutzen auszuschöpfen. Informationspflege findet nur einmal statt, und zwar beim Geschäftspartner, der die „natürliche Informationshoheit" hat. Dort werden die Informationen aktuell gehalten und internen wie externen Nutzern z.B. per Replikation oder direktem Internetzugriff zur Verfügung gestellt, und zwar in Echtzeit.

Zum Beispiel werden im RTE Produktinformationen des Lieferanten zur Bestellerzeugung beim Kunden genutzt und dienen zur Beauftragung des Lieferanten. Von dieser Collaboration profitieren beide Parteien: Wurden Produktspezifikationen in Bestellungen auf Basis der Lieferantendaten generiert, können diese Bestellungen direkt zur Kundenauftragsgenerierung im Vertriebssystem des Lieferanten genutzt werden. Dies gilt auch im Falle komplexer, konfigurierbarer Produkte. Hier wird der Bogen aus dem SRM eines RTE in das PLM des Lieferanten geschlagen und die Zulässigkeit von Merkmalskombinationen im Zuge der Konfiguration eines Produktes direkt im Lieferantensystem überprüft.

Im SRM kann, wie bereits oben skizziert, zwischen den Anbahnungs-, den Abwicklungs- und den Kontroll- und Koordinationsprozessen unterschieden werden. Weiterhin ist eine Aufteilung in produktbezogene, direkte und nicht-produktbezogene indirekte Beschaffung bzw. aus Lieferantensicht in kundenanonyme und kundenbezogene Produkte üblich. Die aus Beschaffungssicht übliche Kategorisierung der Materialien in A, B und C Güter wird hier als nach dem Umsatz unterstellt, unabhängig von der vorherrschenden Beschaffungsart.

Anbahnung

Im Rahmen von Anbahnungsprozessen im Einkauf spielt die Informationsbeschaffung und der Informationsaustausch eine entscheidende Rolle. In herkömmlichen Systemen bedeutet dies vielfach tausende von Lieferantenstammdaten und zigtausende von Lieferanten-Produkt-Informationen im eigenen, von der Außenwelt abgeschlossenen System, damit der Einkäufer im Fall eines Bedarfes möglichst umfangreiche Entscheidungstransparenz hat.

Im Fall eines neuartigen Bedarfs wird im klassischen Einkauf eine Anfrage erstellt, die an bekannte Lieferanten übermittelt wird. Die Lieferantenangebote werden in der Regel textuell übermittelt und manuell erfasst. Eine weitere Möglichkeit ist die einer öffentlichen Ausschreibung, um auch unbekannte Lieferanten zu erschließen. Je nach Branche sind die Möglichkeiten hierzu allerdings begrenzt.

In einem RTE gibt es bei der Anbahnung neuer Bedarfe zwei unterschiedliche Optionen:

Die erste besteht in der Nutzung elektronischer Ausschreibungen, die auf Knopfdruck im Internet auf Bulletin-Boards veröffentlicht werden. Idealerweise spezifiziert der Einkäufer im RTE in einer elektronischen Ausschreibungsposition kategorisierende Informationen, wie den Warengruppenschlüssel eines Standardwarengruppenschemas und ggf. eine Merkmalsbewertung dieses Standardwarengruppensystems. Beispiele für einen solche Warengruppenstandards sind eclass oder UN/SPSC. Dadurch wird gewährleistet, dass Anbieter betreffender Materialien oder Dienstleistungen bei der elektronischen Suche die Anfrage des potenziellen Kunden finden. Selbstverständlich kann der Einkäufer im RTE auch Lieferanten aus seiner aktiven Lieferantenbasis auswählen, und diesen die Anfrage per automatisch generierter e-Mail übermitteln.

Sowohl Lieferanten, die auf die Anfrage in einem Bulletin Board aufmerksam werden, als auch solche, die per e-Mail direkt zur Angebotsabgabe aufgefordert werden, können Ihr Angebot direkt im RTE-System erfassen, oder es als Systemextrakt aus ihrem eigenen System in Form einer festgelegten Datenstruktur für den Belegdatenaustausch im XML-Format (Extensible Markup Language) elektronisch abgeben. Beispiele für Belegdatenstandards im XML-Format sind xCBL oder opentrans.

Die Lieferanten können ihre Angebote kommentieren und beliebige Informationen in Dateiform anhängen. Beispiele für solche Anlagen sind Zeichnungen oder Farbmuster. Diese Hinweise können dem Käufer Anlass geben, seine Anfrage anzupassen und die geänderte Anfrage erneut zu versenden. Sind die Rahmenbedingungen der Anfrage im Zuge dieses Prozesses geklärt, kann die Preisverhandlung entweder klassisch oder im Rahmen einer inversen Auktion erfolgen.

Insbesondere für den öffentlichen Sektor bieten Ausschreibungssysteme vielfältigen Nutzen, da der Ausschreibungsprozess von der Erstellung der Ausschreibung über Bekanntmachung, Angebotseröffnung, Bewertung und Zuschlag systembasiert auf Gesetzeskonformität kontrolliert abgewickelt wird.

Eine weitere Option ist die Einrichtung von Zugriffsmöglichkeiten auf die generelle Produktpalette von Lieferanten, die für eine Beschaffung in Frage kommen. Bei einem gewöhnlichen Unternehmen würde dies erforderlich machen, große Mengen an Produktinformationen in das eigene Beschaffungsmodul zu übernehmen, zu speichern und insbesondere diese aktuell zu halten. Insgesamt stellt dies keine wirtschaftliche Möglichkeit dar.

Im RTE-System werden die von Lieferanten bereitgestellten Daten direkt nutzbar gemacht. Dies geschieht abhängig vom Beschaffungsszenario z.B. über die Anbindung externer elektronischer Lieferantenkataloge oder die Anbindung herstellerübergreifender Kataloge von Händlern oder Katalogdienstleistern. Eine weitere Möglichkeit besteht in der Übernahme von Katalogdaten in einen hausinternen Multilieferantenkatalog. Dies geschieht kontrolliert über eine Komponente zur Kataloginhaltsverwaltung (Catalog-Content-Management System). Solche Systeme erlauben die regelbasierte Qualitätskontrolle, Erweiterung und Freigabe der Lieferantenkataloginhalte. Die Freigabe kann unter technischen und kaufmännischen Gesichtspunkten durch unterschiedliche Rollenträger erfolgen. Zudem können automatisiert Anpassungen von den Kataloginhalten an die internen Prozesserfordernisse eines RTE Systems vorgenommen werden. Katalog Content Management Systeme finden in der Regel Anwendung bei indirekten Gütern. Zur Katalogbeschaffung direkter Güter, wie sie im Falle von Einzelbedarfen und konfigurierten Bedarfen interessant sein kann, stellt die direkte Anbindung von Lieferanten über standardisierte Internet-Katalogschnittstellen die zu bevorzugende Lösung dar, da sämtliche Funktionen eines Lieferanten-CRM und des Lieferanten-PLM Systems dem Einkäufer in seinem SRM-System uneingeschränkt Real-Time zur Verfügung stehen.

Neben der Vorbereitung einer späteren Abwicklung spielen in SRM-Systemen auch strategische Gesichtspunkte z.B. bei der Lieferantenauswahl eine Rolle. Hierzu kann im RTE auf Lieferantenbewertungen und -segmentierungen anhand quantitativer Daten zurückgegriffen werden. Automatisierte dynamische Portfolioanalysen die auf quantifizierbaren Systeminformationen beruhen, unterstützen eine strategische Lieferantenauswahl. Ein RTE erlaubt hierbei nicht nur den Rückgriff auf interne Systeminformationen, sondern beispielsweise auch auf externe Daten, die zum Vergleich herangezogen werden können. Dies können beispielsweise Produktpreise anderer Lieferanten, Marktpreise und Informationen von Auskunfteien sein.

Abwicklung

Bei der Abwicklung von Beschaffungsprozessen in einem RTE kann grundsätzlich zwischen der Beschaffung direkter Güter und der Beschaffung indirekter Güter unterschieden werden.

Die Beschaffung indirekter Güter im SRM eines RTE wird dezentralisiert. Dies geschieht durch die zentrale Koordination der Prozesse durch den Einkauf, der die dezentrale Abwicklung der Prozesse ermöglicht. Die zentrale Koordination beinhaltet insbesondere die Organisation von Produkten im unternehmensinternen Produktkatalog. Dies betrifft z.B. die Definition des Produktsortiments, die Auswahl der Lieferanten, rollenspezifische Einschränkungen der Produktsicht auf das Produktsortiment, Verhandlung der Rabatte und die Festlegung von Regeln zur Steuerung der Genehmigungsabläufe. So wird sichergestellt, dass ein Mitarbeiter aus der Elektroinstandhaltung das komplette Portfolio der benötigten Materialien im Zugriff hat, und dennoch nicht mit Büroeinrichtung, Hardwarezubehör, Werkzeugausstattung usw. bei seiner rollenbezogenen Sicht abgelenkt wird. Die Kataloginhalte sind vom Elektromeister fachlich freigegeben, während der Einkäufer die Richtigkeit der Preise und Konditionen geprüft hat. Im laufenden Geschäft kontrolliert der Einkauf die Produkt- und Preisaktualisierungen durch die Lieferanten und überwacht die Kosten- und Prozesseffizienz.

Die Abwicklung einer dezentralisierten Beschaffung für indirekte Güter erfolgt ausgehend vom Bedarfsträger selbst, der aus dem festgelegten Produktsortiment die zur Deckung seines Bedarfs nötigen Produkte auswählt und einen internen Warenkorb bildet. Bei der Kontierung seines Bedarfs wird der dezentrale Bedarfsträger vom System unterstützt. Der Warenkorb durchläuft ein Genehmigungsverfahren und wird im Anschluss als elektronischer Beleg an die betreffenden Lieferanten übermittelt. Diese können Bestätigungen zur Auftragserfassung, zur Auslieferung und zur Anlieferung im SRM erfassen. Dies geschieht mit Hilfe einer Portalkomponente, die diesen Lieferantenservice erlaubt. Eine weitere Möglichkeit besteht darin, die Statusfortschreibung im RTE System mit Hilfe elektronischer Dokumente direkt aus dem Backend-System des Lieferanten zu erzeugen. Hierbei spielen wieder XML-Standards für den dokumentbasierten Datenaustausch eine entscheidende Rolle.

Der Bedarfsträger kann zu jeder Zeit den Status seines Bedarfs einsehen. Der Prozess endet mit der Verbuchung der elektronischen Rechnung des Lieferanten oder der Abrechnung im Rahmen eines Gutschriftenverfahrens.

Die Beschaffung direkter Güter unterscheidet sich zu der indirekter Güter im wesentlichen in der maschinellen Disposition der Bedarfsmengen und darin, dass der Wareneingang in den meisten Fällen zu einer Bestandsbuchung führt, was die Nutzung einer Materialnummer nötig macht.

Die Abwicklung von disponiertem Material über eine Katalogbeschaffungslösung ist nur dann sinnvoll, wenn sich die Rahmenbedingungen der Beschaffung bei jedem Beschaffungsvorgang ändern und daher im eigenen System permanent aktualisiert werden müssen. Mit den Rahmenbedingungen sind Preise und Konditionen, Liefer- und Zahlungsbedingungen, Produktspezifikationen aber auch die Lieferzeit des Produktes gemeint, also alle Informationen, die zur Fremdbeschaffung eines Materials notwendig sind. Die Notwendigkeit, solche Informationen bei jedem Beschaffungsvorgang zu aktualisieren, wird im Wesentlichen bestimmt durch den Zeitraum zwischen Beschaffungsvorgängen des gleichen Materials und der Möglichkeit, die Rahmendaten für eine Zeitspanne per Rahmenvertrag zu fixieren.

Wenn sich Beschaffungsvorgänge des gleichen Materials längere Zeit nicht wiederholen, sich also zwischen zwei solchen Vorgängen Konditionen ändern, sich das Produktspektrum des Lieferanten ändert, sich die Verfügbarkeit ändert usw., dann wird die Datenpflege in Einkaufssystemen zur Sisyphusarbeit. Auf der anderen Seite rechnet sich die rahmenvertragliche Fixierung von maschinell disponiertem C- oder B-Material kaum, wenn man eine große Zahl eingesetzter C- und B-Materialien unterstellt.

In einer RTE IT-Landschaft gibt es eine Dispositionsschnittstelle, die es erlaubt, disponierte Bedarfsmeldungen aus dem Backend- oder dem Planungssystem im SRM System weiterzubearbeiten. Über das SRM System kann auf interne oder externe Kataloge zugegriffen werden, zu dem Bedarf das passende Lieferantenprodukt ausgewählt und somit die Bestelldaten vervollständigt werden. Eine Vorselektion der Lieferantenmaterialien kann dabei schon beim Aufruf des Lieferantenkatalogs zum Beispiel durch Übergabe der Standardwarengruppe aus dem Materialstamm erfolgen. Aus den eingeschränkten Materialien wählt der Einkäufer das zum Bedarf passende aus. Einige Lieferanten bieten bereits heute eine online-Verfügbarkeitsprüfung an. Im SRM System wird die Bestellung erzeugt und an das Backendsystem rückkommuniziert. Von dort aus kann die Bestellung in elektronischer Form an den Lieferanten übermittelt werden, da Unsicherheiten, die heute bezüglich eindeutiger Produktbeschreibung, Liefertermin und verfügbarer Menge, Preisen und Konditionen usw. bestehen, bereits ausgeräumt sind. Die Kommunikation mit dem Lieferanten vereinfacht und beschleunigt sich.

Die Materialstammdatenpflege kann sich im beschriebenen Szenario darauf beschränken, Materialien aus Unternehmenssicht eindeutig zu beschreiben. Die lieferantenspezifischen Informationen werden während des Beschaffungsprozesses eingesammelt.

Real-Time im Real-Time Enterprise ist nicht nur der Bedarf, also Bedarfsmenge, -termin und -eigenschaften, ob maschinell disponiert oder anforderergetrieben, sondern auch die Bedarfsdeckungsinformationen, wie Preis, verfügbare Menge und Termin.

Real-Time kann auch die Statusmeldung des Lieferanten zur Auftragsabwicklung in den SRM-Prozess sein, sowie Transport- und Transporttrackinginformationen, die der Lieferant aus seinem System dem Käufer in Form elektronischer Dokumente übermittelt. So ist der Kunde permanent über den aktuellen Status des Auftrags im Backendsystem des Lieferanten informiert, ohne dass dabei Kunde oder Lieferant signifikante Aufwände zur Bereitstellung der Information entstehen.

Neben den selten wiederkehrenden Bedarfen direkter Güter, gibt es die wiederkehrenden Materialbedarfe. Für die systemtechnische Abbildung solcher Beschaffungsvorgänge werden seit längerem erfolgreich lieferplanbasierte Abwicklungen eingesetzt. Diese haben den Vorteil, dass der Lieferant kontinuierlich und rollierend über zukünftige Bedarfe informiert wird. Dabei werden nur dann neue Abrufinformationen erzeugt, wenn sich die Bedarfssituation mit einer gewissen Signifikanz geändert hat. Zur Lieferantenintegration werden für solche Geschäftsprozesse seit geraumer Zeit EDI Kopplungen eingesetzt.

Kontrolle und Koordination

Neben dieser Art der Informationsübermittlung als elektronische Dokumente können Lieferplanabrufe und Feinabrufe dem Lieferanten allerdings auch Real-Time auf der Einkaufswebsite zur Verfügung gestellt werden, was insbesondere bei der Kommunikation mit kleineren Lieferanten interessant ist. Dabei kann der Lieferant sich auf der Homepage nicht nur über die aktuelle Abrufsituation informieren, sondern auch Fortschrittszahlen, die eigene Qualitätsbeurteilung und den Abrechnungsstatus seiner Warenlieferungen im System des Kunden einsehen. Weitere Funktionalitäten dienen der Erstellung kundenkonformer Artikeletiketten und Lieferpapiere direkt aus dem SRM System des Kunden. Darüber hinaus können Anlieferungen bereits so im Kundensystem avisiert werden, dass nicht nur Anlieferungsmengen, sondern auch Pallettierungs- und Verpackungsinformationen vorerfasst sind. Die Wareneingangsbearbeitung reduziert sich für den RTE Kunden so zu einem zeiteffizienten Scanvorgang.

Auch (lieferantenseitige) Vendor Managed Inventory Szenarien werden in einem RTE System über die Webseite unterstützt: Die Bedarfsplanung erlaubt die Lieferantenbezogene Generierung einen elektronischen Extrakts zur Bedarfs- und Bestandssituation von Lieferantenmaterialien aus dem RTE System. Dieser Extrakt dient zur Information des Lieferanten. Daraus gehen die aktuellen und zukünftigen Bedarfe des Kunden sowie die aktuelle Bestandssituation hervor. Der Lieferant füllt das Kundenlager eigenständig auf, wenn aus seiner Sicht Mindestbestandsunterschreitungen eingetreten sind, oder sich ein Transport der Materialien zum Kunden aufgrund von Transportbündelungseffekten lohnt. Er sendet elektronische Bestellbestätigungen über die Auffüllmengen an das RTE oder bucht über das Lieferantenportal die Warenlieferungen. Um Zielkonflikte beim Lieferanten zu vermeiden, kombiniert man solche Regelungen mit Lieferantenkonsignationsbeständen. Der Eigentumsübergang und die Zahlungsverplichtung gegenüber dem Lieferanten findet erst dann statt, wenn das gelieferte Material aus dem Lager entnommen worden ist.

Die Prozesse der RTE Modellfirma

Sobald die Produktionsplanung im Planungssystem der DFD AG durchgeführt worden ist, können die über die Stücklistenauflösung ermittelten externen Bedarfe auf drei unterschiedliche Arten in die SRM Komponente übergeben werden: Ein Bedarf wird direkt in eine Ausschreibung überführt, wenn der Bedarf bekanntermaßen ausgeschrieben werden muss. Er wird in ein Sourcing Cockpit übergeben, wenn die weitere Abwicklung der Beschaffung unklar ist, oder das System kann automatisch eine Bezugsquelle ermitteln auf Grundlage von hinterlegten Regeln, wie festen Bezugsquellen für einen Bedarf, wie einen Duftstoff für die Deodorants der DFD AG. Eine Abwandlung einer festen Bezugsquellenzuordnung für einen definierten Zeitraum stellt die Hinterlegung von Quoten bei unterschiedlichen Lieferanten dar.

Die interessantesten Fälle für den Einsatz einer SRM Komponente stellen die Fälle unbekannter Bezugsquelle dar. Im Fall der DFD AG wird das eigene Produkt, ein Deodorant, mit einem Fremdprodukt, einem Waschhandschuh, kombiniert. Da dieses Material nur im Zuge einer Aktion beschafft werden muss, wird in diesem Fall auch der Rückgriff auf ein Business Intelligence System lediglich unterstützen können, da gegebenenfalls bereits früher eigene Produkte mit fremden Körperpflegeprodukten oder Frotteeware kombiniert worden sind. Ist dies nicht der Fall, besteht eine effiziente Möglichkeit darin, die Lieferantensuche umzukehren, und den Lieferanten den Bedarf suchen und finden zu lassen, statt den Bedarfsträger den Lieferanten. Dies ist besonders in der gegebenen Situation interessant, da der Einkauf der DFD AG mit hoher Wahrscheinlichkeit über wenig Know-how bezüglich Frotteeware verfügt. Selbst eine zunächst wenig genau spezifizierte Anfrage, bei der zunächst nur die Stückzahl und der Bedarfszeitraum aus der Bedarfsplanung des Planungssystems bekannt ist, führt zu Angeboten, die eine klarere Spezifikation in einem weiteren Zyklus erlauben. Beispielsweise könnte ein möglicher Lieferant auf den Bedarf von 750.000 Waschhandschuhen mit dem folgenden Angebot reagieren:

„Wir bieten unsere preisgünstigen, pflegeleichten, saugfähigen Waschhandschuhe aus unserer Frottee Handtuch Serie aus 100% Baumwolle in der 400 g/m² Qualität mit strapazierfähigem Abschluß und eingearbeiteter Bordüre zum Preis von 2,58€ / Stück an."

Im Fall einer solchen offenen Anfrage, bei der der Einkäufer den Bedarf automatisch auf einer elektronischen Pinnwand im Internet veröffentlicht, folgen die Lieferanten einem Link auf das SRM System der DFD AG und registrieren sich selbst. Danach pflegen sie ihr Angebot ein oder pflegen nur den Preis ein und hängen das vollständige Angebot als PDF Dokument an.

Mit dem gewonnenen Wissen unterschiedlicher Qualitäten verschiedener Lieferanten kann der Einkäufer der DFD AG eine zweite Ausschreibungsrunde einläuten. Hierzu aktualisiert er seine bisherige Anfrage um die neuen Informationen und übermittelt die präzisierte Anfrage an die nun bekannten Lieferanten in Form einer E-Mail. Die Lieferanten können sich wiederum in der bekannten Art und Weise anmelden und ihr Angebot zum präzisierten Bedarf abgeben. Ein Vorteil dieser Abwicklung besteht darin, dass der Einkäufer die Angebotsinformationen, wie z.B. angehängte Farbmuster in elektronischer Form der Marketingabteilung weiterleiten kann, damit diese überprüfen kann, ob die angebotenen Waschhandschuhe zum Deodorant der DFD AG passen.

Ist eine Vorauswahl von Lieferanten vergleichbarer Produkte getroffen, kann der Preisverhandlungsprozess durch Umwandlung der Ausschreibung in eine inverse Auktion angestoßen werden. Bei der klassischen inversen Auktion unterbieten sich die Lieferanten so lange gegenseitig, bis ein vorher festgelegter und den Lieferanten kommunizierter Zeitpunkt erreicht ist. Die DFD AG setzt eine Abwandlung des Verfahrens ein, bei dem sich die Auktion automatisch so lange um jeweils fünf Minuten verlängert, bis nach Abgabe des letzten Gebots fünf Minuten lang kein neuerliches Angebot eingegangen ist.

Das Angebotsverhalten und die Preisentwicklung kann mit Hilfe der Business Intelligence Komponente Real-Time analysiert werden und schließlich eine Entscheidung über die Vergabe des Auftrags erfolgen.

Die Auftragsvergabe erfolgt durch Anlage einer Bestellung auf Grundlage der im Zuge des Anfrage-/ Angebotsprozesses erhaltenen Informationen. Die Bestellung führt automatisch und Real-Time zu einer Aktualisierung der Planungssituation in der Planungskomponente der DFD AG.

Zu beachten ist bei dieser Art des Beschaffungsprozesses bei einer unbekannten Bezugsquelle, dass wesentliche Bestandteile des Prozesses an die Quelle der Prozesskompetenz, nämlich zum Lieferanten verlagert worden sind. Trotzdem bleiben die Prozesse Real-Time mit den anderen Systemkomponenten der DFD AG verknüpft. Zudem wird der Zeitaufwand in der DFD AG im Einkauf für die beschriebene Sonderbeschaffung stark reduziert. Die Analyse des Beschaffungsmarktes fällt im beschriebenen Prozess komplett weg. Auch die oft langwierigen Preisverhandlungen können auf einen kurzen Zeitraum komprimiert und durch ein geeignetes inverses Auktionsverfahren teilweise automatisiert werden.

Ein völlig anderes SRM-Szenario stellt die Beschaffung der Verpackung für das Bundle dar. Zwar ist die Bedarfsauslösung aus dem Planungstool noch sehr ähnlich, auch hierbei handelt es sich um ein fremd zu beschaffendes Material. Allerdings ist die Beschaffung von Folienverpackungen oder Packbändern für die DFD AG nichts ungewöhnliches, lediglich die Ausführung der Verpackung, Form, Farbe und Material variieren stark für die unterschiedlichen Produkte und Aufmachungen. Eine feste Bezugsquelle für das ein neues Packband in der vom Marketing geforderten Farbe gibt es im System freilich noch nicht. Der Planer löst den Bedarf folglich so aus, dass der zuständige Einkäufer ihn in sein Sourcing Cockpit gestellt bekommt und damit den vollen Handlungsspielraum bei seiner Sourcing Entscheidung hat.

Potenzielle Lieferanten sind dem Verpackungseinkäufer der DFD AG bekannt, da das Material einer gängigen Warengruppe angehört und die Datenbasis zur Beurteilung ihrer Termin- und Mengentreue, der gelieferten Qualität und ihre Reaktionsfähigkeit auf Mengenänderungen können ausgewertet werden. Beim farbigen Packband allerdings handelt es sich nicht um ein Hebelmaterial, vielmehr ist es für die stark ausgelasteten Einkäufer wichtiger, bei den strategischen Materialien und Hebelmaterialien Marktpotenziale zu nutzen. Die Data Warehouse Komponente unterstützt den Einkäufer dabei, die Normstrategie für die Beschaffung eines Materials zu ermitteln, wenn diese weniger klar auf der Hand liegt, als im vorliegenden Beispiel. Hierzu bewertet er für das Material die Kriterien Versorgungsrisiko und Einkaufsvolumen. Die Bewertung wird von der Business-Intelligence Komponente in Relation zu den anderen Materialien gesetzt und in einer Portfoliodarstellung zur Anzeige gebracht. Die gleiche Beurteilung kann in Bezug auf den Lieferanten zu Versorgungsrisiko und Einfluss durchgeführt werden. Das Business-Intelligence System benötigt zur Unterstützung der Analyse externe Informationen, wie z.B. den Umsatz des Lieferanten, um den Umsatzanteil und damit den Einfluss des eigenen Unternehmens ableiten zu können. Ergebnis der Portfolioanalysen sind die Positionierung in einem Beschaffungsgüter- und einem Beschaffungsquellen-Portfolio und damit die Möglichkeit, definierte Normstrategien der Beschaffung gezielt zur Anwendung zu bringen. In unserem Beispielfall handelt es sich um ein Material mit geringem Einkaufsvolumen und geringem Versorgungsrisiko, also einem Standardmaterial. Der Einfluss der DFD AG auf den Lieferanten sei gering, das Versorgungsrisiko ist ebenfalls gering. Auch der Lieferant kann somit als Standardlieferant kategorisiert werden. Andere Kategorien sind Hebel-, strategische- und Engpasslieferaten und -Materialien. Der gemeinsamen Kategorisierung von Lieferant und Material ist eine Normstrategie zugeordnet, die im Beispielfall nach einer effizienten Beschaffung verlangt. Dies setzt der Einkäufer konsequent um, indem er mit dem Bedarf auf die Internetseite einer der möglichen Verpackungslieferanten abspringt und das passende Material aus den über die Warengruppe vorselektierten Materialien des Lieferanten herausfiltert. Im vorliegenden Fall sind die Breite des Verpackungsbandes, seine Farbe und die Struktur über den Konfigurator des Lieferanten STRAPP GmbH wählbar. Nach wunschgemäßer Ausprägung des Materials prüft der Einkäufer die Bedarfsmenge auf Verfügbarkeit. Da sich der Bedarf wunschgemäß decken lässt, legt der Einkäufer der DFD AG per Mausklick auf der Lieferantenseite eine Anfrage an, die beim Lieferanten das Material in der gewählten Konfiguration reserviert. Gleichzeitig übernimmt er die Materialinformationen und die Angebotsnummer des Lieferanten in die SRM Komponente des Real-Time Enterprise Systems der DFD AG mit und löst von dort die Bestellung aus. Die Bestellung schreibt den Status in der Planungskomponente unmittelbar fort mit dem bestätigten Bedarfstermin und dem korrekten Preis. Die Bestellung wird per XML an den Lieferanten gesendet, der die Bestellung mit Bezug zu seinem Angebot problemlos in sein CRM System einspielen kann, da die Bestellung direkt mit seinen eigenen Daten entstanden ist. Die Einzelbestellung ist über die Unternehmensgrenzen hinweg in effizienter Form abgewickelt worden. Die Pflege von Daten im eigenen System konnte auf ein Minimum reduziert werden, weil direkt auf die Lieferantendaten abgestellt wurde.

Da die DFD AG ausreichende Marktmacht gegenüber ihrem Verpackungslieferanten STRAPP hat, konnte sie durchsetzen, dass dieser Avise und Anlieferung über das Lieferantenselbstserviceportal der DFD AG erfasst. Somit ist die DFD AG nicht nur über Abweichungen gegenüber dem bestätigten Termin informiert, sondern reduziert auch den Aufwand in der Wareneingangsbearbeitung. Dies wird dadurch erreicht, dass Lieferant STRAPP mit der Anlieferung auch gleich die Pallettierung und Verpackung seiner Lieferung meldet, die dazugehörigen Packlisten und Etiketten generiert und diese bei der eigenen Auslieferung an die verschiedenen Packstücke anbringt. Im Wareneingang müssen diese Dokumente nur noch gescannt werden und der Wareneingang wird automatisch gebucht.

Der Lieferant hat über das Lieferantenportal die Möglichkeit, den Bestellstatus von Bestellungen und die Abrufe von Lieferplänen, die ihn betreffen einzusehen, Wareneingangs-Fortschrittszahlen zu vergleichen, und den Status von ihm gestellter Rechnungen einzusehen. Je mehr sich Standards etablieren, umso mehr werden neben Katalogdaten- und Bestellintegration auch Bestellbestätigung, Warenverfolgung oder Anlieferung mit Verpackungsinformationen den Weg in die Praxis finden.

Die beschriebenen Maßnahmen sind auf die vom Einkauf der DFD AG konsequent nach der Normstrategie für den Lieferanten und die durch ihn gelieferten Materialien abgestimmt, die auf die effiziente Beschaffung abzielt.

2.2.4 Business Intelligence

Jürgen Trauschke
Senior Manager, Enterprise Management, IDS Scheer AG

IDS Scheer AG
Altenkesseler Str. 17
66115 Saarbrücken
Deutschland

Zusammenfassung

Die Idee des Real-Time Enterprises wird nicht nur von einer intensiven Integration der wertschöpfenden und unterstützenden Geschäftsprozesse auf einer modernen IT-Plattform getragen. Erst eine zeitnahe, möglichst verzögerungsfreie und prozessübergreifende Steuerung aller betrieblichen Abläufe macht aus einem träge reagierenden ein proaktiv handelndes Unternehmen. Wesentliche Voraussetzungen für Business Intelligence im RTE sind damit eine integrierte, konsistente Datenbasis sowie eine horizontal und vertikal integrierte Planung, die ebenfalls Real-Time-Eigenschaften besitzt und so die vorausschauende Steuerung des Unternehmens ermöglicht.

Die prozessorientierte Gestaltung von „Business Intelligence" wird damit zum entscheidenden Erfolgsfaktor eines Real-Time Enterprise.

Was ist Business Intelligence?

Der Übergang zum Real-Time Management der Geschäftsprozesse stellt die konsequente Antwort der Unternehmen auf den progressiven Wandel unserer globalisierten Umwelt dar.

Um als Unternehmen auf Dauer erfolgreich zu agieren, müssen in immer kürzeren Zeitabständen die richtigen Entscheidungen getroffen und an die ausführenden Organisationseinheiten kommuniziert werden. Die besten Chancen bieten sich den Unternehmen, die es gelernt haben, sich nicht in der ständig anwachsenden Informationsflut (interne wie externe, validierte wie nicht validierte, tägliche oder jährliche Daten) zu verlieren und entsprechende Zahlenfriedhöfe zu verwalten, sondern in der Lage sind, diese zu veredeln und in ihr unternehmerisches Handeln „real-time" einzubeziehen. Vor diesem Hintergrund soll Business Intelligence wie folgt verstanden werden:

„**Business Intelligence** ist die Fähigkeit eines Unternehmens, das gewaltige Informationspotenzial „real-time" in konkretes Wissen für fundierte Entscheidungen und zielgerichtete Aktionen umzusetzen."

In der Gesamtarchitektur des RTE nimmt Business Intelligence eine zentrale Rolle ein. Sie strukturiert und harmonisiert die entscheidungsrelevanten Informationen der verschiedenen Quellen, um sie in einer integrierten Datenbasis (Data Warehouse) ständig aktuell zu halten.

Im RTE stehen diese Informationen den potentiellen Entscheidern, wie dem Marketing- oder dem Vertriebsleiter, über **„Online-Analytical-Processing-Systeme" (OLAP)** zeitnah für weitere Analysen zur Verfügung.

Hier wird nicht einfach zusammengetragenes Zahlenmaterial „reportet". Der BI-Prozess des RTE gleicht vielmehr einer ständig aktuellen Kommunikationsplattform. Jede Änderung der Planung, des Absatzes sowie Verschiebungen im Wettbewerb oder im Gesamtmarkt, schlagen sich unmittelbar auf ihr nieder. Ihr Aufbau ist ganzheitlich angelegt. Die prozessrelevanten Informationen sind intelligent miteinander kombiniert und strukturiert. Sie ist dynamisch und folgt dem progressiven Wandel unserer globalisierten Umwelt.

Die Kommunikationsplattformen sorgen nicht nur für die notwendige Prozesstransparenz. Sie eröffnen vielmehr den direkten Zugang zu einer höheren Intelligenz, indem sie die Gesetzmäßigkeiten, Funktionsweisen, wesentlichen Einflussfaktoren sowie die Abhängigkeiten der Prozesse klar hervorheben. Für isolierte, zusammenhangslose oder statische Betrachtungen ist kein Platz. Der Erfolg des RTE resultiert aus der dynamischen Strukturierung und Harmonisierung der Informationsflut im Hinblick auf die Informationsbedürfnisse der prozessverantwortlichen Entscheider. Die Kommunikationsplattformen ihrerseits sind untereinander vernetzt:

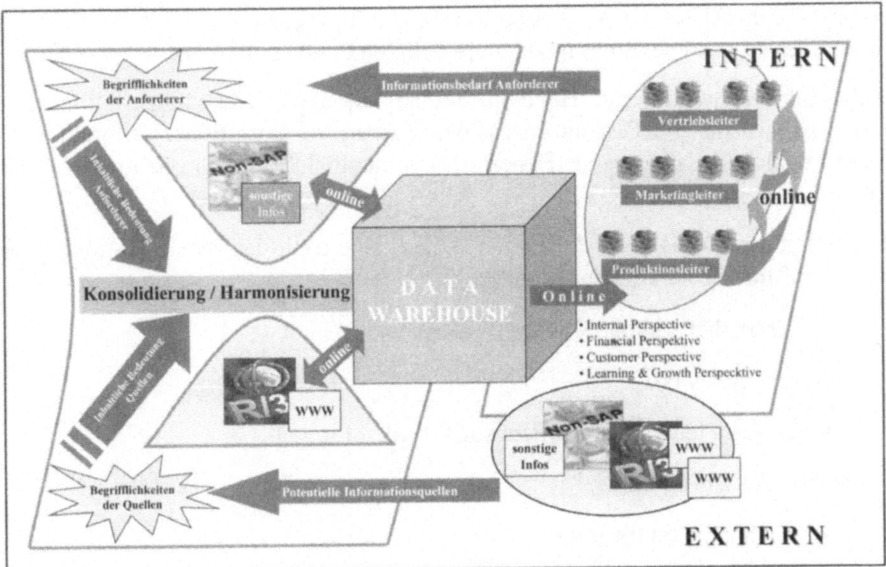

Abb. 1. Kommunikationsplattform

Durch den jederzeitigen Zugriff auf aktuelle entscheidungsrelevante Informationen erschließt sich der multiplikative Effekt geteilter Informationen im Umternehmensnetzwerk. So wird der Vertriebsleiter beim morgendlichen Anmelden an seinem Computer durch das automatisierte Aufrufen seiner Absatzstatistik über eine rückläufige Entwicklung bestimmter Artikel in Kenntnis gesetzt. Da er neben dem Trend der Istabsatz- und Forecastwerte auch Informationen über das Verhalten seiner Kunden und des Wettbewerbs vom Außendienst geliefert erhält, kann er die aktuelle Marktlage schnell einschätzen. Durch intelligentes Verknüpfen der verschiedenen Informationen kann er den folgerichtigen Zusammenhang zwischen dem Absatzrückgang und dem Auftauchen eines Konkurrenzproduktes herstellen. Das schnelle Erkennen von neuen Marktsituationen führt umgehend zu einer konstruktiven Zusammenarbeit des Vertriebs mit dem Marketing und der Produktion, die über eine Kampagne schließlich die Absatzlücke schließen können. Die Business Intelligence des RTE ermöglicht nicht nur das isolierte Schließen der Absatzlücke. Er sorgt vielmehr für einen ganzheitlich optimierten

- Marketing-
- Beschaffungs-
- Produktions- und
- Absatzprozess!

Durch die ganzheitliche Gestaltung von Business Intelligence im RTE, die über die vernetzten Kommunikationsplattformen intelligent und dynamisch die Informationen bereitstellt, können die aktuelle Lage und die Zusammenhänge in Echtzeit begriffen werden. Die Auswirkungen der Kampagnenplanung treten nicht nur isoliert und direkt für das Marketing transparent hervor. Im RTE sind die Auswirkungen der Kampagne direkt in jedem beteiligten Prozess ablesbar.

Dieses „chancenorientierte“ Handeln, das auf die aktive Zukunftsgestaltung gerichtet ist, eröffnet im Gesamtprozess den Zugang zu einer **höheren** Intelligenz, die uns nochmals das folgende Experiment verdeutlicht: (vgl. Grothe und Gentsch 2000)

Bitte lesen Sie langsam die folgenden Zeilen, eine nach der anderen. Achten Sie hierbei auf Ihre gedanklichen Abläufe:

- I have a box that‘s about 3‘ wide, 3‘ deep, and 6‘ high.
- It‘s a very heavy box.
- This box has a tendency to collect stuff inside of it.
- The box has a door on it.
- There is a handle on the door.
- When you open the door of the box a light comes on.
- When you open the door you find it´s cool inside the box.
- People usually keep food in this box.
- The box is usually found in the kitchen in a house.

Bei diesem Experiment lief ein faszinierender Entdeckungsprozess ab! Sie haben zunächst ahnungslos, dann ahnend gelesen, neue Hypothesen aufgestellt und verworfen und plötzlich erkannten Sie die Bedeutung. Sie haben die Ihnen zur Verfügung gestellten Informationen mit dem Bild eines Kühlschranks in Verbindung gebracht. Mehr Informationen zu diesem Experiment finden Sie unter „http//www.outsights.com/systems/kmbh/kmbh.htm“.

Die in diesem Experiment enthaltene „höhere“ Intelligenz resultiert aus der Fähigkeit, erhaltene Informationen zu verlässlichen Modellen zu formulieren und somit die komplexen, prozessspezifischen Zusammenhänge zu verstehen. Diese bieten dem Unternehmen die Chance, sichere Aussagen über künftige Entwicklungen zu treffen. Sie müssen jedoch nutzbar gemacht werden. Ermöglicht wird dies, da man die Eingangsgrößen, deren Wirkungsweise und damit die wichtigen Stellschrauben kennt. Hierdurch eröffnet das RTE ein immenses Gestaltungspotential für künftige Unternehmensentwicklungen. Es ist in der Lage, durch aktive und kreative Nutzung dieser Potentziale, die Unternehmensentwicklung nachhaltig positiv zu beeinflussen.

Business Intelligence ist ein Prozess

Die Business Intelligence des RTE darf nicht als statisches, strukturbetontes Gebilde mißverstanden werden. Er stellt vielmehr einen dynamischen Erkenntnisprozess dar, der in Anlehnung an eine „Learning Loop" im Wesentlichen durch die folgenden drei Prozessschritte geprägt ist:

- Bereitstellung
- Entdeckung und
- Kommunikation.

Im optimierten RTE laufen diese Prozesse in **Real-Time** ab.

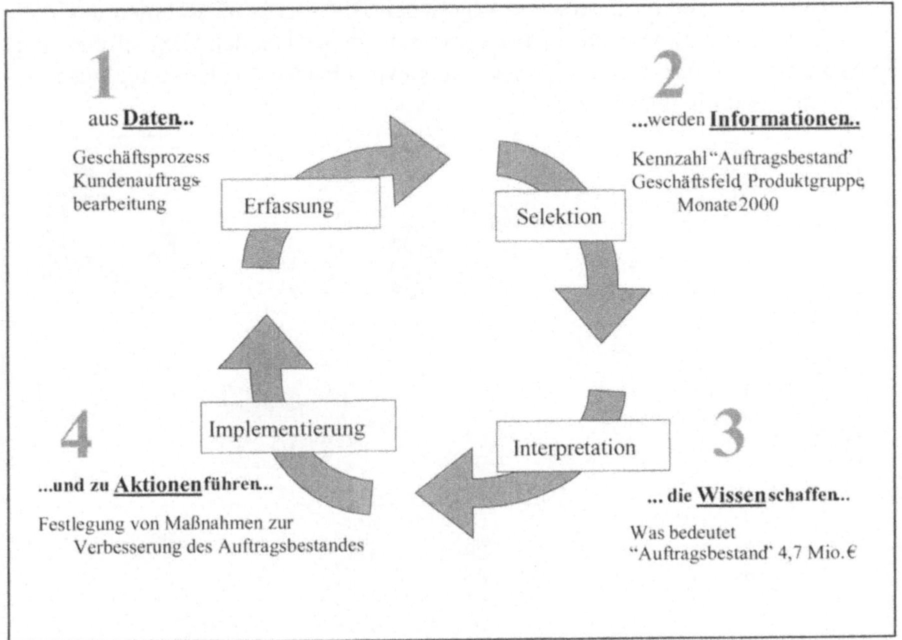

Abb. 2. Learning Loop

Die **Bereitstellungsprozesse** stellen sicher, dass entscheidungsrelevante Informationen zunächst in harmonisierter und strukturierter Form den jeweils verantwortlichen Entscheidern möglichst verzögerungsfrei zur Verfügung stehen. Dazu müssen Daten entlang und in den Geschäftsprozessen erfasst und in geeigneter Form gesammelt werden.

Hinter dem Prozessschritt der **Entdeckung** verbirgt sich die **höhere Intelligenz** im RTE. Die Interpretation der bereitgestellten Informationen ermöglicht es, Gesetzmäßigkeiten, Zusammenhänge, kritische Einflußgrößen, Modelle, Hypothesen, Sollvorgaben, Chancen und Risiken usw. abzuleiten.

Geschlossen wird der Business Intelligence Prozess durch die **Kommunikation.** Als Reaktion auf die gewonnenen Erkenntnisse werden eine oder mehrere Aktionen veranlasst. Der Fokus liegt dabei in dieser Phase auf dem Teilen der Erkenntnisse, um hieraus zielgerichtete Handlungen abzuleiten. Diese Aktionen sind jedoch nicht als isoliertes Handeln im Sinne von „Silodenken" einzelner Abteilungen mißzuverstehen. Die Akteure sollen vielmehr den multiplikativen Effekt geteilter, d.h. transparenter Informationen im Unternehmensnetzwerk durch ein zielgerichtetes „Networking" ausnutzen.

Bereitstellen von Informationen

Die „Datenlogistik" oder besser die Datenbereitstellungsprozesse sind von entscheidender Bedeutung für einen erfolgreichen BI-Prozess im Rahmen des RTE. Sie müssen die richtigen Informationen verschiedener Quellen flexibel und möglichst zeitnah in einer für Analysezwecke sowie Entscheidungsfindung ausgelegten Datenstruktur bereitstellen.

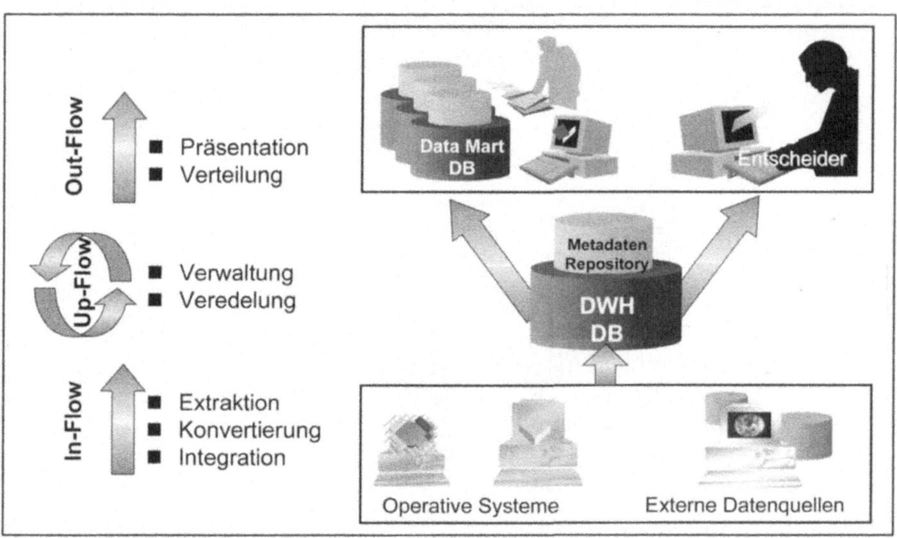

Abb. 3. Datenlogistik

Die schnelle Bereitstellung bedeutet in diesem Zusammenhang, dass Veränderungen in der relevanten Umwelt „real-time" offen zu Tage treten. Die Veränderungen im RTE müssen nicht in zeitaufwendigen, monatlichen oder gar vierteljährlichen, isolierten Statistiken aus endlosen Quellen manuell zusammengetragen und über lange Instanzenwege den Entscheidern zur Verfügung gestellt werden.

Die Informationsbereitstellung im Rahmen des BI-Prozesses des RTE ist technologisch so gestaltet, dass sie „real-time" erfolgt. Hierdurch erwächst ein immenser Wettbewerbsvorteil. Die Umweltereignisse, wie bspw. Absatzrückgänge oder das

Aufkommen von Konkurrenzprodukten, verändern unmittelbar die Anzeigen der vernetzten Kommunikationsplattformen. Sie sind direkt ablesbar. Die Bereitstellung der Informationen erfolgt quasi mit dem Ereignis selbst. Umgekehrt können die Auswirkungen von Gegenmaßnahmen im Prozessnetzwerk über die verschiedenen Kommunikationsplattformen verfolgt und simuliert werden. So können beispielweise die Auswirkungen einer avisierten Kampagne auf den Einkauf sowie die Produktion direkt abgelesen werden. Durch den Wegfall der traditionell sehr zeitaufwendigen Bereitstellungs- sowie Abstimmungsprozesse, erfährt der Entscheidungsprozess seine entscheidende Beschleunigung.

Die Informationsbereitstellungsprozesse innerhalb des BI-Prozesses des RTE starten mit der Erhebung der Informationsbedarfe. Der Produktionsleiter hat ein anderes Informationsbedürfnis als der Marketingleiter, dieser wieder ein anderes als der Vertriebsleiter oder der Finanzchef. Anschließend wird der Informationsbedarf für jede Prozessinstanz in strukturierter und harmonisierter Form aufbereitet.

Danach wird geklärt, aus welchen Informationsquellen, internen wie externen, die Informationsdürfnisse zu decken sind. Der Begriff der Quelle endet dabei nicht an der Unternehmensgrenze des RTE. Er begleitet vielmehr die Prozessabläufe und erstreckt sich auch auf Externe Prozesse und Informationsquellen (z.B. Nielsen, GFK).

Das Informationsangebot wird ebenfalls mit Blick auf den Informationsbedarf strukturiert und harmonisiert. Dies ist ein sehr kritischer Schritt, da er darüber entscheidet, ob die Begrifflichkeiten der Bedarfsträger inhaltlich kompatibel mit denen der Informationslieferanten sind. Ist dies nicht gegeben, werden falsche Informationen bereitgestellt, ein falsches Bild und damit fehlgeleitete Entscheidungen herbeigeführt.

Der BI-Prozess des RTE schließt die Informationsquellen „online" an ein Data Warehouse (DWH), in dem sich jede Änderung der Informationsbasen **„realtime"** niederschlägt. Die Architektur der hierauf basierenden Kommunikationsplattformen spiegelt intelligent und zielgerichtet die Umweltinformationen, so dass eine aktuelle Positionierung des RTE jederzeit gegeben ist.

Der Zugriff auf die Datenbestände des Data Warehouses erfolgt über **On**Line **A**nalytical **P**rocessing-Tools (OLAP). Diese stellen den multidimensionalen Datenbestand beispielsweise in prozessorientiertem

- Produktmanagement,
- Supply Chain Management,
- Customer Relationship oder
- sonstigen ad-hoc definierten Zusammenhängen dar.

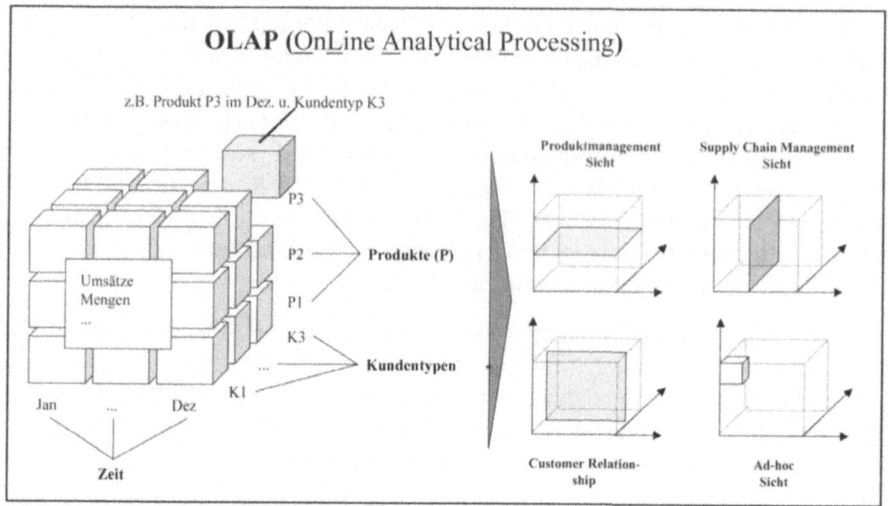

Abb. 4. Multidimensionale Analyse

Das Data Warehouse (DWH), als das IT-System zur zentralen Bereitstellung von Informationen für Steuerungs- und Entscheidungsprozesse, mit online Verbindungen zu den benötigen Quellen, bildet somit das Kernstück der technologischen Umsetzung von Business Intelligence im RTE. Es übernimmt das Datenmanagement im Hinblick auf analytische Betrachtungen. Es überführt die operativen Daten völlig unterschiedlicher Quellen. In seinem Metadata Repository werden die verwandten multidimensionalen Datenmodelle und -flüsse sowie Analysemethoden vorgehalten.

Die für die verschiedenen Anwender bereitgestellten Möglichkeiten, sich die Informationen zugänglich zu machen, zeichnen sich durch eine zunehmende Benutzerorientierung aus, so dass bereits komplexere Auswertungen ohne einschlägige Programmier- bzw. Datenbankkenntnisse erfolgreich durchführbar sind. Auf Web-Technologien bassierende Cockpits können für alle Fach- oder Prozessbereiche bereitgestellt werden.

Entdecken

Jetzt folgt der eigentlich spannende Teil des Business Intelligence-Prozesses, nämlich die „Wertschöpfung" aus den bereitgestellten Informationen.

Für die Steuerung eines Unternehmens ist es notwendig, die Informationen intelligent zu kanalisieren, um dem Entdeckungsprozess einen strukturellen Entfaltungsrahmen zu bieten. Um auf die Veränderungen in der betrieblichen Umwelt zu reagieren, die nicht zuletzt durch die Abwicklung von Geschäftsprozessen herbeigeführt wird, sind Planungs- und Steuerungsprozesse festzulegen. Unterschiedliche Ansätze versuchen die vielfältigen Anforderungen umzusetzen. Von kennzahlenbasierten Reportingansätzen über Werttreiberbäume bis zum wertorientierten Management werden betriebswirtschaftlich begründete Steuerungskonzepte eingesetzt, die jedoch vorwiegend die finanziellen Wertgrößen im Vordergrund sehen.

Der BI-Prozess des RTE ermöglicht den flexiblen Einsatz der unterschiedlichsten Entdeckungsmethoden:

Der zur Zeit am häufigsten diskutierte Ansatz, die unterschiedlichen Anforderungen integrativ zusammenzufassen, stellt die von Harvard-Professor Robert Kaplan und Unternehmensberater David Norton entwickelte Balanced Scorecard dar. Die Grundidee der Balanced Scorecard ist die Verbindung von Strategien, die in der Regel auf oberster Unternehmensebene entwickelt werden, und den operativen Handlungen auf der Geschäftsprozessebene.

Durch die Gliederung in unterschiedliche Perspektiven wird erfolgreich versucht, der überbewerteten, häufig kurzfristig orientierten und auf finanzwirtschaftlichen Größen (Indikatoren) beruhenden Steuerung eines Unternehmens eine breitere Basis zu geben.

Der Rahmen für Entdeckungsprozesse wird zwar ausgehend von finanziellen Ergebniserwartungen der Shareholder formuliert (finanzwirtschaftliche Perspektive), sofort stehen aber auch die Kundenbedürfnisse und die Frage, mit welchem Produkt-/Dienstleistungsangebot diese befriedigt werden können (Kundenperspektive), im Mittelpunkt und wie sich daraus die Anforderungen an die internen Leistungsprozesse (Prozessperspektive) sowie an das notwendige Wissen und die zu entwickelnden Fähigkeiten ableiten lassen (Lernperspektive).

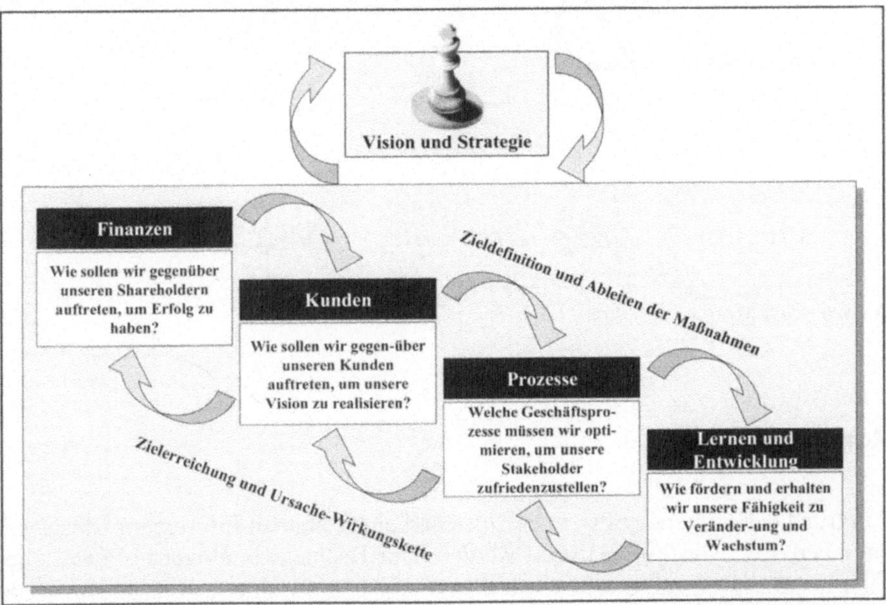

Abb. 5. Perspektiven der Balanced Scorecard

Die Elemente der Betrachtungsfelder werden untereinander und mit den Elementen der anderen Betrachtungsfelder durch Ursache-Wirkungs-Ketten verknüpft. Für die systemtechnische Abbildung dieser komplexen BSC-Strukturen bietet sich die multidimensionale Modellierung an, wie sie von OLAP-basierten Datawarehousetools bereitgestellt wird. Die Einführung eines solchen Szenarios bedarf einer strukturierten Vorgehensweise, damit alle Zusammenhänge bearbeitet und keine Elemente übersehen werden.

Wenn vorgedachte Strukturen oder Hypothesen für die Entdeckungsreise fehlen, bieten sich die Verfahren des sogenannten Mining an. Darunter wird die automatisierte Suche in großen Datenbeständen nach versteckten, interessanten Mustern und Strukturen verstanden. Je nachdem, welche Basis benutzt wird, spricht man von Data-, Text- und neuerdings auch von Web Mining. Mit Methoden, wie neuronalen Netzen, Assoziationsverfahren, Entscheidungsbäumen und Clusterverfahren wird in großen mehr oder weniger stark strukturierten Datenmengen unvoreingenommen, d.h. ungerichtet, gesucht. Vor dem Hintergrund steigender Daten- und Dokumentenflut kommt diesen Methoden zunehmende Bedeutung zu.

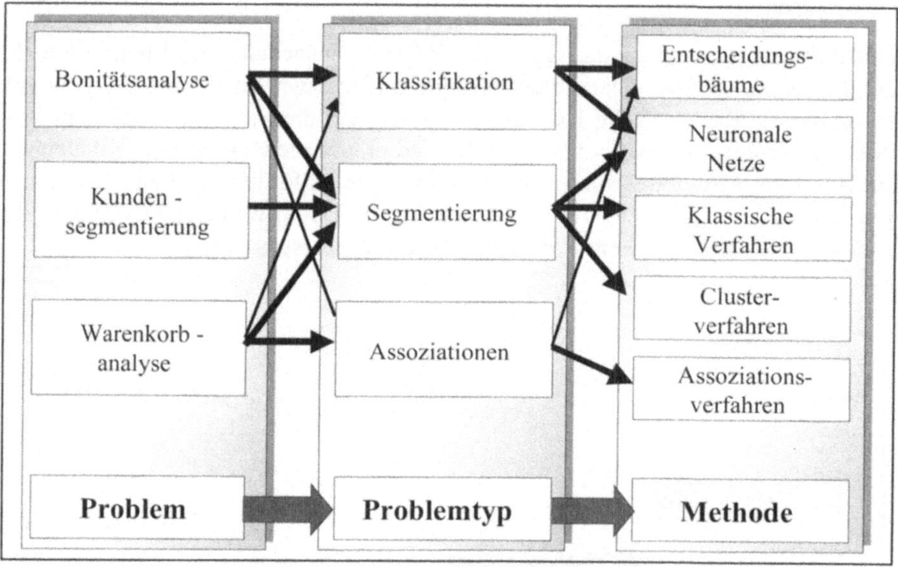

Abb. 6. Data Mining-Verfahren

Kommunikation

Aufgrund der immens gestiegenen Unsicherheiten, können Informationsflüsse nur zum Teil „fest" institutionalisiert werden. Der Business Intelligence Prozess des RTE basiert daher auf dynamischen Kommunikationsstrukturen. Sie stellen sicher, dass in Abhängigkeit der jeweiligen Situation, die Informationen „real-time" zum richtigen Entscheider laufen.

Entscheidungsgetriebene Informationsflüsse bilden die Grundvoraussetzung, um die multiplikativen Wirkungen geteilter Informationen im Unternehmensnetzwerk voll auszuschöpfen. Daher sind die Kommunikationsplattformen intelligent in das Unternehmensnetzwerk eingebettet. Der intelligente Teil der Kommunikation, der zum Abstrahieren sowie Transferieren führt, muss mehr denn je von den Menschen selbst getragen werden. Dies verlangt Offenheit und Neugierde, verbunden mit zielgerichtetem Networking. Abteilungsdenken hat hierbei ebenso wenig Raum wie die isolierte Betrachtung des eigenen Unternehmens.

Planung im Business Intelligence Prozess des RTE

Der Business Intelligence Prozess ist als ganzheitlicher Managementansatz zu verstehen. Im Mittelpunkt stehen dabei die Prozesse der Planung. Sie nehmen einen wichtigen Stellenwert ein.

Der Begriff „planen“ ist seit dem 19. Jahrhundert gebräuchlich. Er stammt aus dem lateinischen „planta“, was soviel bedeutet wie „Grundriss eines Gebäudes, Grundfläche, Planen eines Grundrisses bzw. das Entwickeln eines Schemas, wie etwas zu tun ist“. Der Planungsprozess beinhaltet die geistige Beschäftigung mit der Zukunft. Hierbei werden Handlungsalternativen im Hinblick auf künftige Umweltsituationen geprüft. Am Ende steht die Auswahl einer Handlungsalternative im Sinne des Fällens einer Entscheidung.

Der Planungsprozess durchläuft in der Regel die folgenden Phasen:

- Zielbildung
- Problemerkenntnis und -analyse
- Alternativensuche
- Prognose
- Bewertung
- Entscheidung
- Durchsetzung
- Kontrolle der Zielwirksamkeit von Maßnahmen und ihre Durchsetzung
- Abweichungsanalyse
- Schlussfolgerungen (Ziel- und Planrevision) im Sinne einer Lernschleife

Traditionell sahen sich die Unternehmen in starren Planungsabläufen gefangen. Die Planung wurde als Aufgabe der Stäbe, nicht aber der Prozessverantwortlichen Entscheider gesehen. Durch die Konzentration der Planungsaufgaben in den Stäben konnte ein Machtvakuum entstehen, das zur Verselbstständigung der Planungsaufgaben, ungeachtet ihrer Sinnhaftigkeit führte. Es wuchs ein Wasserkopf heran, der sich in einer immer größeren Entfernung der Planung zu den operativen Einheiten manifestierte. Der Planungsablauf wurde unglücklicherweise lange Zeit durch „quantitative" Methoden geprägt. Dies schlug sich in einer vornehmlich auf Rechenoperationen basierenden Planung nieder. Die Begründungs- und Entstehungsursachen des Zahlenmaterials fanden dabei keine Beachtung. Es wurde nur selten geprüft, ob die eingesetzten Instrumente und Methoden zusammengenommen, die richtige Antwort auf die Umweltsituation darstellen, um für die Unternehmensziele förderlich zu sein. Man unterlag der Magie der Zahlen. Diese Kapitulation wurde durch die starren Planungsabläufe sowie die mangelnde Identifikation der Entscheidungsträger, die weit entfernt von den Planungsprozessen positioniert waren, gestützt. Die Planung wurde als „ritueller" Ablauf der Institution, nicht aber der Menschen, wahrgenommen.

Der prozessorientierte BI-Ansatz des RTE macht damit Schluss!

Im Kern lebt er von flexiblen Planungs- und Kommunikationsprozessen. Das Business Intelligence im RTE führt die Planungsaufgaben in die Unternehmensführung zurück. Sie wird, ihrer Bedeutung entsprechend, wichtiger Bestandteil der operativen Einheiten. Die Strategieentwicklung wird als Hauptaufgabe der Linie gesehen. Die strategischen Planer der Stabsabteilungen fungieren lediglich als Katalysatoren innerhalb der Planungsprozesse. Sie sorgen für die strategische Sensibilisierung der verantwortlichen Führungskräfte. Die inhaltliche Ausgestaltung der Pläne obliegt den Entscheidern. Durch diese Partizipation und Beteiligung der Verantwortlichen an diesem Prozess steigt auch die Akzeptanz. Business Intelligence stellt sicher, dass der Methodeneinsatz durch konzeptionelle Zusammenhänge, basierend auf Absichten, Strategien, Maßnahmen und Zielen, gesteuert wird. Der Methodeneinsatz wird durch den Inhalt der strategischen Planung selbst (methods follow strategy) und nicht durch das Machtstreben einer Institution getrieben. Der Prozess wird in kreativer und auch analytischer Hinsicht gestützt.

Die Planungsprozesse gehen vollständig in den BI-Prozessen des RTE auf. Das Business Intelligence schafft den integrativen Rahmen, der die Nachteile herkömmlicher Planungsabläufe beseitigt.

Zunächst erlaubt der Business Intelligence Prozess im RTE eine horizontale und vertikale Integration der vielfältigen Planungsgebiete eines Unternehmens. Ob Absatz-, Beschaffungs- oder Produktionsplanung, ob Kostenstellen- oder Personalplanung, alle Planungsgebiete werden im RTE miteinander verzahnt. Jede planerische Tätigkeit in einem Planungsumfeld wird unmittelbar in ihrer Wirkung auf benachbarte, abhängige Planungsgebiete transparent. Zeitaufwendiges Übertragen von Planungsergebnissen eines Fachbereiches als Basis für die Planung eines anderen Bereiches werden nicht benötigt. Auch die vertikalen Planungsabhängigkeiten von Unternehmens- zu Bereichsplanungen werden im BI-Prozess des RTE jederzeit berücksichtigt und in ihren Konsquenzen verfolgt.

Neben der strukturellen und inhaltlichen Integration von Planungen leistet Business Intelligence aber noch einen zweiten, unter Umständen wettbewerbskritischen Aspekt: Geschwindigkeit. Die oben beschriebene starre, in der Regel nur einmal jährlich stattfindende Planungsprozedur wird im RTE zu einem extrem beschleunigten, mit intelligentem Forecasting verknüpften **„Real-Time Planning and Forecasting"**. In Abhängigkeit von Umwelteinflüssen ist das RTE jederzeit in der Lage, einzelne Planungsschritte oder einen kompletten Planungszyklus zu durchlaufen, um sich auf eine veränderte Umweltsituation einzustellen.

Eingang in den Planungsprozess des RTE finden dabei nicht nur die bekannten What-If-Analysen, sondern auch weitergehende Planungsansätze, wie die dynamische Simulation. Der Einsatz solcher Verfahren auf dem konsistenten, zentral bereitgestellten Datenbestand im RTE stellt sicher, dass die damit erzielten Ergebnisse auch konsistent und schnell zur weiteren Bearbeitung zur Verfügung stehen.

Die intensive Beschäftigung mit der Unternehmensumwelt sowie den -zielen im Rahmen eines fortwährenden Planungsprozesses, führt im RTE darüber hinaus zum Verstehen der Wirkungs- und Entstehungszusammenhänge.

Evolution der Technologie für Business Intelligence

Die Entwicklung der Software zur Unterstützung von Business Intelligence spiegelt im Wesentlichen wider, wie die Unternehmen im zeitlichen Ablauf auf die externen Umweltbedingungen reagieren bzw. diese zu beeinflussen versuchen.

Die Umweltsituation kann bei diesem Prozess als ausschlaggebender Antriebsfaktor für die Weiterentwicklung des methodischen Instrumentariums angesehen werden. Der hieraus resultierende Veränderungsdruck führte schließlich zur Entwicklung immer intelligenterer und leistungsfähiger Softwarelösungen.

Wird die Evolution der Marktbedingungen, der sich die Unternehmen seit den Fünfziger Jahren gegenübersehen, beleuchtet, tritt im Kontext der Softwareunterstützung für Business Intelligence folgender Innovationsprozess hervor.

Die Entwicklung in den Fünfziger und Sechziger Jahren war durch Verkäufermärkte geprägt. Diese zogen ein beträchtliches industrielles Wachstum und expandierende Unternehmen nach sich.

Den rasant steigenden Datenmengen wurde mit den „Batch" Prozessen der **„Mainframe Area"** begegnet. Ihre Hauptaufgabe lag im Erledigen des Tagesgeschäftes (administrativer Bereich), wie beispielsweise dem Verbuchen von Umsätzen im Rechnungswesen. Da diese Systeme nicht für Analysezwecke ausgelegt waren, wurden sie als **„Online Transaction Processing Systeme" (OLTP)** bezeichnet. Gleichwohl konnten sie einfache Ergebnisse liefern. Für den Anwender bestand jedoch keine Eingriffsnotwendigkeit oder Interaktionsmöglichkeit. Die Jobs wurden einfach abgearbeitet.

In der Mitte der Sechziger gab es erste konjunkturelle Einbrüche. Hierdurch wurden die Unternehmen gezwungen, sich stärker mit der Analyse und Prognose des

Marktumfeldes zu beschäftigen. Es entstanden die für diese Entwicklungsstufe typischen Expertenstäbe. Sie waren bestrebt, die Umweltbedingungen so vollständig wie möglich zu erfassen. Der aktuelle Bedarf an solchen Informationen wurde jedoch völlig außer Acht gelassen. Auf diesem Nährboden entwickelten sich die ersten **„Decision Support Syteme" (DSS)**. Diese Systeme waren direkt an ein Basissystem angekoppelt und verfügten über keine eigene Datenhaltung. Sie ermöglichten neben dem Abarbeiten von Transaktionen erste Interaktionen.

Damit war der erste Schritt weg von der reinen Transaktionsverarbeitung hin zu einer datenbasierten Entscheidungsfindung getan.

Diese Supportsysteme waren konzipiert, um für ein eindeutig formuliertes Problem eine optimale Lösung zu finden.

Im weiteren Verlauf gelangen einfache bis hin zu komplexen **„What-if-Analysen"**. Erstmals konnten mögliche Lösungsalternativen explorativ analysiert und gewonnene Ergebnisse für weitergehende Analysen weiterverwandt werden.

Ihre Entwicklung erfolgte im Sog der ersten Ölkrise 1973. Sie markiert einen Punkt, seit dem sich die Komplexität und Dynamik der Umweltbedingungen drastisch erhöht. Dieser Druck zog die Analyseaufgaben von den Stäben in die Unternehmensführung bzw. zu den prozessverantwortlichen Entscheidern. Gleichzeitig wurde damit begonnen, aus den Informationen verlässliche Modelle, Lern- u. Erfahrungskurven, Strukturen und Chancen zu formen. Die ersten Frühwarnsysteme fanden ihren Eingang bereits in den Achtziger Jahren, die im Zeichen zunehmender Internationalisierung und Globalisierung der Unternehmen und damit der Märkte standen.

In diesem Spannungsfeld entwickelten sich die **„Excecutive Information Systems" (EIS).** Da sie auf den „Online Transaction Processing Systems" (OLTP) basierten, bestand die Notwendigkeit, die Online Transaction Processing Data hochspezifisch abzulegen. Dadurch wurde das Zusammenführen von Daten unterschiedlicher Quellen erschwert. Programmtechnisch bestand die Notwendigkeit, die Systeme explizit auf mögliche Abfragen im **„Excecutive Information System"** einzustellen. Die Interaktion konnte nur über langwierige und umständliche Prozessabläufe gesichert werden. Die Auswertungszeit überstieg bald bei weitem die durch die Umwelt zur Verfügung stehende Reaktionszeit.

Der nachhaltige Unternehmenserfolg hing mehr denn je von der Fähigkeit ab, notwendige Risiken und Chancen frühzeitig aufzuspüren, um diese in ergebniswirksame Entscheidungen umzuwandeln. Der Grundgedanke des **„Data Warehouses"** wurde in den Neunzigern geboren.

Der innovative Gedanke des Data Warehouse Ansatzes liegt in der Loslösung von den „Online Transaction Processing Systems" (OLTP).

Nachfolgend wurden „Data Warehouses" eingerichtet, die eigenständige Datenbanken beinhalten. Diese Datenbanken können aus verschiedenen Quellsystemen mit Daten gespeist werden. Ihre Architektur ist ausschließlich auf Analyse- und Entscheidungsaufgaben ausgerichtet.

Jetzt haben wir einen technologischen Stand erreicht, in dem Hard- und Softwareprobleme nur selten den Erfolg von Business Intelligence-Projekten gefährdeten. Als kritischer Erfolgsfaktor kristallisierte sich vielmehr der Harmonisierungs- und Strukturierungsprozess bezogen auf die in diesem Datenbanksystem verwandten Begrifflicheiten heraus.

Auf diesen Datenpool wurden schließlich Analysewerkzeuge gesetzt, die dem Anwender ein hohes Maß an Schnelligkeit, Flexibilität und Komfort bieten. Abfragen sind erstmals ohne weitreichende Programmierkenntnisse möglich. In der Regel enthält der Datenpool verdichtete Daten. Die prozessverantwortlichen Entscheider benötigen selten die Beleg- oder Transaktionssicht. Die Interaktionsmöglicheiten sind zum Teil durch eine geringere Differenzierung sowie, je nach Ladeprozess, durch gewisse Zeitverzüge in der Aktualisierung der Datenbasis erkauft. Der Begriff **„Online-Analytical-Processing-Systems" (OLAP)** bezeichnet die mit hervorragenden Interaktionsmöglichkeiten ausgestattete, anwenderorientierte Systembasis. Diese Basis befindet sich bereits in einem Reifestadium, das über entsprechende Tools eine schnelle „Real-Time" Versorgung veränderter Daten ebenso ermöglicht, wie einen Drill Down auf die Belegebene des transaktionalen Systems.

Das Data Warehouse im BI-Prozess des RTE stellt eine integrierte Datenbasis im Unternehmensnetzwerk zur Verfügung, die für eine dynamische, prozessoptimierende Arbeitsweise notwendig ist. Ohne diese Datenbasis, die in ihrer Architektur die Interdependenzen zwischen den verschiedenen Prozessbereichen, wie bspw. dem Bereich des Customer Relationship Managements, der Produktion und dem Vertrieb, berücksichtigt, bliebe dem RTE die Fähigkeit das gewaltige Informationspotenzial „real-time" in konkretes Wissen für fundierte Entscheidungen und zielgerichtete Aktionen umzusetzen, verwehrt.

Über **online Verbindungen** vom Data Warehouse zu den verschiedenen Quellen, wird dieses „real-time" mit allen Daten und Datenänderungen versorgt. Dabei stellt eine **OLAP**-basierte Datenbank das Kernstück dar.

Benutzerfreundliche **OLAP-Tools** ermöglichen ohne Programmieraufwand jederzeit den Zugriff auf die Kommunikationsplattformen.

Intelligente Kommunikationsprozesse zwischen den einzelnen Prozessen verhindern unsinnige, statische und isolierte Betrachtungen. Der BI-Prozess des RTE ist in seiner Konstruktion vollständig auf ganzheitliche, dynamische Betrachtungen ausgelegt.

Er kann flexibel mit weiteren Methodenbausteinen, wie bspw. dem Value Driver Tree, der Balanced Score Card, Data Mining oder einer dynamischen Simulation angereichert werden. Hierdurch erhöht sich die Möglichkeit Erkenntnisse, zu gewinnen und damit auch die Schlagkraft des RTE auf Veränderungen des Marktes.

Fazit: Der Business Intelligence Prozess im RTE kann gelebt werden.

Literaturverzeichnis

Grothe, Martin, Gentsch, Peter, Business Intelligence, Addison-Wesley,2000

„http//www.outsights.com/systems/kmbh/kmbh.htm".

3 Geschäftsprozessmanagement als Basis für ein effizientes Real-Time Enterprise

Wolfram Jost
Mitglied des Vorstandes, IDS Scheer AG

IDS Scheer AG
Altenkesseler Str. 17
66115 Saarbrücken
Deutschland

Karl Wagner
Director ARIS, IDS Scheer AG

IDS Scheer AG
Altenkesseler Str. 17
66115 Saarbrücken
Deutschland

Zusammenfassung

Zu sehr Technik, zu wenig Business: Auf diesen einfachen Nenner lassen sich die ersten Gehversuche im Real-Time Enterprise bringen. Heute, angesichts der mannigfaltigen Enttäuschungen auch im Bereich E-Business, erkennen immer mehr Unternehmen, dass es beim Real-Time Enterprise im speziellen und bei der Nutzung neuer IT-Technologien im allgemeinen in erster Linie um das Geschäft und weniger um die Technik geht. In diesem Zusammenhang gewinnen das Re-Engineering und die Transformation der Geschäftsprozesse an Brisanz. Strategische und technische Fragestellungen können allerdings namentlich im Real-Time Enterprise nicht unabhängig voneinander betrachtet werden.

Real-Time Enterprise: Vom Hype zur Realität

Das Real-Time Enterprise vermittelt aktuell einen zwiespältigen Eindruck. Einerseits liegen die Vorteile des RTE-Konzeptes – zumindest theoretisch – klar auf der Hand. Ein Unternehmen, das in der Lage ist, sämtliche entscheidungsrelevanten Informationen zeitnah zur Verfügung zu stellen, hat bezüglich Entscheidungsqualität und -sicherheit sicherlich große Vorteile. Auf der anderen Seite fürchten viele, dass nach dem Thema E-Business nun ein neues Schlagwort kreiert und durch die Welt getrieben wird. Auch beim Thema Real-Time Enterprise wird die Wahrheit, wie so häufig, in der Mitte liegen. Die grundlegende Idee ist sicherlich richtig, da die Fristigkeit von Entscheidungen zukünftig stark reduziert wird und an die Qualität von Entscheidungen höhere Anforderungen gestellt werden. Aus diesem Grunde müssen die relevanten Informationen schnell und in hoher Qualität zur Verfügung stehen. Dass es hierzu der Unterstützung neuer Informationstechnologien bedarf, sehen die Softwarehersteller mit Freude. Dennoch gilt auch hier der Spruch: Geschäftsprozesse (Content) vor Technik.

Dies führt zwangsläufig dazu, dass sich die Unternehmen verstärkt ihrer Geschäftsprozesse annehmen und dabei das schon ein wenig ins Abseits geratene Thema Process-Re-Engineering neu entdecken. Neu entdecken müssen! Denn die Konzentration auf eher technische Fragestellungen verdeckte beim Real-Time Enterprise den Bedarf an einer prozessorientierten Herangehensweise. Gleiches gilt übrigens auch für SCM-, CRM-, oder ERP Projekte. Schließlich funktioniert jede Organisation, unabhängig von Größe und Branche, über Geschäftsprozesse. Ein Unternehmen ohne Geschäftsprozesse gibt es nicht. Unternehmen, die sich „weigern", ihre Prozesse zu (er)kennen, vermeiden durch ihre Ignoranz allenfalls, aktiv an der eigenen Effektivität und Effizienz zu arbeiten. Anhand der Geschäftsprozesse lassen sich auch die Gründe für das Scheitern vieler frühen E-Business-Aktivitäten und Dot.coms nachzeichnen. Denn was nützt einer Firma beispielsweise das schönste Portal, wenn der nachgelagerte Logistik-Prozess bei einer Online-Bestellung nicht integriert ist?

Paradigmenwechsel in der Architektur von Standardsoftware

Auch von der technischen Seite her werden die Unternehmen gezwungen, sich intensiver mit den Geschäftsprozessen auseinander zu setzen. Denn das Ablösen der in sich geschlossenen ERP-Systeme durch offene, lose miteinander verknüpfte Anwendungskomponenten geht einher mit dem Verlust der Integration im allgemeinen und der Prozessintegration im speziellen. Beispielsweise wartet jede der unterschiedlichen mysap-Anwendungen wie auch die SAP-Portal-Software nun mit einem eigenen Repository auf. Die Anbieter streichen als Pluspunkte für diese neuen Software Architekturen die höhere Flexibilität und Release-Unabhängigkeit einzelner Komponenten heraus. Was allerdings schamhaft verschwiegen wird: Der Integrationsvorteil mit einem einzigen Repository, der ERP-Software bislang auszeichnete, geht verloren. Durch diesen hohen Integrationsgrad hatten die Unternehmen aber mit der ERP-Software gleichzeitig in die Software eingebettete Geschäftsprozesse erworben. Denn der beleg- und transaktionsbasierte Aufbau initiierte automatisch Prozessketten – vom Angebot über den Auftrag bis zur Lieferung und Rechnungsstellung u. ä.

Diese Integrationsleistung obliegt nun den Unternehmen selbst. Zwar werden die Softwareanbieter Integrationstechnologien wie beispielweise EAI-Komponenten zur Verfügung stellen, die fachliche Prozessintegration wird jedoch nicht von den Herstellern geliefert. So sehen sich die Kunden mit Fragen konfrontiert, wo und auf welche Art beispielsweise ein Kundenauftrag (im SCM, im CRM, im Finance etc.) geführt werden soll. Stammen die einzelnen Softwarekomponenten von verschiedenen Herstellern, verschärft sich die Problematik. Allein durch das Heranziehen der Geschäftsprozess-Perspektive werden sie die notwendige Klammer finden, um auch unternehmensübergreifende Abläufe im Griff zu behalten.

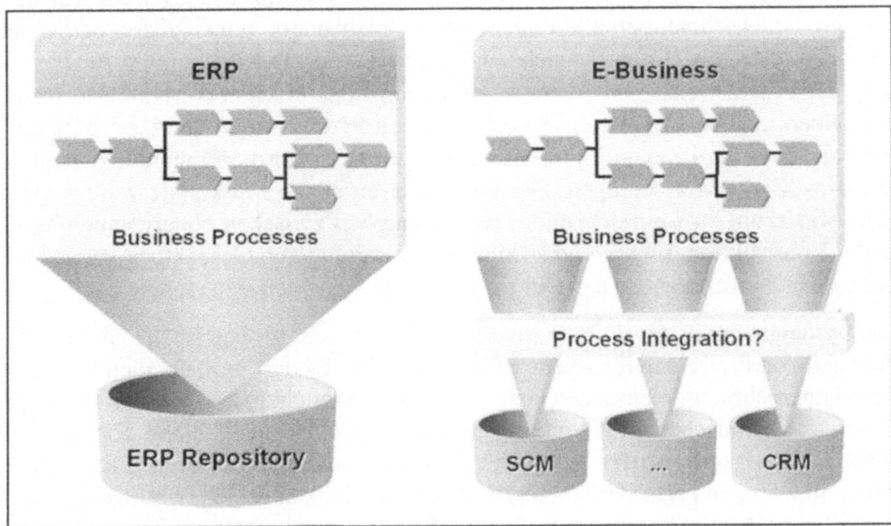

Abb. 1. Integrationsproblematik

Business Process Transformation

Neben der Betrachtung der Geschäftsprozesse fehlt es den einschlägigen RTE-Initiativen zudem an der Organisation der Transformation, wie nicht nur die Gartner Group in einer aktuellen Research Note bemängelt. Die Überführung eines Unternehmens in eine auf Real-Time Enterprise ausgerichtete Organisation, verkörpert jedoch selbst wiederum einen Prozess. Auch sind die Real-Time Enterprise Aktivitäten von großem Pioniergeist geprägt. Man muss den Mut haben, Neues auszuprobieren und bei sich abzeichnendem Misserfolg ohne Umschweife wieder einzustellen oder Kurskorrekturen vorzunehmen. Trial and Error. Dass während der Laufzeit immer wieder Änderungen bedacht werden müssen, drückt sich natürlich sofort in einer hohen Komplexität aus und führt zusätzlich zu einer großen Unsicherheit über die Tauglichkeit der eingeschlagenen Strategie.

An der Existenz eines Königswegs zum Erfolg, und dies ist eine weitere Erkenntnis aus den bisherigen E-Business Projekten, darf mit Recht gezweifelt werden. Von großer Bedeutung sind deshalb ein gültiges Real-Time Enterprise Framework und eine passende Architektur für das gesamte Unternehmen. Dort werden auf einer noch sehr allgemeinen Ebene die strategischen Ziele, die Prozess- und IT-Architektur, Vorgehensmodelle und Verantwortlichkeiten definiert und das Wer (Organisationsmodell), Wie (Vorgehensmodell) und Was (die eigentliche Architektur) festgelegt.

Wichtig im Zusammenhang mit dem Framework ist das Verständnis: Unternehmensstrategie, Geschäftsprozesse und IT-Systeme können im Gegensatz zur bisherigen Unternehmenssituation nicht mehr unabhängig voneinander betrachtet werden, sondern beeinflussen sich wechselseitig stark. Denn allein die Beantwortung der Frage, welche Prozesse als Kernkompetenz erachtet werden, also intern verbleiben, und welche man eventuell externen Partnerfirmen überlässt oder kollaborativ betreibt, kann die Einrichtung eines Portals oder die Einbindung an einen digitalen Marktplatz bedingen. Die Teilnahme an einem Marktplatz wie Covisint kann wiederum zu weitreichender Zusammenarbeit zwischen Unternehmen, etwa in der Konstruktion, führen und so eine Neugestaltung von Geschäftsprozessen bis hin zur Neubewertung der eigenen Kernkompetenzen nach sich ziehen.

Die Festlegungen in der RTE-Architektur auf einer sehr groben Ebene eröffnet die notwendigen Freiräume für solche Entscheidungen. Es darf deshalb auch nicht mit dem Unternehmensdatenmodell der 70er Jahre verglichen werden, das aufgrund konkreter technischer Beschreibungen späteren Änderungen einen Riegel vorschob. Andererseits ist das Vorhandensein einer unternehmensweit gültigen Architektur zwingend erforderlich, da sonst die Möglichkeit fehlen würde, den unterschiedlichen Aktivitäten ein gemeinsames Fundament zu bieten.

Die einzelnen Projekte selbst sollten eher in kleineren, überschaubaren Schritten in Angriff genommen werden. Welche Geschäftsprozesse konkret aufgegriffen werden, lässt sich am einfachsten aus dem allgemeinen Modell für Geschäftsprozesse ableiten, welches auf abstraktem Niveau die unternehmensinternen Prozesse an den Rändern um die Beziehungen sowie Aktivitäten in Bezug auf Lieferanten und Kunden ergänzt bzw. ausweitet. Bei den Startszenarien für das RTE werden Unternehmen sich in erster Linie auf Geschäftsprozesse konzentrieren, die eine enge Interaktion mit Kunden beziehungsweise Lieferanten aufweisen. Die Einkaufsabwicklung (etwa E-Procurement) oder die Vertriebsabwicklung (etwa verlässliche Lieferterminbestimmung) sind hier als Beispiele zu nennen.

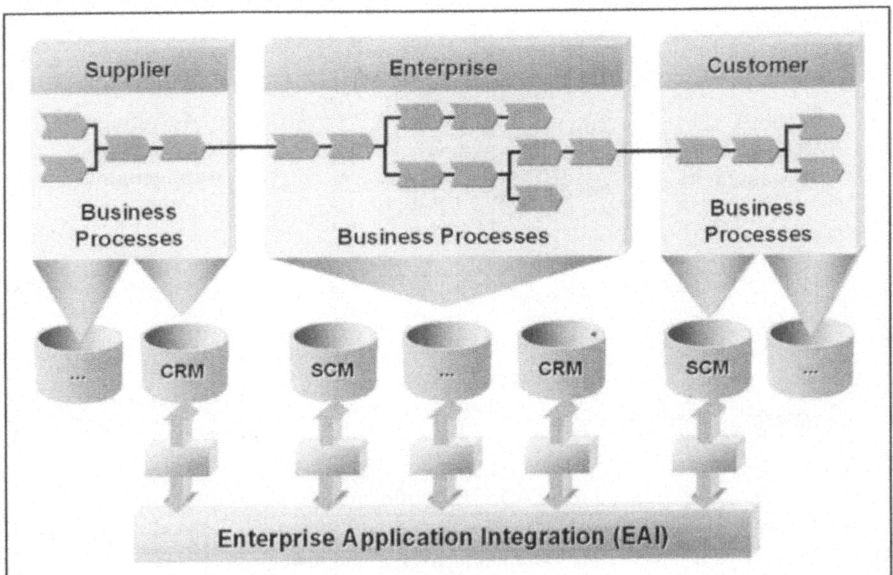

Abb. 2. Integrierte Geschäftsprozessabwicklung

Auch können kollaborative Prozess Szenarien entworfen werden, in denen sich Zulieferer bei Lieferengpässen eigenständig informieren, ob Teillieferungen für die Auftragserfüllung hilfreich sind.

Business Process Excellence

Man sollte jedoch nicht dem Trugschluss unterliegen, dass Veränderungen an den „Rändern" eines Unternehmens frei von Auswirkungen auf die internen Prozesse bleiben. Schließlich sind viele E-Business-Initiativen genau in diese Falle getappt – und deshalb gescheitert. Die verlässliche Vorhersage eines Liefertermins und eine Verfügbarkeitsprüfung (available to promise) setzt beispielsweise voraus, dass man sämtliche Informationen über Produktions- und Lieferkapazitäten der Fertigungsstätten global im Zugriff hat. Ebenso gilt: Wenn die Prozessausführung kollaborativ erfolgen soll, müssen externe Partner von Beginn an involviert sein, damit die Prozessgestaltung gemeinsam angegangen wird. Denn schließlich zieht Kollaboration automatisch Informationsaustausch und wechselseitige Zugangsberechtigung für die Systeme nach sich. Die schon erwähnte Wechselwirkung zwischen Prozess und Technik wird an dieser Stelle offensichtlich, da Aspekte, wie Portal, öffentlicher oder privater Marktplatz etc., einfließen.

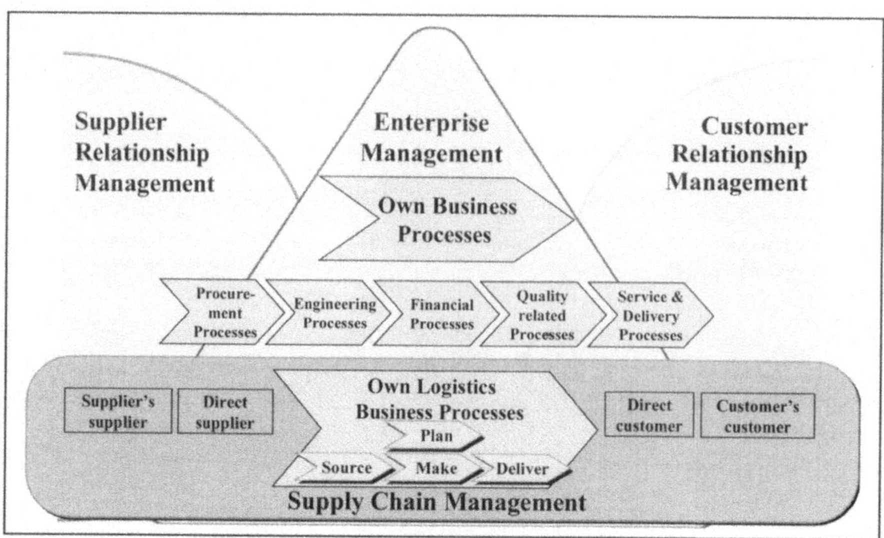

Abb. 3. Prozessmanagement über Unternehmensgrenzen hinweg

Mit dem Geschäftsprozessdesign und der anschließenden technischen Umsetzung ist allerdings erst die Initialzündung für eine erfolgreiche RTE-Strategie eingeleitet. Denn wie eingangs erwähnt, zählen Versuch & Irrtum in gewissen Grenzen durchaus zu den Merkmalen der einschlägigen Projekte. Die Unternehmen sind aufgrund dessen gefordert, ihre Ziele kontinuierlich mit dem Ergebnis der Umsetzung zu vergleichen und ihre Aktivitäten stetig zu optimieren. Die Ebene der Geschäftsprozessintelligence, auf der die Unternehmensabläufe entworfen, analysiert und gemessen werden, gewinnt deshalb an Gewicht und an Bedeutung. In den letzten Jahren haben die Unternehmen sehr stark in die Automatisierung der operativen Geschäftsprozesse investiert. Der Erfolg der großen ERP-Hersteller steht mit dieser Tatsache in engem Zusammenhang. In der „Umsetzungseuphorie“ sind Fragen der Prozessgestaltung sowie der Prozessmessung häufig zu kurz gekommen. Systeme initial einzuführen ist die „Pflicht“, sie kontinuierlich zu optimieren dagegen die „Kür“. Durch die gravierenden Änderungen in den Softwarearchitekturen (Komponentenbildung, Web Services) sowie die immer kürzer werdenden Veränderungszyklen in den Geschäftsprozessen gewinnt die Ebene des Process Intelligence immer mehr an Bedeutung. Die zunehmende Wichtigkeit des Geschäftsprozessmanagements wird auch durch die derzeit stattfindende Diskussion über die Rolle des Chief Information Officers (CIO) und dessen mögliche Transformation zum Chief Process Officer (CPO) deutlich. Die Innovationskraft der in Abbildung 4 dargestellten Process Intelligence Ebenen (Ebene 1 und Ebene 2) bestimmen maßgeblich die Effizienz und Qualität der operativen Geschäftsprozesse und damit den wirtschaftlichen Erfolg des Unternehmens. Heute geht es nicht mehr alleine darum, Geschäftsprozesse einmalig neu zu gestalten, sondern ein kontinuierliches Process Lifecycle Management zu etablieren.

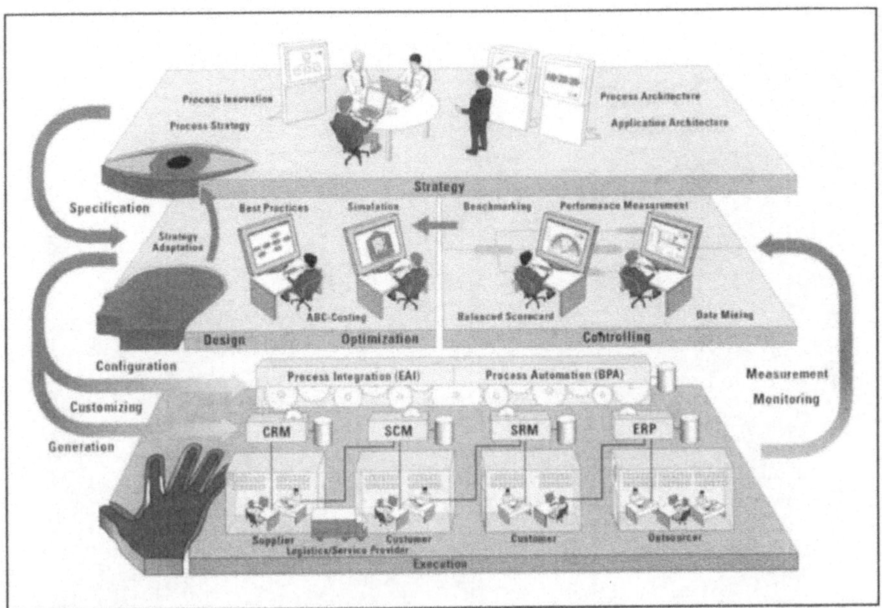

Abb. 4. Three-Tier Architecture of Business Process Excellence

Lernen von der Formel 1

Eine Parallele zur Formel 1 mag die Entwicklung verdeutlichen: Auch in der Königsklasse des Automobilsports gewinnt die Analyse der Daten aus dem Rennverlauf, die Telemetrie, für den Ausgang eines Rennens eine entscheidende Bedeutung. So werden bei jedem Boxenstop neben sichtbaren Tätigkeiten wie Reifenwechsel und Tanken zusätzlich Informationen über Spritverbrauch, Bremsverhalten, Reifenverschleiß u. ä. abgezogen und analysiert. In Abhängigkeit zum Rennverlauf wird die jeweilige Strategie kontinuierlich angepasst. Inzwischen entscheidet die Boxenstrategie und nicht mehr das reine Geschwindigkeitsvermögen über Sieg oder Niederlage.

Abb. 5. Boxenstop in der Formel 1

Der Boxenstop ist im übrigen ein überzeugendes Beispiel dafür, dass zwischen Prozessoptimierung und Ressourceneffizienz ein Zielkonflikt herrscht. Denn den optimalen Prozess erkaufen sich die Formel 1 Rennställe durch den „rücksichtslosen" Einsatz von Ressourcen (Personal, Material etc.). Ein solches Vorgehen können sich Unternehmen kaum leisten. Sie können aber ebenso wenig auf die „Telemetriedaten" ihrer Prozesse verzichten, wollen sie über die Prozesseffizienz den Unternehmenserfolg steigern.

Bislang bezieht das Management das Wissen über den Geschäftsverlauf aus Kenngrößen wie Umsatzentwicklung, Cash-Flow, Gewinn, Deckungsbeiträgen, Absatzzahlen etc. Man verlässt sich also auf Informationen, deren Herkunft in der Vergangenheit liegt. Wichtige Ereignisse wie eine akute Terminverzögerung aufgrund von Qualitätsproblemen, die kurzfristig auftreten und ein sofortiges Gegensteuern verlangen, werden in Quartals-, Monats- oder Wochenberichte gar nicht oder zu spät erfasst. Wenn sie dann tatsächlich ans Tageslicht gefördert werden, ist wertvolle Zeit unwiderruflich ungenutzt verstrichen. Zieht man noch einmal die Formel 1 zum Vergleich heran, befinden sich die Unternehmen noch auf Niveau der Analyse von Rundenzeiten nach Rennende.

Business Process Performance Measurement

Gefragt ist also die Auswahl und Etablierung neuer Messgrößen, die eine verlässliche, zeitnahe Basis zur Bewertung der Prozesseffizienz liefern. Herkömmliche Business Intelligence Tools können an dieser Stelle so manchen wertvollen Hinweis geben. Im Allgemeinen sind sie aber mit dieser Aufgabe überfordert, da sie ausschließlich auf operativen Daten aufsetzen. Diesen fehlt jedoch die Zuordnung zu Geschäftsprozessen. Für die Analyse des Kundenverhaltens aus aktuellen Verkaufsdaten per Region oder der Ermittlung von Cross- und Up-Selling-Potenzialen war die Verbindung zu Geschäftsprozessen auch noch nicht notwendig, wohl aber Fragestellungen wie:

- Gibt es Kundenaufträge, die verspätet sind oder gar verloren gehen?
- Wie kosten- und zeiteffektiv sind einzelne Beschaffungs- und Vertriebskanäle?
- Wo sind die Schwachstellen und Engpässe in den Abläufen?
- Wie sah die Liefertermintreue für eine bestimmte Produktlinie im Monat Juli aus?
- Wie hoch war die durchschnittliche Durchlaufzeit für diese Produktlinie und was waren die Ausreißer?
- Wie haben Verbesserungsmaßnahmen gegriffen? Haben sich die Prozesse seit dem letzten Quartal verbessert?

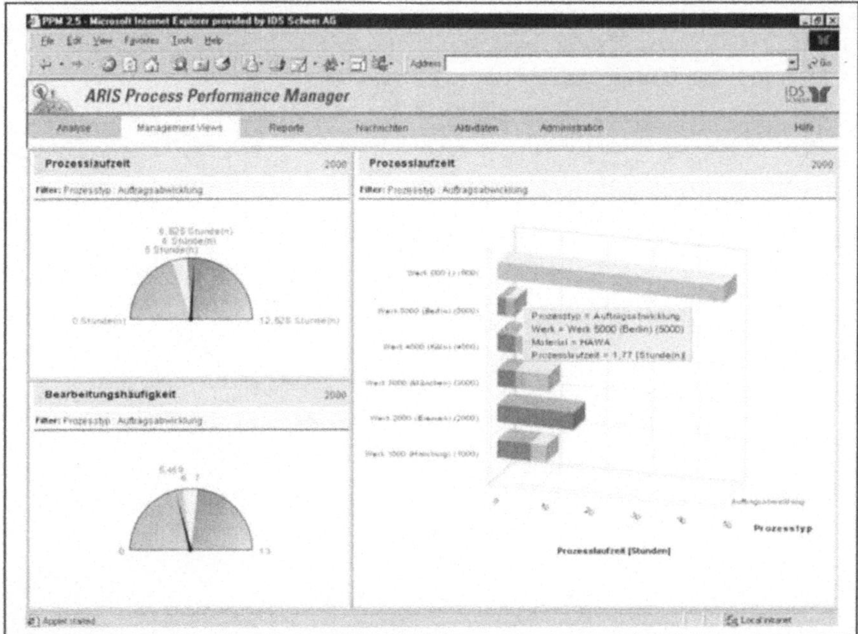

Abb. 6. ARIS Process Performance Manager

Allein aus den beleg- und transaktionsorientierten Anwendungen lassen sich die gewünschten Antworten nicht ermitteln. Deshalb ist es erforderlich, zunächst eine transparente Prozess-Sicht über die beteiligten Anwendungen zu spannen und aussagekräftige Key Performance Indikatoren (KPI) zu definieren. Daten (Belege, Log-Files, Zeitstempel der Transaktionen, Customizingeinstellungen etc.) aus den involvierten Anwendungen bilden die Basis für die KPI-Bestimmung. Für die Messung der Prozessleistung können die einzelnen Aktivitäten eines Vorgangs (Auftragseingang o. ä.) beispielsweise über Ereignisketten miteinander verknüpft werden. Im Prinzip wird hierbei der Geschäftsprozess und seine Kenngrößen, auch unter Einsatz von Werkzeugen, rückwärts aus den laufenden Anwendungen generiert.

Die Prozessorientierung solcher Werkzeuge zur Performance-Messung legt es nahe, sie mit dem Etikett Business Process Intelligence (BPI) zu versehen. Analog zu den BI-Tools bewirkt der Einsatz von BPI-Tools noch keine Optimierung der Geschäftsprozesse per se. Die Bewertung obliegt (noch) dem Management.

Aber es gilt der Grundsatz: Was man nicht messen kann, lässt sich nicht verbessern! Und mit der Messung der Business Process Performance schaffen sich Unternehmen eine wichtige Voraussetzung, eine Business Process Lifecycle Betrachtung zu etablieren. In einem geschlossenen System lassen sich Prozesse von Design & Entwicklung über die Ausführung bis zur Kontrolle und Optimierung verwalten. Dieser Schulterschluss zwischen den analytischen und operativen Anwendungen versetzt die Verantwortlichen in den Unternehmen in die Lage, die Folgen und Umsetzung ihrer strategischen Entscheidungen kontinuierlich zu kontrollieren, beziehungsweise durch die eingesetzten Prozessmetriken zeitnah zu bewerten. Aufgrund des hohen Unsicherheitsfaktors ein absolutes Muss.

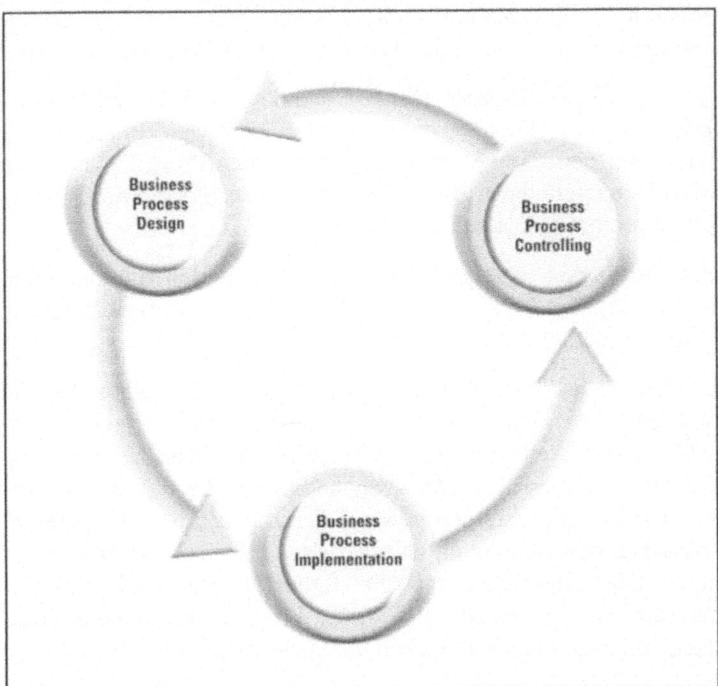

Abb. 7. Business Process Lifecycle

Allerdings – und das soll hier nicht verschwiegen werden – kann das Verbessern von Geschäftsprozessen nur funktionieren, wenn die Beteiligten „mitziehen". Denn Prozessveränderungen setzen immer Verhaltensveränderungen von Menschen voraus. Die technische Variante, das Ersetzen eines Systems A durch ein System B, fällt dagegen erheblich leichter, da der vorhandene Zustand sich nahezu unverändert hinüber retten lässt. Bei der Einführung der ERP-Software hat diese Vorgehensweise noch funktioniert. Für das Real-Time Enterprise führt dagegen kein Weg an der Betrachtung und Bewertung von Geschäftsprozessen vorbei.

ARIS P2A™ : Vom Prozessmodell zur Anwendung

Die fachliche Herausforderung

Auch ohne RTE ist der Druck auf Unternehmen, sich den verändernden Marktbedingungen anzupassen, in den letzten Jahren stetig gewachsen. Firmen, denen es gelingt, den Willen und die Fähigkeit zum ständigen Wandel in den Köpfen der

Mitarbeiter zu etablieren, haben einen notwendigen Schritt getan. Ohne ein erfolgreiches **Changemanagement** sind die besten Prozesse und Technologien wertlos.

Muss in einem Unternehmen ein Prozess geändert und damit ein Anwendungssystem neu entwickelt, eingeführt oder angepasst werden, sind viele Bereiche und Mitarbeiter involviert und betroffen: vom Management, dem Processowner, den Mitarbeitern aus der Fachabteilung bis hin zur IT-Abteilung mit ihren Softwareentwicklern und oft auch externe Dienstleister.

78 % der Entwicklungsprojekte scheitern ganz oder sprengen den zeitlichen und finanziellen Rahmen signifikant (vgl. The Standish Group International, Extreme CHAOS 2001) Warum eigentlich?

Nicht selten macht sich die Fachabteilung noch grundlegende Gedanken über die Anforderungen, während die IT mit der Implementierung schon begonnen hat. Wir haben hier 2 Teams, 2 Methoden und unterschiedliche Werkzeuge. Wenn man miteinander redet, kommt es oft zu Missverständnissen, die erst am Projektende auffallen und teuer korrigiert werden müssen. Diese fehlende oder schlechte Kommunikation zwischen den Beteiligten ist einer der größten Kostentreiber für Entwicklungsprojekte. Denkt man über ein kollaboratives Szenario mit verschiedenen externen Partnern nach, potenziert sich dieses Problem und internationale Projekte mit unterschiedlichen Kulturen machen die Sache nicht einfacher.

Kurz gesagt: Das größte Problem ist eine fehlende integrierte Methode und damit eine fehlende **einheitliche Sprache**. Diesen fachlichen Bruch kann sich in einem RTE niemand erlauben.

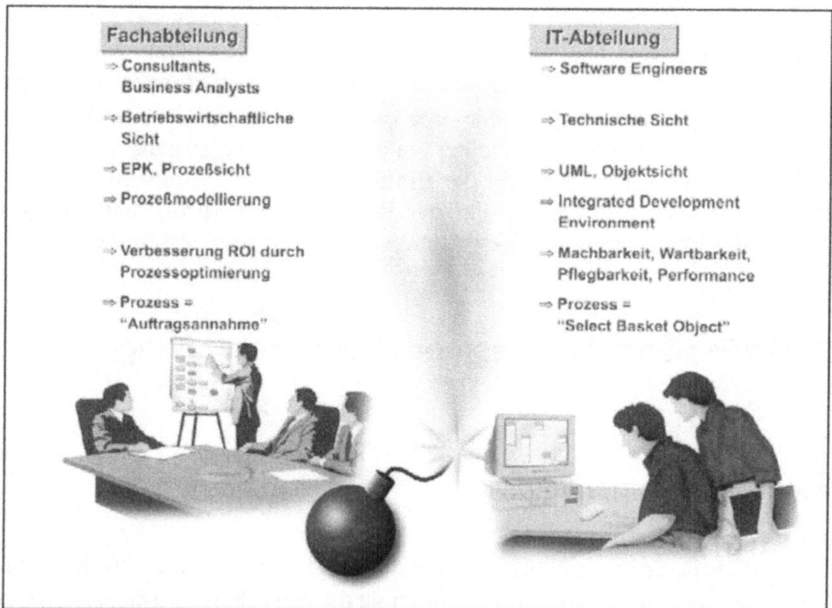

Abb. 8. Schwierigkeiten zwischen Fach- und IT-Abteilung

Er führt zum Einsatz vieler nicht integrierter Werkzeuge, vieler Iterationen, langen Änderungszyklen, hohen Kosten in Betrieb, Pflege und Wartung und zu fehlender Akzeptanz beim Endanwender, weil am Ende die Prozesse auf der Strecke bleiben.

Die technische Herausforderung

Durch die Fortentwicklung ihrer Konzepte und Technologien hat die Softwareindustrie immer mehr Möglichkeiten geschaffen, Businessprozesse in Software abzubilden. Die Komplexität dieser heterogenen Landschaften hat damit aber auch eine ganze Reihe von Problemen geschaffen, die Unternehmen beherrschen lernen müssen.

Interoperabilität und Portabilität auf der technischen Ebene machen den IT-Chefs das Leben schwer und verhindern häufig notwendige Prozessinnovationen und -änderungen oder erlauben diese nur zu einem hohen Preis.

Standardsoftware

Teure funktions- und modulorientierte monolithische ERP- und Backend Systeme, die über endlose Customizing Tabellen und kostspielige individuelle Erweiterungen an Unternehmensprozesse angepasst werden müssen, sind ein hoffentlich zukünftig auslaufendes Modell. Die hohen Aufwände haben so manchen veranlasst, über den Nutzen von Standardsoftware generell zu grübeln: „Bei all den gemachten Anpassungen, ist das noch Standardsoftware oder haben wir eine mächtige Entwicklungsumgebung gekauft?“

Ohnehin laufen End-to-End-Prozesse in den meisten Firmen über viele Anwendungssysteme hinweg. Die Zahl der Softwareprodukte geht bei großen Unternehmen auch schon mal in die Tausende. Die Aufwände für die Integration unternehmenskritischer Anwendungen mit direkten Schnittstellen – davon gibt es theoretisch n^2 viele - zu bewältigen, verschlingen nach defensiven Analystenschätzungen 35 % und mehr der knappen IT-Budgets. Bei großen IT-Projekten können die Schnittstellen zwischen 40 und 80 Prozent des Projektaufwands ausmachen, vgl. Babette Haas 2/2002.

Technische Standards

Die Entwicklung von Standards in den verschiedensten Bereichen wie Programmiersprachen, Protokollen, Austauschformaten war eine logische Konsequenz und eine Notwendigkeit.

Die Einigung auf Standards ist aber oft ein langwieriger Vorgang – sicher auch wegen taktischer Spielchen der Hersteller. Die Standards selbst werden immer komplexer. Technologie Provider versuchen mit frühzeitigen proprietären Erweiterungen Kunden zu gewinnen – was für diese zu einer teueren Sackgasse werden kann. Wer den Pfad der Standards verlässt und Anwendungen baut, für die der Standard nicht ausreicht, wird „drum herum programmieren", was seine zukünftigen IT-Budgets belastet.

Höherwertige semantische und betriebswirtschaftliche Standards und Schnittstellen – wie sie z.B. in Organisationen wie BPMI.org oder ebXML (vgl. http://www.BPMI.org, vgl. http://www.ebxml.org/) diskutiert werden – sind schwer zu vereinbaren, werden spät verfügbar sein und im Bedarfsfall oft nicht hundertprozentig passen. Um echte Anwendungen zu bauen, müssen sie dann individuell erweitert werden, was den Nutzen dieser Standards wieder in Frage stellt.

Setzt sich ein Standard später nicht durch oder wird er ersetzt, sind darauf entstandene Anwendungen der Unternehmen im Handumdrehen technologische Sackgassen.

Man kann also nicht gut mit Standards, aber man kann auch nicht ohne sie leben. Setzt man zu früh auf einen Standard, ist es falsch – nutzt man ihn zu spät, ebenfalls.

Das gleiche gilt für Technik-Hypes. Wer erinnert sich nicht noch an den Internet Boom oder die neuesten Versprechungen der Web-Services. Hier wurden kostspielige IT-Ruinen hinterlassen, was sich rational kaum noch erklären lässt.

Ein Ziel für die Anwendungsentwicklung und -architektur im RTE muss es also sein, optimale Technologien und Standards zu nutzen. Aber man braucht auch eine **Unabhängigkeit** von ihnen. Denn nur so lassen sich Neuerungen oder Änderungen bestehender Techniken und Standards nutzen oder Technologiewechsel bewältigen, ohne immense Kosten und Aufwände zu verursachen.

Ein Lösungsansatz: ARIS P2A ™

RTE bedingt ein funktionierendes, umfassendes Geschäftsprozessmanagement (GPM) von der Anforderungsdefinition bis zum laufenden System und von dort aus bis zu einem Echtzeit-Prozesscontrolling (siehe Abbildung 8). Nur so lassen sich Veränderungsnotwendigkeiten rechtzeitig erkennen und zeit- und kosteneffizient umsetzen. Die Leistungsfähigkeit des modellgetriebenen Lösungsansatzes und die Offenheit des ARIS P2A™ Frameworks (vgl. Whitepaper ARIS Process to Application 2003), das u.a. die Model Driven Architecture (MDA™) Konzepte der Object Management Group (OMG™) integriert, bildet die Grundlage für ein Geschäftsprozessmanagement, das Enabler für RTE ist (vgl. http://www.omg.com, vgl. http://www.omg.com/mda).

Als Ausgangpunkt muss ein Unternehmen wissen, wie es funktioniert – sonst kann es sich nicht in Sinne von Real-Time „nachjustieren". Das bedeutet, dass alle relevanten Bereiche permanent dokumentiert sein müssen: von der Strategie, über die Prozessarchitektur bis hin zur technischen Ebene.

Bei einer strukturellen Veränderung müssen viele Mitarbeiter aus den unterschiedlichsten Abteilungen der betroffenen Unternehmen effizient zusammenarbeiten

- Über Abteilungsgrenzen (u.a. Fach-, IT-Abteilungen)
- Über Unternehmensgrenzen
- Real-Time
- Kollaborativ
- Räumlich verteilt

Dazu ist eine integrierte methodische Basis notwendig, die dennoch fachspezifische Sichten erlaubt. Nur ein Rahmenkonzept wie ARIS gibt Unternehmen die Chance, diese Aufgabe zu bewältigen. Wem es nicht gelingt, eine einheitliche Sprache zu etablieren, der wird in den nächsten Stufen des GPM/RTE erfolglos bleiben.

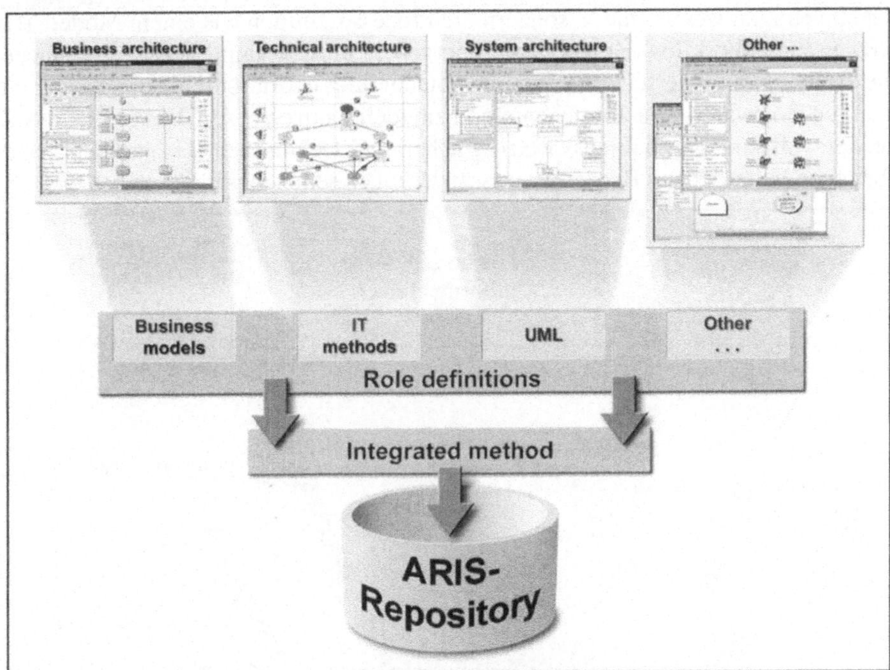

Abb. 9. Viele Rollen - eine Sprache - ein Unternehmensrepository

Ist das Geschäftsmodell und die Prozessarchitektur definiert, ist der kritischste Punkt die effiziente Umsetzung dieser Anforderungen in Software. Wird der Prozess sozusagen in IT-Technik gegossen, trifft man auf der technischen Seite auf heterogenste Rahmenbedingungen. ARIS P2A ™ steht auf 3 Säulen, die fast alle möglichen Szenarien bei der Prozessimplementierung abdecken.

Erste Säule: ERP und Legacy Systeme

ERP-Systeme bieten komplette betriebswirtschaftliche Lösungen und bilden ein breites Spektrum von Geschäftsprozessvarianten ab. Traditionell werden diese Systeme in häufig aufwendigen Projekten über tabellenorientierte Customizing-Aktivitäten, begleitet von umfangreichen Individualentwicklungen, den Unternehmensbedürfnisse angepasst. Die Einführungsprojekte laufen oft modul- und damit funktionsorientiert. Damit sind die Ergebnisse oft suboptimal in der Ausnutzung der Systemfähigkeiten, schlecht auf Prozesse abgestimmt und zudem wenig flexibel mit Blick auf Prozessänderungen.

In den letzten Jahren ist aber zu beobachten, dass diese Systeme immer mehr komponenten- und objektorientiert weiterentwickelt werden. Die Herauslösung des Workflows, Pageflows oder Datenflusses aus den einzelnen betriebswirtschaftlichen Modulen in separate Managementkomponenten ermöglicht voll integrierte modellgetriebene Ansätze. Das bedeutet, dass das Know How aus den Modellen nicht mehr von Hand durch einen Spezialisten in Custominzing-Tabellen eingetragen werden muss, sondern die Prozessdefinition aus einem Modell 1:1 z.B. an eine Workflow-Komponente übergeben werden kann. Diese gewonnene Flexibilität kann einerseits die Neuimplementierung enorm beschleunigen, indem man auf Software- oder Branchenreferenzmodelle aufsetzt. Auf Basis der vorliegenden vollständigen betriebswirtschaftlichen und technischen Beschreibung sind aber auch im laufenden Betrieb Prozessänderungen sehr schnell umsetzbar.

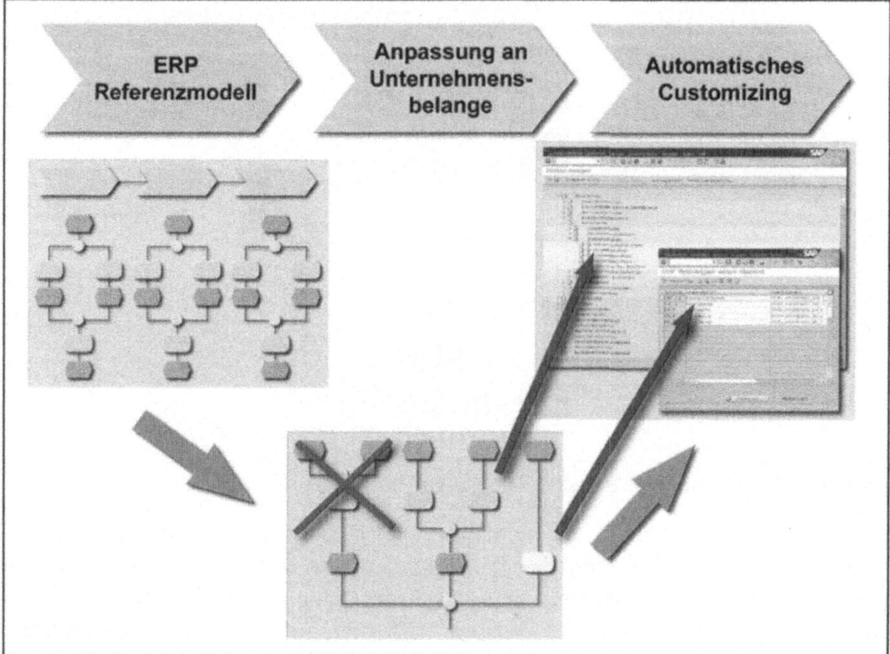

Abb. 10. Referenzmodellbasiertes automatisches Customizing

Zweite Säule: Middleware zur Systemintegration

Trotz der hohen Verbreitung von ERP Systemen laufen Prozesse über verschiedene Anwendungssysteme hinweg. Seit jeher werden die zahlreichen Anwendungen eines Unternehmens mit den unterschiedlichsten Mitteln und Technologien integriert. Die wenigsten Anwendungen können als isolierte Inseln existieren. Im Regelfall decken alle Anwendungen nur Teilaufgaben innerhalb eines Gesamtprozesses ab und müssen zu diesem Zweck Daten austauschen.

Im Integrationsmarkt existieren zahlreiche Begriffe und Technologien. Mag man früher Workflow-Systeme zur Integration eingesetzt haben, so spricht man heute häufig von Enterprise Application Integration. Natürlich haben auch Technologien wie Electronic Data Interchange (EDI), XML und Web Services hier ihren Platz.

Welche Plattform und Technologie man auch auswählt, es gibt eine wichtige Gemeinsamkeit: Vor der technischen Realisierung müssen die Geschäftsprozesse betrachtet und definiert werden. Denn die Anwendungsintegration ist nicht Selbstzweck, sondern hat die Aufgabe, eine effizientere Prozessabwicklung zu ermöglichen. Die betriebswirtschaftliche Fragestellung muss daher am Anfang eines Integrationsprojekts stehen. ARIS P2A leistet darüber hinaus, dass die betriebswirtschaftlichen Modelle auf einer homogen integrierten technischen Ebene weiter verfeinert und annotiert werden können. Damit stehen die notwendigen Informationen für eine automatische und vollständige Konfiguration der Middleware zur Verfügung. Die Auswirkungen späterer Änderungen auf der Prozessebene werden sofort transparent und die erforderlichen Anpassungen können effizient und zielgerichtet umgesetzt werden.

Dritte Säule: Software Engineering

Zur Umsetzung unternehmensspezifischer Geschäftsprozesse in Software-Systeme sind neben Anpassungen von Standardlösungen und Systemintegrationen immer wieder Individualentwicklungen nötig. Wo Standardpakete fehlen, zu teuer oder zu unflexibel sind, muss es darum gehen, betriebliche Abläufe eins zu eins in individuellen Applikationen abzubilden. Dabei gilt es, Anforderungen und technische Lösungsansätze zu jeder Zeit verständlich an die Projektbeteiligten zu kommunizieren, komplexe Entwicklungsprojekte effizient zu organisieren und die Anpassbarkeit der Individualsysteme an neue Anforderungen sicher zu stellen.

ARIS P2A leistet dabei den fließenden Übergang von der betriebswirtschaftlichen Beschreibung zu einer technischen Beschreibung eines zu programmierenden Anwendungssystems oder Programmteils.

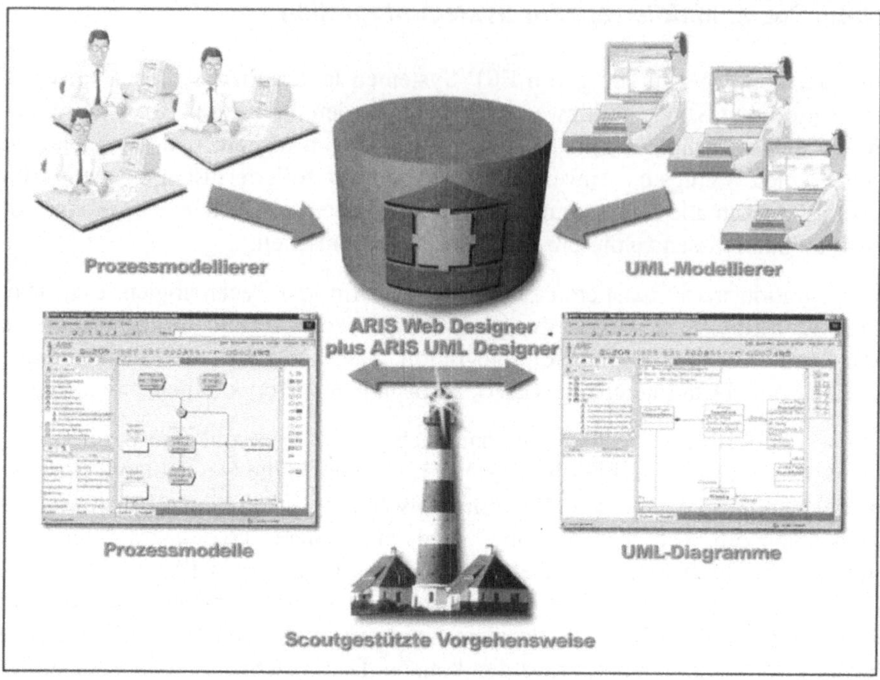

Abb. 11. Vom Prozessmodell zum objektorientierten Modell

Jetzt können die Softwareentwickler auf Basis dieser Definitionen anfangen zu programmieren. Das in P2A integrierte Konzept der Model Driven Architecture geht hier aber noch einen Schritt weiter, und zwar in Richtung Generierung von Source Code. Dieser Generierungsschritt wird in Zukunft immer wichtiger werden und ist eine notwendige Weiterentwicklung der Art, Software zu produzieren. Die Kosten traditioneller Entwicklungsprojekte mit ihren hohen Abhängigkeiten auch zu den Entwicklungsteams, werden immer seltener anzutreffen sein. Eine stärkere Professionalisierung und Automatisierung wird in der Informatik Einzug halten.

Heutige Entwicklungen laufen in der Regel in einem Kontext von schon existierenden Backend-, EAI-Systemen und J2EE Application Servern usw.. Um das Ziel erreichen zu können, möglichst unabhängig von diesen Technologien zu werden, muss das Know How aus dem Source Code in Modelle transportiert werden. Die Verfeinerungen der Modelle auf der technischen Ebene können ebenfalls noch einmal in 2 Klassen geteilt werden: Abstrakte und damit plattform- und programmiersprachen-unabhängige Teile (PIM – platform independent model), sowie – ganz am Ende der Kette – die notwendigerweise zielsystem-spezifischen Annotationen (PSM platform specific model). Im PSM werden die Funktionen, die von der Middleware bzw. der Zieltechnologie zur Verfügung gestellt werden, direkt adressiert, was man mit sogenannten Catridges macht. Die verschiedenen Technologien und Plattformen (J2EE, .NET, Web-Services, JBOSS, IBM Web Sphere, Mobile u.a.) werden also in unterschiedlichen Cartridges gebündelt. Auf dieser

Basis lässt sich dann Quellcode generieren, der sofort auf den jeweiligen Zielsystemen lauffähig ist.

Die besondere Stärke des Ansatzes liegt in der hohen Flexibilität: Erkennt man, dass das entwickelte System auf einem neuen Application-Server laufen soll, oder möchte man von „Web Services 1" auf „Web Services 2" umsteigen, ist der Aufwand auf den Austausch der Cartridges beschränkt (vgl. Hubert 2002).

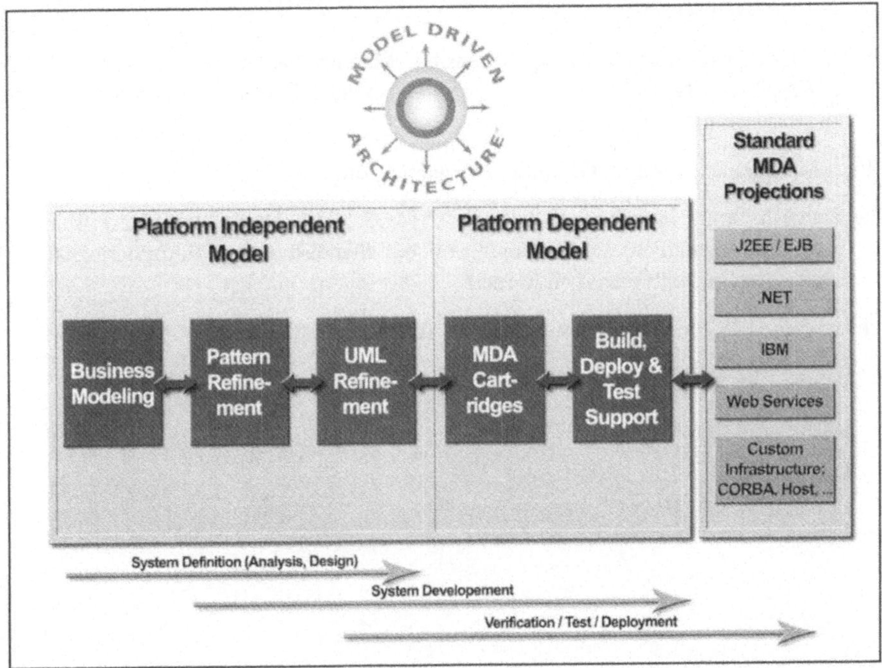

Abb. 12. Vom Plattformunabhängigen [PIM] zum Plattform spezifischen Modell [PSM]

Die 3 beschriebenen Wege werden häufig nicht in ihrer reinen, sondern in Mischformen anzutreffen sein. Ihnen ist gemein:

- Ihr Ausgangspunkt ist auf der betriebswirtschaftlichen Ebene
- Diese Ebene ist auf fachlich hinterlegten technischen Ebenen zu verfeinern
- In einem Automatisierungsschritt werden aus Modellinformationen ablauffähige Runtime-Systeme generiert oder konfiguriert

ARIS als Framework bringt alle Beteiligten zusammen und bildet somit das Fundament von ARIS P2A. Veränderungen in betriebswirtschaftlichen Modellen haben sofort Auswirkungen auf technische Beschreibungen und unmittelbar auch auf laufende Systeme. Das betriebswirtschaftliche und technische Wissen wandert aus Köpfen und Quellcode in wiederverwendbare Modelle. Unternehmen können kosten- und zeiteffizient bestehende und kommende Standards auch für bereits vorhandene Systeme nutzen.

Literaturverzeichnis

Babette Haas: Auf dem Weg zum vernetzten Unternehmen, evolution 2/2002

Business Process Management Initiative http://www.BPMI.org

Convergent Architecture Building Model Driven J2EE Systems with UML, Richard Hubert, OMG Press 2002

ebXML Electronic Business using eXtensible Markup Language, sponsored by UN/CEFACT and OASIS http://www.ebxml.org/ Model Driven Architecture [MDA™] http://www.omg.com/mda

Object Management Group [OMG]http://www.omg.com

The Standish Group International, Extreme CHAOS 2001. Anmerkung: Diese Studie ist nicht frei zugänglich, sondern muß von der Standish Group (http://virtualadvisor.standishgroup.com/) erworben werden.

Whitepaper ARIS Process to Application, von IDS Scheer AG, 2003

4 Adaptive Infrastrukturen für Real-Time Enterprises

Michael Mißbach
Senior Consultant, SAP-HP International Competence Center

SAP-HP International Competence Center
Altrottstr 31
69190 Walldorf
Deutschland

Zusammenfassung

Die wesentlichen Anforderungen an die Unternehmens-IT in Zeiten von Globalisierung und Internet lassen sich zusammenfassen unter den Stichworten bestmögliche Performance, höchstmögliche Verfügbarkeit und niedrige Gesamtbetriebskosten. Zur Erfüllung dieser Anforderungen ist eine leistungsfähige, stabile und flexible IT-Infrastruktur notwendig.

Neue Anforderungen an die Unternehmens-IT

Die zentrale Aufgabe von IT-Infrastrukturen in Unternehmen ist die nahtlose Unterstützung von Wertschöpfungsketten. Dazu müssen die dazugehörigen Prozessketten mittels einer integrierten Software-Lösung abgebildet werden. Das Internet bietet die technische Voraussetzung, diese Wertschöpfungsketten auch über Unternehmensgrenzen hinweg zu verbinden. Eine betriebswirtschaftliche Integration stellt allerdings auch neue Anforderungen an die IT-Infrastruktur. Die IT-Abteilungen müssen sich flexibel den besonderen Herausforderungen der Globalisierung stellen. Praktisch über Nacht können sich durch Fusionen oder Firmenzukäufe- und -verkäufe (mergers, acquisitions and splits) Struktur und Umfang der Systemanforderungen drastisch ändern.

Eine weitere spezifische Auswirkung des Internet auf den Systembetrieb ist die Notwendigkeit eines durchgehenden 24-Stunden-Betriebs. Insbesondere für geschäftskritische Kernsysteme, auf die über das Internet zugegriffen werden soll, sind im Prinzip weder geplante noch ungeplante Ausfallzeiten tolerierbar. Denn irgendwo auf dem Globus ist immer gerade Hauptgeschäftszeit.

Diesen Anforderungen steht in der Regel eine äußerst knapp bemessene Personal- und Budgetdecke gegenüber. Damit gilt es, durch die weittestgehende Nutzung von Synergieeffekten durch Konsolidierung die Gesamtbetriebskosten (Total-Cost-of-Ownership, TCO) so gering wie irgend möglich zu halten.

Die mySAP Business Suite

Aus den vielfältigen Anforderungen denen Software für vernetzte Unternehmen genügen muss, ergibt sich die Notwendigkeit spezifischer Softwarearchitekturen. So benötigt ein System zur Datenanalyse und Optimierung (Online Analytical Processing, OLAP) andere Datenstrukturen als ein System zur Verarbeitung von geschäftlichen Transaktionen (Online Transaction Processing, OLTP) und damit zum Beispiel auch eine anders parametrisierte Datenbank.

SAP hat daher das klassische Konzept der monolithischen „Allzweckanwendung“ zu einem Anwendungspaket aus modularen Komponenten weiterentwickelt, deren Anwendungsarchitektur entsprechend dem Verwendungszweck optimiert ist. R/3 Enterprise ist darin, wie die Lösungen für das Management der Kundenbeziehungen (Customer RelationshipManagement, CRM), Lieferkettenmanagement (Supply Chain Management, SCM) etc. eine von mehreren Komponenten der mySAP Business Suite (wenn auch eine der wichtigsten, da R/3 Enterprise weiterhin dafür zuständig ist, dass Waren auch real geliefert und bezahlt werden).

Darüber hinaus bietet das SAP Enterprise Portal (EP) den Benutzern einen „Single Point of Contact“ zu alle internen und externen Anwendungen, Diensten und Informationen eines Unternehmens. Auch wenn der Vergleich hinken mag, während ein Fenster eine Sicht (auf Informationen) ermöglicht, kann man durch ein Portal hindurch andere Systeme erreichen (um dort wieder Fenster zu finden). Damit ist auch der Zugriff auf Lösungen von anderen Softwareanbietern möglich, ja sogar auf Systeme von direkten Konkurrenten der SAP. Da jeder Benutzer andere Informationsanforderungen hat, kann das SAP Enterprise Portal auf die jeweiligen persönliche Präferenzen zugeschnitten werden.

Als Gegenstück zum SAP Enterprise Portal, das eine Plattform zur Interaktion der Benutzer mit der Gesamtheit der verschiedenen Systeme bietet, bildet die SAP Exchange Infrastruktur (XI) eine Plattform zur Interaktion dieser Systeme untereinander und mit externen Systemen. Es erfüllt damit die Aufgaben eines Application Integration Layer (AIE) und sichert die transaktionale Konsistenz.

Alle diese Komponenten sind jeweils völlig eigenständige Systeme (Abbildung 1). Unter dem Namen SAP Netweaver fasst SAP dabei die verschiedenen Komponenten der SAP-Technologie zusammen.

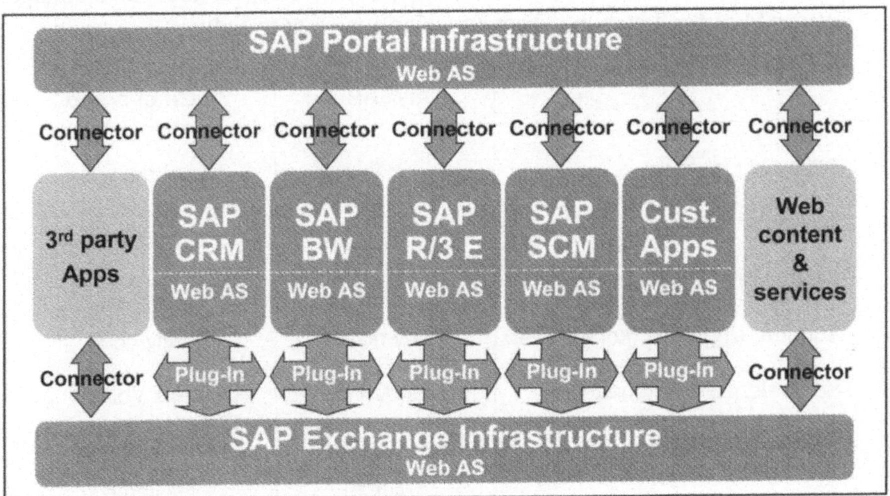

Abb. 1. Integriertes mySAP Komponenten Modell

Trotz der anwendungsspezifischen Ausprägung basieren alle wesentlichen Komponenten der mySAP Business Suite auf derselben Basisarchitektur, dem SAP Web Applikation Server (früher SAP-Kernel genannt).

Der SAP-Kernel hat sich über viele Jahre hinweg zu einer extrem stabilen und skalierbaren Plattform entwickelt; die für viele verbreitete Betriebssysteme zur Verfügung steht. Der vielleicht wichtigste Punkt ist jedoch, dass die von der Betriebsmannschaft mit R/3 gesammelten Erfahrungen, Verfahren und Werkzeuge weitgehend auch für das Operating aller anderen Anwendungen der mySAP Business Suite genutzt werden können. Inzwischen nutzen viele Unternehmen den Web Application Server (Web AS) sogar als Basis für komplette Eigenentwicklungen[1]. Dabei kann die Entwicklungs- und Implementierungszeit für unternehmenskritische Anwendungen, aber vor allem auch der Betriebsaufwand, im Vergleich zu anderen Entwicklungsumgebungen (WebSphere, .NET usw.) signifikant reduziert werden.

Diese Standardisierung und die komponentenübergreifende Integration der SAP stellen einen der wesentlichen Vorteile gegenüber den sogenannten „Best-of-Breed"-Konzepten dar. Dem Anspruch von „Best-of-Breed"-Software, die jeweils beste Funktionalität für bestimmte Prozesse zu liefern, steht allzu oft ein erheblicher Aufwand für die Bereitstellung von Interfaces zum notwendigen Informationsaustausch zwischen den unterschiedlichen Software-Paketen entgegen. Sowohl die Praxis als auch Studien belegen, dass bei „Best-of-Breed" für die Konzeption und Implementierung von Schnittstellen oft weit über 50% des Projektbudgets aufgewendet werden müssen. Dies ist erheblich mehr als beim Einsatz von vollständigen Geschäftsanwendungen, welche für ein hohes Maß an Integration bekannt sind. Zudem ist für Konfiguration und Betrieb von speziellen Anwendungen ein eigener Mitarbeiterstab mit separatem Know-how notwendig.

	mySAP	**"best of breed"**
- Software Lizensen	x €	3 – 4 mal x €
- Software Wartung	y €	3 – 4 mal y €
- Integrations Kosten (1. Jahr)	0 €	ca. 1,3 - 4 Mio €
- Support, Upgrades (komplexität)	relativ niedrig	relativ hoch
- Kompetenzen (Personal)	vorhanden (R/3)	+ 2-4 x Vollzeit
- System Management	One integrated Source	Multiple source Systeme

Abb. 2. mySAP versus "Best of Breed"

Beim direkten Vergleich der beiden Konzepte (Abb. 1.2) ergeben sich daher bei einer homogenen mySAP -Lösung wesentliche Vorteile nicht nur durch wesentlich geringere Investitionen, sondern vor allem deutlich geringere Kosten für den laufenden Betrieb. Ein maßgeblicher Faktor ist dabei, dass vorhandenes SAP-Know-how der Mitarbeiter auch für alle SAP-Komponenten genutzt werden kann.

[1] Zum Beispiel das Online Recruiting System http://www.otto.de/job.

Systemkonsolidierung versus "Kleintierzoo"

In der Vergangenheit war bei größeren SAP-Systemen aus technischen Gründen eine Verteilung auf mehrere Rechner erforderlich, um die notwendigen Ressourcen zur Verfügung stellen zu können. Zudem hatte sich oft die Praxis eingebürgert, für jedes SAP-System eine eigene Rechnerlandschaft zu installieren. Dies führte bei vielen Unternehmen zu einem wahren "Kleintierzoo" von teilweise weit über hundert Klein- und Midrange-Rechnern.

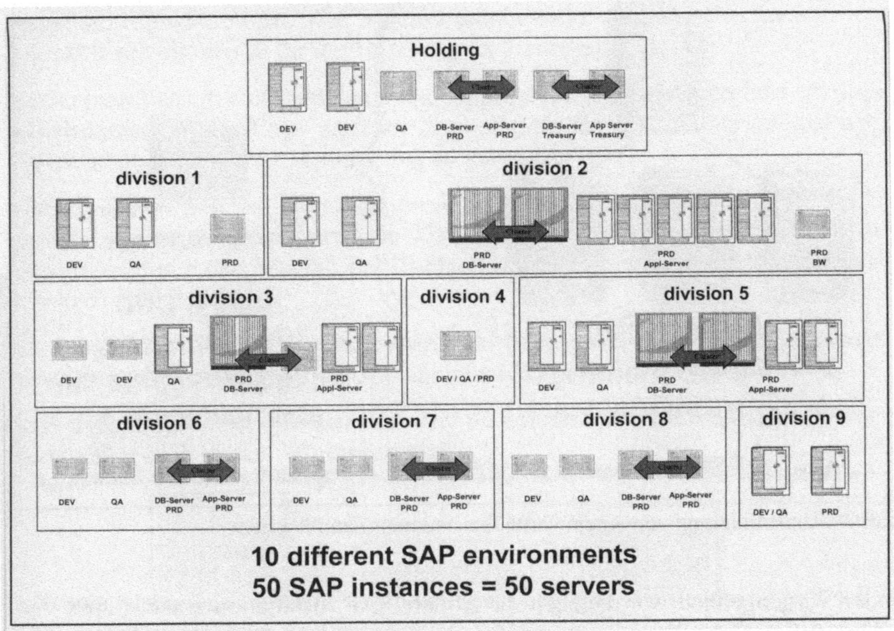

Abb. 3. Typisches Beispiel für eine SAP-Systemlandschaft

Derartige Systemlandschaften verursachen aber durch ihre Komplexität und Unübersichtlichkeit hohe Betriebs- und Wartungskosten. Studien der Gartner Group zeigen, das man für den Betrieb von 12 bis 16 Windows Rechnern je einen „full time equivalent (FTE) Mitarbeiter rechnen muss, bei UNIX kommen immerhin 16 bis 20 Rechner auf einen Mitarbeiter. Da mit den heute zur Verfügung stehenden Technologien problemlos eine Reduzierung der SAP-Systemlandschaft von über 100 auf 4 bis 6 Rechner erreicht werden kann, ist das Einsparpotential bei einer SAP-System Konsolidierung offensichtlich. Und auch für die Wartungskosten gilt; jeder Rechner der nicht mehr da ist, braucht auch keinen Supportvertrag.

Daher versuchen inzwischen viele Unternehmen zur Senkung der Gesamtbetriebskosten (Total-Cost-of-Ownership, TCO) die Anzahl der Rechner wieder auf ein wirtschaftlicheres Niveau zurückzuführen.

Eine solche Konsolidierung kann grundsätzlich in zwei Stufen durchgeführt werden. Mit den heute zur Verfügung stehenden Rechenleistungen ist es problemlos möglich, auch SAP-Systeme mit sehr große Benutzerzahlen von einer auf mehrere Rechner verteilten Konfiguration auf eine konsolidierte Systemlandschaft zu überführen (Abbildung 4). Auf einem solchen Zentralsystem werden sowohl die Datenbank als auch die SAP-Anwendung komplett auf einem einzigen Rechner betrieben.

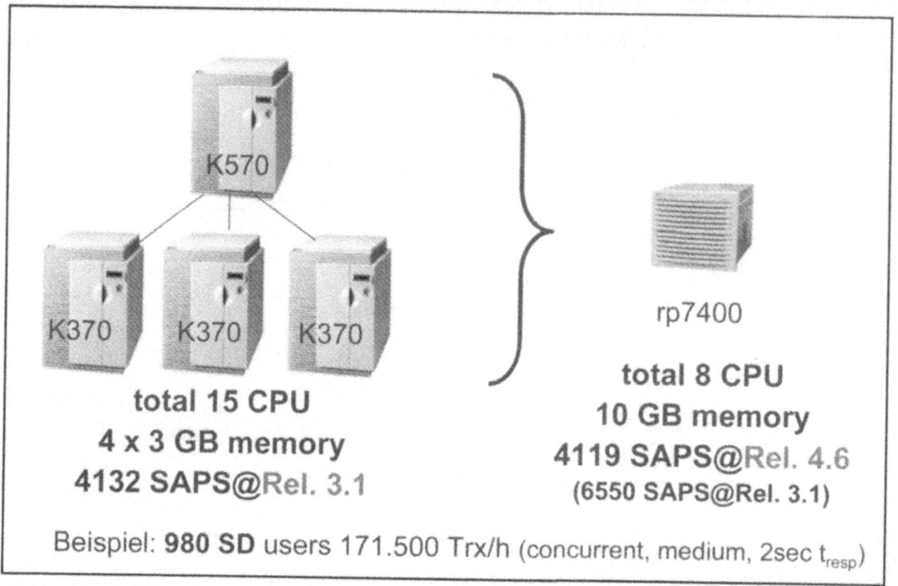

Abb. 4. Konsolidierung von einem verteilten zu einem Zentralsystem

In der Vergangenheit war dagegen für größere SAP Installationen meist eine Verteilung auf mehrere Rechner notwendig. Zum einen, weil die Rechenleistung eines einzelnen Rechners damals nicht ausreichte, um die notwendige Anzahl an Transaktionen zu verarbeiten. Zum anderen aber auch, weil das mit 32-bit Betriebssystemen auf einem Rechner zur Verfügung stehende adressierbare Memory für die Anzahl der User nicht ausreichte.

Die reine Rechenleistung stellt aber heute auf Grund der rasanten Entwicklung der Mikroelektronik in der Regel auch bei sehr großen Installationen keinen limitierenden Faktor mehr dar. Moderne Hochleistungsrechner werden auch von mehreren zehntausend SAP-Benutzern bei Standardtransaktionen nicht bis an die Grenzen der technischen Möglichkeiten ausgelastet. Allerdings reduziert bei Betriebssystemen mit 32-bit Architektur die Beschränkung des für Anwendungen direkt adressierbaren Hauptspeichers auf weniger als 3GB die maximale Anzahl von Benutzern, die von einer Betriebssysteminstanz performant bedient werden können. Mit der Verfügbarkeit der 64-bit Itanium Prozessorfamilie auch für SAP auf Windows und Linux gehören diese Beschränkungen jedoch inzwischen genauso der Vergangenheit an, wie dies für kommerzielle 64-bit UNIX Betriebssysteme schon seit langem der Fall war.

Welche Vorteile ergeben sich durch eine solche Serverkonsolidierung zu einem SAP Zentralsystem?:

Bei einer verteilten Umgebung zeigt die Erfahrung, das der Datenbankrechner oft an der Grenze seiner Leitungsfähigkeit ächtzt, während die Anwendungsrechner vor sich hin „idlen“, d.h. noch freie Ressourcen hätten. Zudem ergibt sich durch die Netzwerkverbindungen zwischen den Rechnern eine zusätzliche Latenzzeit, welche die Antwortzeit des SAP Systems erhöht und ein zusätzlicher Ressourcenverbrauch von einigen % für das Handling der Netzwerkinterupts.

Durch einen Betrieb von Datenbank und Applikation auf einem Rechner wird das Betriebssystem in die Lage versetzt, die vorhandenen Ressourcen optimal zwischen Datenbank und SAP Anwendung zu verteilen.

Dadurch erhöht sich der Durchsatz eines auf einen Rechner konsolidierten SAP Systems gegenüber einer verteilten Umgebung. Zusätzlich verringert sich die Antwortzeit durch den Wegfall der IP-Stacks und die Performance durch Wegfall der Interrupts.

Der wesentliche Vorteil aus betriebswirtschaftlicher Sicht ergibt sich aber aus den verringerten Aufwendungen für Operating und Wartung.

Denn wie gesagt: jeder Rechner der nicht da ist, muss nicht administriert werden und benötigt auch keinen Wartungsertrag.

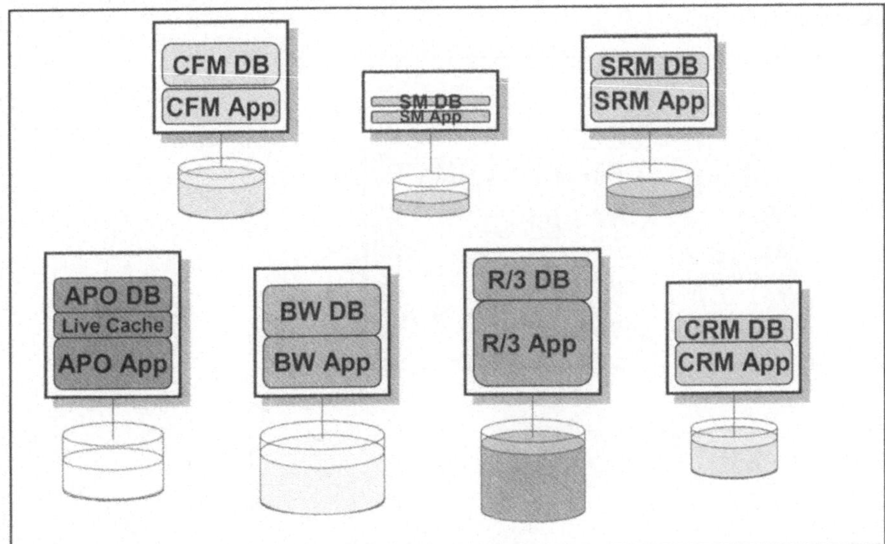

Abb. 5. mySAP Systemlandschaft mit Zentralsystemen

Aber auch nach einer Konsolidierung der verschiedenen SAP Systeme auf jeweils einen Rechner wird durch die Vielzahl der mySAP Komponenten immer noch eine recht große Anzahl von Rechnern benötigt. Und in der SAP Welt kommt zu jedem Produktionssystem immer noch mindestens ein Entwicklungs- und ein Testsystem. Wie Abbildung 5 zeigt, ergibt sich dadurch selbst nach einer Serverkonsolidierung für eine einfache mySAP Installation eine Systemlandschaft mit ca. 7 Rechnern für die Produktionssysteme und jeweils die gleiche Anzahl für Entwicklung und Test.

Neben den durch diese Vielzahl an Rechnern erforderlichen Betriebs und Wartungsaufwand stört an einer solchen Situation auch die unbefriedigende Flexibilität.

Solange jedes SAP System auf seinem Rechner „eingesperrt" ist, können Ressourcen nicht bedarfsgerecht zwischen den Systemen verteilt werden. So kommt es, dass in vielen Fällen während des Jahresabschlusses das R/3 System an den Grenzen seiner Leistungsfähigkeit arbeitet, während die anderen Systeme über ungenutzte Ressourcen verfügen.

Besonders deutlich macht sich dieser Effekt bei sehr kleinen SAP Systemen mit wenigen Benutzern bemerkbar. Aus guten Gründen sollte ein produktives SAP System mindestens über zwei CPU verfügen. Ein Rechner mit 2 CPU stellt aber heute in der Regel problemlos die Rechenleistung für ca. 100 Benutzer zur Verfügung. Ein 10 User System würde auf einem solchen Rechner entsprechend nur 10% der Leitung nutzen. Für den Betrieb von 10 SAP System mit jeweils 10 Benutzern werden entsprechend 20 CPU benötigt, obwohl rechnerisch eigentlich 2 ausreichen würden.

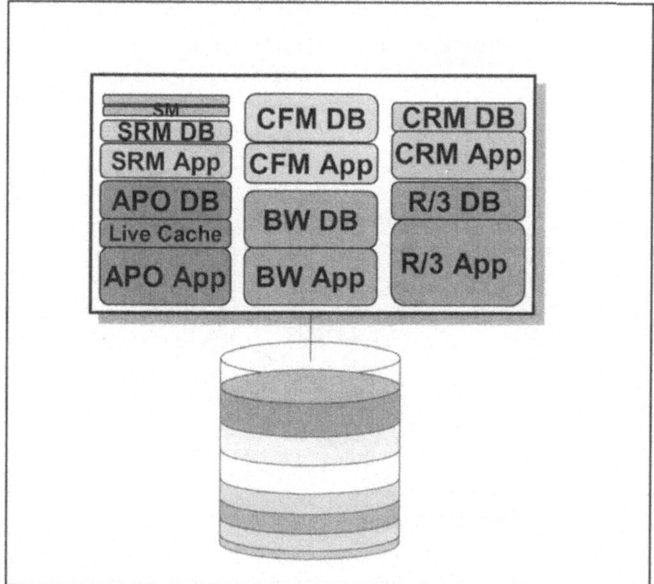

Abb. 6. Konsolidierte mySAP Systemlandschaft

Der entscheidende Schritt bei der Konsolidierung von SAP-Systemen besteht daher im gemeinsamen Betrieb mehrerer Komponenten der mySAP Business Suite auf einem entsprechend leistungsfähigen 64-bit Rechner (Abbildung 6).

Durch Einsatz der verschiedenen, von HP angebotenen Partitionierungsmethoden, können bei einer solchen Konfiguration die vorhandenen Ressourcen bedarfsgerecht den einzelnen SAP Systemen zugeordnet werden. Ändert sich die Lastsituation, so können die Ressourcen im laufenden Betrieb zwischen den verschiedenen Systemen umverteilt werden. Durch die Partitionierung ist sichergestellt, das nicht ein System das zum Beispiel durch einen „ungünstig" geschrieben Report unter hohe Last kommt, die Performance der anderen SAP Systeme auf dem selben Rechner in irgend einer Form negativ beeinflusst.

Neben den Vorteilen die sich schon durch eine Serverkonsolidierung ergeben, wie kleinere Antwortzeiten und optimale Verteilung der Ressourcen zwischen Datenbank und Anwendung, ergeben sich durch eine SAP-System Konsolidierung noch eine Reihe von weiteren Vorteilen.

Durch den Wegfall des „Verschnitts" können 10 SAP Systeme mit je 10 Benutzern tatsächlich mit 2 CPU betrieben werden (genügend Hauptspeicher vorrausgesetzt). Für „kleinere" mySAP Komponenten wie HR, Solution Manager, Supplier Relation Management, Knowledge Warehouse etc. ist keine eigene Systemlandschaft notwendig, da sie problemlos von einem entsprechend ausgelegten Rechner eines größeren SAP Systems mitgetragen werden können.

Neben der nur durch eine Systemkonsolidierung erreichbare Flexibilität, ergeben sich darüber hinaus aus betriebswirtschaftlicher Sicht weiter verringerte Aufwendungen für Operating und Wartung, da wiederum jeder Rechner der nicht da ist, auch keinen Administrator und keinen Wartungsvertrag benötigt.

Mit „Multiple Components in One Database" (MCOD) unterstützt SAP sogar den Betrieb mehrerer mySAP.com Komponenten wie zum Beispiel mySAP CRM und SAP BW auf der gleichen Hardware mit einer einzigen Datenbank. Gerade für kleinere SAP-Installationen ist dies ein interessanter Ansatz. Wegen der vielen Vorteile, besonders unter dem Aspekt der Reduzierung der Betriebskosten wird eine SAP-System Konsolidierung daher von der SAP aktiv promotet!

Neben den niedrigeren Betriebskosten führt aber vor allem aber die deutlich höhere Flexibilität dazu, dass Unternehmen ihre Rechnerlandschaften heute so weit wie möglich konsolidieren. Mittels Prozess Ressource Management kann die Zuordnung von CPU-Zyklen, physikalischer Hauptspeicher und I/O für die einzelnen SAP-Systeme im laufenden Betrieb dynamisch der Lastsituation angepasst werden. Damit ist es zum Beispiel möglich, untertägig Ressourcen zwischen SAP-Systemen zu verschieben, deren Benutzer sich in verschiedenen Zeitzonen befinden. Ohne SAP-Systeme durchstarten zu müssen, können die Ressourcen immer dem System zugeteilt werden, für dessen Benutzer gerade die Sonne scheint. Mit Workload Management lässt sich dieser Prozess sogar automatisieren.

HP bietet mit „Instant Capacity on Demand (ICoD) darüber hinaus auch noch die Möglichkeit, die insgesamt verfügbaren Systemressourcen dem jeweiligen Bedarf anzupassen. Dabei werden zwar Rechner mit maximaler CPU und Hauptspeicherausbau installiert. Bezahlt werden müssen aber nur die wirklich genutzten Ressourcen. Bei steigender Last können dann im laufenden Betrieb weitere Ressourcen freigeschaltet werde, die erst ab diesem Zeitpunkt auch bezahlt werden müssen. Ein solches Konzept ist vor allem dann vorteilhaft, wenn beim Sizing wegen unklarer Rahmenbedingungen eine große Unsicherheit über die zu erwartende Last besteht.

Die technische Basis einer solchen Konsolidierung bilden moderne, partitionierbare Hochleistungsrechner wie sie z.B. die HP - Superdome - Technologie bietet. Durch eine Vielzahl von Partitionierungsoptionen wird dabei sichergestellt, dass jeder einzelnen SAP-Instanz die für einen performanten und stabilen Betrieb notwendigen Ressourcen zugewiesen wird.

Eine solche SAP-Systemkonsolidierung, bei der in der Regel zwischen 4 bis 6 SAP Systemen auf einem Rechner betrieben werden, setzt sich immer mehr durch. Auch mehr als 10 SAP Systeme auf einem Rechner sind inzwischen keine Seltenheit mehr.

Ein Indiz für den Trend zur Konsolidierung von SAP-Infrastrukturen auf offenen Systemen ist die Tatsache, dass von den 500 schnellsten Rechnern der Welt (http://www.top500org) knapp 30% HP Superdomes sind, die zu einem erheblichen Anteil für den Betrieb konsolidierter SAP-Systeme benutzt werden. Auch die SAP selbst nutzt für ihre produktiven Anwendungen HP Superdomes.

Fehlertolerante SAP-Infrastrukturen

In der globalisierten Wirtschaft steuern Supply Chain Management Systeme die Lieferketten - doch jede Kette ist nur so stabil sein wie ihr schwächstes Glied. Mit Customer Relationship Management Systemen füllen Kunden ihren Warenkorb im Webshop selber - aber jede abgebrochene Session bedeutet einen verlorenen potentiellen Käufer, denn die Konkurrenz ist im Internet immer nur einen Mausklick entfernt. Die Komponenten der mySAP Business Suite zählen daher in der Regel zu den geschäftskritischen (mission critical) Anwendungen eines Unternehmens. Da zudem die Buchhaltung immer das Herzstück jeder betriebswirtschaftlichen Datenverarbeitung ist, kann die Administration eines produktiven SAP-Systems durchaus mit Chirurgie am offenen Herzen eines Unternehmens verglichen werden.

In der betrieblichen Realität gibt es jedoch kein IT System, das dem Betrieb ständig zur Verfügung steht. Die Zeiten, in denen das System nicht betrieben werden können, fallen in zwei Kategorien: geplante und ungeplante Ausfallzeiten (Downtimes).

Ungeplante Ausfallzeiten

IT Systeme versagen auf Grund der allgegenwärtigen Unzulänglichkeiten der Hard- und Software. Die Ursachen reichen vom Speicherüberlauf auf Grund eines Softwarebugs über den Ausfall eines Datenbankrechners wegen Überhitzung einer CPU (nach Ausfall des Lüfters wegen mechanischem Verschleiß) bis hin zu Naturkatastrophen wie Erdbeben oder Überflutungen. Ungeplante Ausfallzeiten sind besonders kritisch, weil sie gerne dann auftreten, wenn man sie am wenigsten brauchen kann (Murphys Gesetz).

Geplante Ausfallzeiten

Neben den unvorhersehbaren Ausfallzeiten gibt es auch noch Ausfallzeiten, die zwar genauso unerwünscht, aber wenigstens im Voraus planbar sind. Damit können sie wenigstens auf Zeitfenster verlegt werden, in denen es leichter zu verschmerzen ist, wenn das produktive SAP-System nicht zur Verfügung steht.

Typische Gründe für geplante Ausfallzeiten sind Konfigurationsänderungen an Betriebsystem, Datenbank und Anwendung. Geplante Ausfallzeiten fallen aber paradoxerweise auch bei einer Maßnahme an, mit der die Verfügbarkeit des Systems gerade erhöht werden soll: der Datensicherung. Das Ziel von Maßnahmen zur Erhöhung der Verfügbarkeit ist daher auch die Minimierung der planbaren Downtime.

Klassische Cluster Konfigurationen

Um die notwendige CPU-Leistung und vor allem Hauptspeicherressourcen zur Verfügung stellen zu können, mussten in der Vergangenheit größere produktive SAP-Systeme auf mehrere Rechner verteilt werden. Aus der Sicht der Verfügbarkeit hatte eine solche Systemlandschaft durchaus ihre Vorteile. Wenn zum Beispiel bei einer Anordnung wie in Abbildung 4 alle Rechner mit denselben CPU und Hauptspeicherressourcen ausgestattet werden, ergibt sich bei Verlust eines einzelnen Rechners für den gesamten Rechnerverbund nur eine Kapazitätseinbuße von 25%. Wenn die vier Rechner gleichmäßig auf zwei Rechenzentren verteilt werden, ergibt sich bei Ausfall eines kompletten Rechenzentrums als „worst case" eine verbleibende Rechnerkapazität von 50%. Damit kann zwar nur noch die Hälfte der Anwender am System arbeiten, aber ein Notbetrieb ist immerhin möglich.

Bei einem konsolidierten Zentralsystem gibt es jedoch keinen Anwendungsserver mehr, der als Fail-Over-Rechner innerhalb eines Cluster zur Verfügung stehen könnte. Aus Sicht der Verfügbarkeit würde eine solche Konsolidierung nicht nur bedeuten, dass alle Eier (Rechner) in einen Korb (Rechenzentrum) liegen, sondern dass die Anzahl der Eier im Korb auch noch auf einige wenige, dafür aber recht große Eier reduziert wird.

Selbst wenn moderne Hochleistungsrechner mit mehrfachen internernen Redundanzen ausgestattet sind gilt aber aus der Sicht der Verfügbarkeit: „Ein Rechner ist kein Rechner“, denn spätestens bei Ausfall des kompletten Rechenzentrums nützten auch die mehrfachen Netzteile und Lüfter nichts mehr.

Redundant Array of Consolidated Servers

Um das Dilemma zu vermeiden, dass SAP-Systeme, die eigentlich konsolidiert werden könnten, aus Gründen der Verfügbarkeit weiterhin verteilt betrieben werden müssten und dadurch höhere Betriebskosten verursachen, wurde am SAP HP Competence Center das Konzept des Redundant Array of Consolidated Servers (RACS) entwickelt (Abbildung 7).

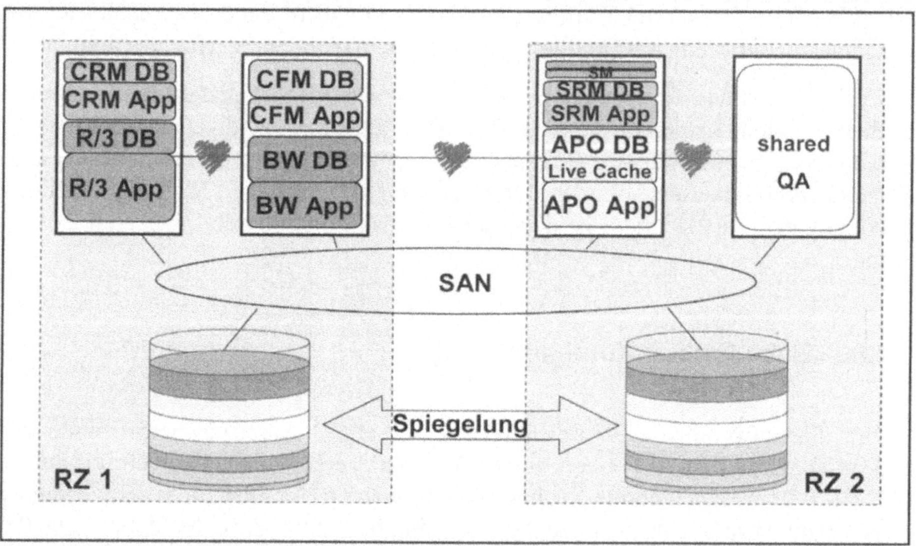

Abb. 7. Redundant Array of Consolidated Server

Bei einem solchen Verbund werden mehrere konsolidierte Rechnern zu einem Campus Cluster zusammengefasst. Wie bei einem Platten Array (RAID) werden dabei die SAP Systeme so auf die einzelnen Rechner des Arrays verteilt, das alle Systeme möglichst gleichmäßig ausgelastet sind. Ein für das RACS Konzept wesentlicher Bestandteil des Clusterverbundes ist ein Rechner, auf dem die nichtproduktiven SAP Instanzen konsolidiert sind. Dies können zum Beispiel alle Qualitätssicherungs-, Sandbox-, Entwicklungs- und Schulungssysteme sein.

Bei einer Störung, die zum kompletten Ausfall eines Rechners führt, auf dem produktive SAP-Systeme betrieben werden, „verschiebt“ die Cluster Software diese automatisch auf den „Reserverechner“. Mittels Prozess Ressource Management werden dann die vorhandenen Ressourcen bevorzugt den produktiven Systemen zugeordnet, die nicht produktiven SAP-Systeme werden soweit als möglich heruntergefahren (Abbildung 8)

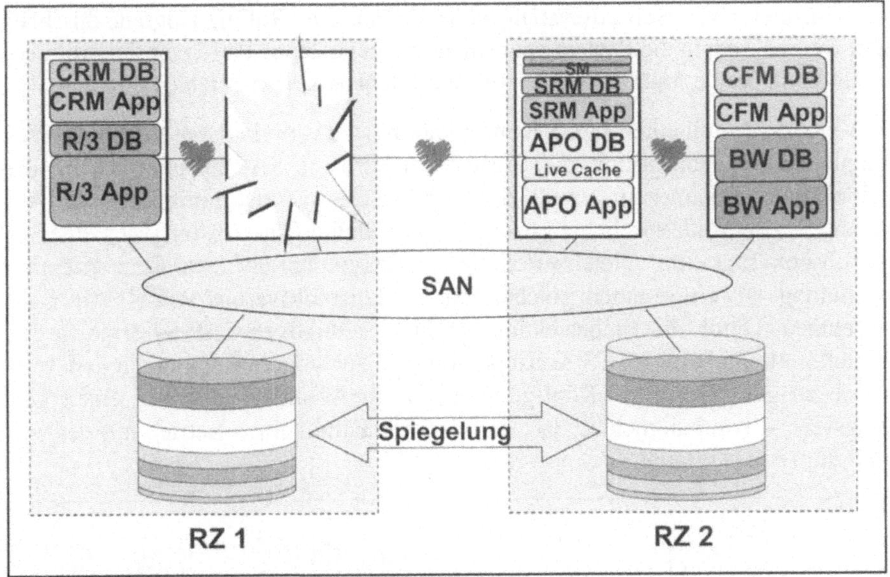

Abb. 8. RACS Verbund bei Ausfall eines Rechners

Als „Gegenleistung" für die Bereitschaft „ihre" Systemressourcen im Notfall zur Verfügung zu stellen, erhalten die Projektteams zudem im Rahmen des RACS Konzeptes Testsysteme zur Verfügung gestellt, die wesentlich großzügiger dimensioniert sind, als es in einer nicht konsolidierten Systemlandschaft der Fall gewesen wäre. Damit muss zum Beispiel bei einem Test eines Massenuploads nicht mehr von der Laufzeit auf einem kleinen Testsystem auf die Ausführungszeit auf dem großen Produktionssystem geschlossen werden, sondern der Test kann mit denselben Ressourcen wie in der Produktion durchgeführt werden.

Verfügen alle Rechner im Systemverbund über die gleichen CPU und Speicherressourcen, beziehungsweise wenn der Hot-Spare Rechner mindestens so groß ist wie das größte produktive System, gibt es nach einem Fail-Over keinen Leistungsverlust. Das Umschalten ist daher (bis auf die Downtime) für die Benutzer transparent.

Diese Eigenschaft einer RACS Konfiguration wird inzwischen von vielen Unternehmen dazu genutzt, nicht nur die ungeplanten Downtimes zu minimieren, sondern auch die geplanten Wartungsfenster aus dem Wochenende in die normale Arbeitszeit zu verlagern. Denn solange die Leistung des Systems die gleiche bleibt, ist es den Benutzer in der Regel egal, auf welchem Rechner ihre Anwendung gerade läuft. Damit können alle notwendigen Wartungsarbeiten an Rechnerhardware und Betriebssystemen während der normalen Arbeitszeit ausgeführt werden. Bei der wachsenden Anzahl der zu wartenden Systeme ein nicht zu unterschätzender Vorteil.

Maßnahmen, die an der gesamten Rechnerlandschaft durchgeführt werden müssen (z.B. Einspielen von Betriebssystempatches) können als Rolling Upgrade durchgeführt werden, indem die System nacheinander ein gezieltes Fail-Over durchführen, bis am Ende der gesamte RACS Verbund auf dem aktuellen Patchlevel ist.

Ein weiterer Vorteil einer RACS Konfiguration ist, das im Fall des Verlustes eines kompletten Rechenzentrums die Cluster Software die SAP-Systeme so auf die verbleibenden Rechner umverteilt, dass der Leistungsverlust minimiert wird (Abbildung 9). Beim klassischen Konzept mit getrennten Clustern für jedes einzelne SAP-System und einer Gleichverteilung der Ressourcen auf zwei Rechenzentren (Abbildung 4) wäre in einem solchen Fall ein Leistungsverlust von 50% in Kauf zu nehmen. Durch die Einbeziehung der nichtproduktiven SAP-Systeme in den Cluster-Verbund beim RACS Konzept, kommen auch deren Ressourcen dem Notbetrieb zu gute. Bei einer Konfiguration wie in Abbildung 9 ergibt einen Leistungsverlust von lediglich 33,3%, der in vielen Fällen einen Betrieb mit der vollen Benutzerzahl erlaubt.

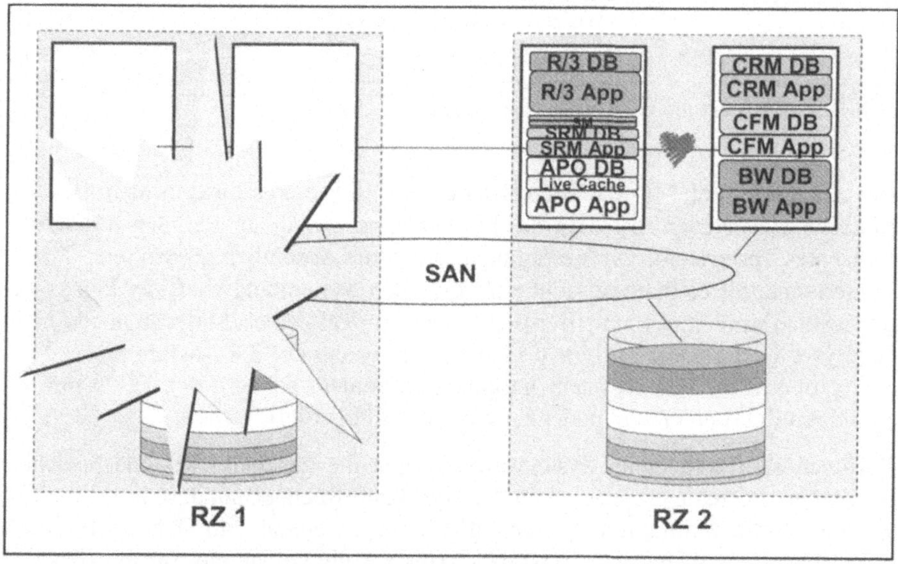

Abb. 9. RACS Verbund bei Verlust eines Rechenzentrum

Cluster Consistency Service

Bei einem Fail-Over Cluster ist die Anwendung wie ein Spezialschlüssel, der ohne zu klemmen in verschiedene Schlösser passen muss. Jede Änderung am Schlüssel muss daher auch an allen Schlössern vorgenommen werden. Ohne ein hundertprozentig funktionierendes Change Management besteht immer das Risiko, dass Änderungen an einer „Seite" eines Clusters durchgeführt werden, ohne dass diese auf auch der anderen Seite nachvollzogen werden. Im „Ernstfall" hat man dann zwar den „Fail", aber der „Over" klappt wegen Konsistenzproblemen nicht wie so, es er eigentlich sollte.

Um derartige Probleme in Clustern auszuschließen, stellt HP im Rahmen des Cluster Consistency Service den Cluster Consistency Monitor (CCMon) als automatisiertes, regelbasierendes Überwachungssystem zur Verfügung. CCMon sammelt in regelmäßigen Abständen alle für ein sicheres Umschalten notwendigen Parameter von allen Rechnern im Clusterverbund und vergleicht sie miteinander. In größeren Clustern können das mehrere tausend Datenpunkte sein.

Jede dabei festgestellte Abweichung (Inkonsistenz) wird mit einer detaillierten Erläuterung der zu erwartenden Konsequenzen protokolliert und über gängige Alarmschnittstellen wie SNMP Trap, Pager, E-Mail oder (bzw. SMS) etc. gemeldet.

Diese Informationen können auch zur automatisierten Dokumentation des Clusterverbundes verwendet werden. Damit steht den System Administratoren ein Werkzeug zur Verfügung, das proaktiv Fehlerursachen detektiert und analysiert, bevor diese zu Problemen führen. CCMon arbeitet mit internen Regeln, die auf dem langjährigen Know-How von erfahrenen Clusterspezialisten basieren.

Durch das permanente Überwachen von Abweichungen in der Konfiguration des Clusterverbundes wird ein sicheres Fail-Over gewährleistet. Im Gegensatz zu einem Fail-Over Test wird dabei nicht nur sichergestellt, das die Anwendung auf dem Reserverechner startet, sondern auch, dass die Anbindung an alle anderen mySAP Komponenten funktioniert. Im Prinzip kann durch diese proaktive Überwachung des Clusterverbundes auf Wartungsfenster für Fail-Over-Tests weitgehend verzichtet werden.

Literaturverzeichnis

Hardware-Lösungen für SAP-Systeme, Michael Mißbach, Uwe Hoffmann, SAP Press, ISBN 3-89842-124-4

SAP Hardware Solutions, Michael Mißbach, Uwe Hoffmann, Prentice Hall, ISBN 0-13-028084-4

SAP-Systembetrieb, Michael Mißbach, Ralf Sosnitzka, Josef Stelzel, Mathias Wilhelm SAP Press, ISBN 3-89842-297-6

5 Real-Time Enterprise in der Landwirtschaft: Zeitsprung durch Prozessintegration und Kollaboration am Beispiel der Zuckerrüben-Saatgutdistribution

Olaf Wille
Consulting & E-Business, KWS SAAT AG

KWS SAAT AG
Grimsehlstraße 31
37574 Einbeck
Deutschland

Zusammenfassung

E-Business in der Landwirtschaft: Zeitsprung durch Prozessintegration und Kollaboration

Der Anbau der Zuckerrübe stellt in der Europäischen Union eine der wirtschaftlichsten Nutzungsformen der Ackerfläche dar. Das Endprodukt dieses ist der Zucker.

Steigende Verbraucherinformationen, immer restriktivere Vorgaben des Gesetzgebers, wachsende Produktionseinheiten und eine immer internationalere Ausrichtung der Marktteilnehmer fordern zur Überprüfung auch gängiger Prozesse wie dem der „Zuckerentstehung" auf. Vor diesem Hintergrund und mit Blick auf die gebotenen Möglichkeiten durch Nutzung neuer Informationstechnologien ist die Wertschöpfungskette der Rübenproduktion von den Beteiligten analysiert worden.

Bei der Betrachtung des Prozesses zur Saatgutbeschaffung wurden bewusst nicht die technischen Fragestellungen in den Vordergrund gerückt. Dadurch ist es gelungen, die Supply-Chain vom Landwirt, über die Zuckerindustrie bis zum Züchter zu optimieren und durchgängig mit Informationstechnologie zu unterlegen. Auslöser für die Konzeption und Umsetzung einer unternehmensübergreifenden E-Business-Lösung war vor allem zunehmender wirtschaftlicher Druck gepaart mit gestiegenen Anforderungen an Saatgutlagerung und Dokumentation.

Real-Time Enterprise beschreibt treffend das in kürzester Zeit realisierte Projekt, welches die Nordzucker AG - Nummer 2 im europäischen Zuckermarkt - als Pilotprojekt initiiert hat. Das realisierte E-Business-Projekt wird im folgenden Beitrag aus Sicht der KWS SAAT AG - führender Saatgutspezialist bei Zuckerrüben-,

Mais- und Getreidesaatgut - dargestellt. Darüber hinaus werden die Beweggründe und Visionen der Prozessbeteiligten angerissen. Die Lösung umfasst dabei die Verknüpfung von Daten- und Warenströmen - und das über mehrere Unternehmensgrenzen hinweg: Landwirt- Zuckerunternehmen - Züchter - Spedition - Paketdienst.

Einleitung

Rohstoff der Zuckerproduktion ist in unseren Breiten die Zuckerrübe, weltweit wird das Zuckerrohr verwendet. Die Zuckerrübe wird von landwirtschaftlichen Betrieben derzeit ausschließlich zur Entzuckerung in der Zuckerfabrik angebaut. Zwangsläufig kommt es dabei zu einer engen Verbindung zwischen Landwirt und Zuckerindustrie. Neben rein vertraglichen Aspekten spielt hier vor allem die enge Verknüpfung von pflanzenbaulichen, verarbeitungstechnologischen, ökonomischen und ökologischen Produktionszielen eine wesentliche Rolle. Aus Sicht des Landwirts werden hohe Erträge und - angeregt durch entsprechende Vergütungssysteme - auch beste Qualitäten angestrebt. Diese münden in hohen Deckungsbeiträgen und finden ihren Niederschlag im Betriebsergebnis. Aus Sicht der Zuckerindustrie soll der Rohstoff "Rübe" mit geringsten Betriebskosten verarbeitet werden können, somit eine hohe Zuckerausbeute und ebenfalls beste Betriebsergebnisse liefern.

Der Zuckerrübenanbau stellt derzeit eine der wirtschaftlichsten Formen der Ackerflächenutzung dar. Die Zuckerproduktion ist allerdings weltweit von starken Reglementierungen geprägt. In der Europäischen Union ist dieser Bereich durch die Zuckermarktordnung (ZMO) geregelt. Der kontinuierlich steigende Anspruch an die Beschaffenheit der Ausgangs- und Endprodukte führt zu permanenter Überprüfung und Verbesserung des Produktionsmitteleinsatzes. Das steigende Verbraucherinteresse schlägt sich in immer strengeren und umfangreicheren Vorgaben des Gesetzgebers nieder.

Zielkonflikte sind, angereichert um die stetig steigenden gesellschaftlichen Ansprüche an eine umweltschonendere Produktion, abzusehen.

Der Zusammenhang lässt sich sehr gut anhand der Wertschöpfungsketten „Saatgut“ und „Zucker“ darstellen. In beiden Ketten spielt das Zuckerunternehmen eine zentrale Rolle. Der Landwirt ist in einem Fall Endpunkt (Kunde in der Saatgutdistribution) und im anderen Fall Ausgangspunkt (Lieferant zur Zuckererzeugung).

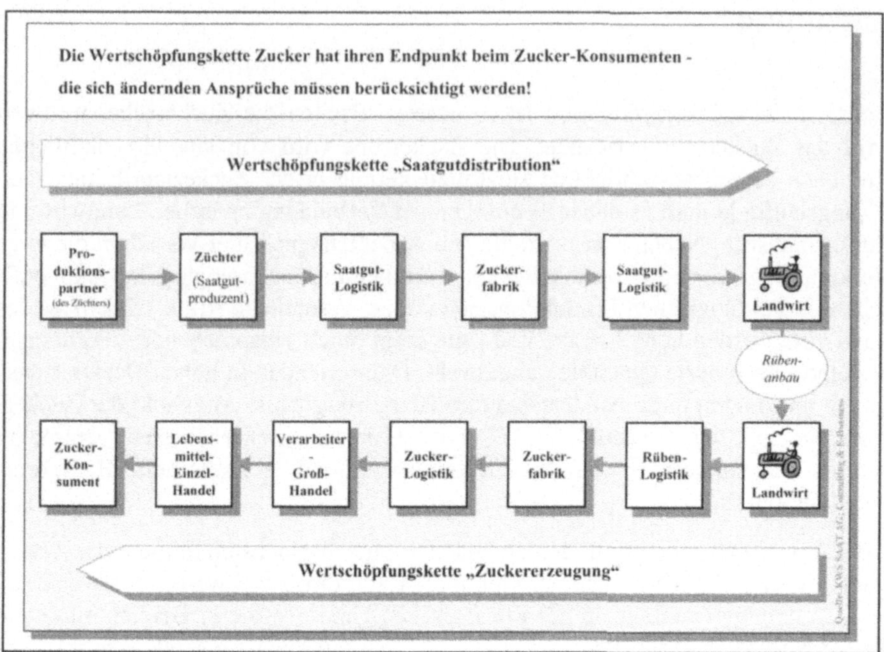

Abb. 1. Wertschöpfungskette „Zucker“

Somit wirken sich die steigenden Ansprüche der Verbraucher und Vorgaben des Verbraucherschutzes im Zuckerunternehmen aus. Die Dokumentation soll lükkenlos erfolgen. Nicht nur aufgrund der Qualitätszertifizierung und der erforderlichen Handbücher ist jedoch die Rübenanlieferung und damit der einzelne Landwirt ein zentraler Punkt. Über die Feldproduktion rücken die Einzelmaßnahmen des Landwirts und seiner Vorlieferanten stärker ins Blickfeld. Gesetzliche Auflagen zur Dokumentation der Feldproduktion werden zunehmend schärfer diskutiert.

Die Beschaffungskette des Saatgutes soll vom Landwirt über die Zuckerfabrik und den Saatgutlieferanten (Züchter) bis zu dessen Produktionspartnern nachvollziehbar gestaltet werden. Selbstverständlich ist neben dem reinen Informationsfluss auch der Warenfluss zu analysieren. Die jeweils zwischengeschalteten Aktivitäten der Logistik müssen dabei einbezogen werden.

Trotzdem darf die berechtigte Frage nach dem Sinn einer ausführlichen Analyse und Optimierung eines eingefahrenen Prozesses gestellt werden. Die besondere Herausforderung liegt in dem sehr engen Zeitplan, verursacht durch eine extreme Saisonalität, und einem bezogen auf die Kernzielsetzung nur marginal zu variierenden Handlungsspielraum.

Rückblick

Der Beginn des Zuckerrübenanbaues liegt am Ende des 18. Jahrhunderts. Im Jahre 1747 gelang dem deutschen Chemiker Marggraf der Nachweis, dass der Zucker in der Runkelrübe die gleiche Zusammensetzung aufweist wie der Rohrzucker. Franz Carl Achard, ein Schüler Marggrafs, führte die Untersuchungen fort und errichtete 1801 die erste Rübenzuckerfabrik der Welt. Echte Bedeutung erlangte die Zuckerrübe, als Napoleon I. 1809 die Kontinentalsperre verhängte und so den Zuckerhandel mit England unterband.

Technische Innovationen und züchterische Erfolge führten schnell zu einer Ausweitung des Zuckerrübenanbaues. 1887/88 waren bereits 395 Fabriken gegründet. Sie wurden von Einzelpersonen oder Personengesellschaften geführt. Interessenkonflikte zwischen „Betreibern der Fabriken“ und Rübenanbauern führten neben Problemen bei der Planung und Durchführung des Rübenanbaues (Sicherung der Anbaufläche, Kapitalbedarf usw.) bald zu neuen Organisationsformen. Die Bindung der Rübenanbauer an die Fabriken und damit die Sicherung der Anbauflächen und der Rübenmengen waren die Hauptinteressen. Der anfängliche Genossenschaftsgedanke wurde wegen der Austrittsmöglichkeit der rübenanbauenden Genossen bald verworfen.

Ab Mitte des 19. Jahrhunderts wurden daher vornehmlich Aktiengesellschaften gegründet. Zwei Gruppen von Fabriken lassen sich zum damaligen Zeitpunkt unterscheiden. Zum einen „reine“ Kapitalgesellschaften im süddeutschen Raum und im Rheinland, deren Aktionäre als reine Geldgeber fungierten. Zum anderen die bäuerlichen Zuckerrüben-Aktien-Fabriken im nord- und ostdeutschen Raum. In Ihren Satzungen (damals Statuten genannt) wurde jeder Aktionär verpflichtet, auf einer rübenfähigen Fläche Zuckerrüben zu bestellen und an die Fabrik zu liefern. Menge und Preis waren festgelegt, sämtliche Nebenleistungen und Pflichten niedergeschrieben.

In der Folgezeit kam es immer wieder zu gerichtlichen Auseinandersetzungen, weil Aktionäre auf „Feststellung des Nichtbestehens von Lieferpflichten“, Fabriken auf Lieferung oder Zahlung von Vertragsstrafen bei Nichterfüllung klagten. Die Rübenlieferpflicht stellte manche Aktionäre vor arbeitswirtschaftliche und finanzielle Probleme. Der Krieg verschärfte diese Situation weiter.

Entstehung marktordnender Prinzipien

Die Lehre versuchte, interessengerechte Lösungen zu erarbeiten. Ein Kündigungsrecht aus wichtigem Grund und unter bestimmten Voraussetzungen auch die „Sittenwidrigkeit des Bestehens auf Einhaltung der Rübenlieferpflicht“, welche die Unwirksamkeit bedeutet hätten, wurden vorgeschlagen. Die Rechtsprechung tat sich schwer. Sie bejahte ein Kündigungsrecht wegen schwerster Gefährdung des wirtschaftlichen Fortkommens eines Gesellschafters.

Dieser wirtschaftliche und rechtliche Hintergrund ist Ursache für das Aufkommen umfassender marktordnungsrechtlicher Bestimmungen um 1930. Es war notwendig, die gestiegene eigene Zuckererzeugung, und damit den Zuckerrübenanbau, dem Inlandsbedarf anzupassen. Maßnahmen waren Ausfuhrsteigerungen und Produktionsbeschränkungen.

Das System von nationalen Marktordnungsbestimmungen wurde schrittweise durch europäische Marktordnungen für Zucker abgelöst. Seit 1968 werden die Zuckermengen gemeinschaftsrechtlich den Mitgliedstaaten der EU zugeteilt.

Kritikpunkt Zuckermarktordnung

Die auch in der Öffentlichkeit geführte Diskussion um das Fortbestehen marktordnender Regelungen soll hier nur sehr kurz angerissen werden. Wichtig erscheint dieser Exkurs vor allem, um den wirtschaftlich-rechtlichen Hintergrund des Projektes einigermaßen komplett abzubilden und somit den bestehenden Druck auf Veränderung der derzeit noch gut funktionierenden Prozesse aufzuzeigen.

Mitte der 80er Jahre erreichte der Zuckerrübenpreis seinen bisherigen Höchststand. Aufgrund der EU-Zuckermarktordnung ist dieser Preis weniger stark zurückgegangen als die Getreidepreise (vgl. DLG 1999). In der genannten Quelle wird die Vermutung geäußert, dass die Düngemittel- und Pflanzenschutzpreise offenbar stärker von dem Handelsprodukt Getreide beeinflusst werden. In Folge dessen hätte sich das Verhältnis zwischen Produkt- und Produktionsfaktorpreisen im Zuckerrübenanbau im Vergleich verbessert.

Demgegenüber werden als Kritikpunkte häufig geäußert (vgl. BML 1994):

- Der Zucker erfährt eine Sonderbehandlung.
- Die Einkommensverteilung ist verzerrt.
- Der Wettbewerb ist eingeschränkt.
- Die Anpassung der Produktion an die Nachfrage erfolgt nur mangelhaft.

Die oben genannten Punkte haben, sofern sie zutreffen, ihren Ursprung in der Ausgestaltung der EU-Zuckermarktpolitik. Von den Befürwortern einer Überarbeitung werden deshalb nicht marginale Änderungen sondern grundlegende Reformen gefordert.

Dass die Politik Veränderungen im Bereich Zucker bisher weitestgehend widerstanden hat, liegt wohl an der starken nationalen und internationalen Vertretung der Interessen durch Rübenanbauer und zuckererzeugende Unternehmen. Weiterhin konnten die Genannten, aber auch die Agrarpolitik, immer wieder darauf verweisen, dass der Zuckermarkt trotz Überschüssen keine öffentlichen Ausgaben verursacht. Die Ausgaben für die Marktordnung werden aus Abgaben finanziert, die im Rahmen der Marktordnung erhoben werden.

Marktstruktur

Durch die eingangs beschriebene Veränderung der Rahmenbedingungen kommt es zwangsläufig zu neuen Formen der Zusammenarbeit und Nutzung fremder Produktionsfaktoren. Die Verschiebung der Betriebsgrößen ist hierfür nur ein Beleg. Ein Teil der Betriebe wird ausscheiden, die „überlebenden" Betriebe werden wachsen. Im Grundsatz zeichnet sich dieser Trend durchgehend in allen Stufen der landwirtschaftlichen Produktion ab. Die Zahl der landwirtschaftlichen Betriebe belief sich im Jahr 2002 auf 394.600. Das bedeutet gegenüber dem Vorjahr einen Rückgang von rd. 17.000 bzw. um rd. 4% (vgl. Bundesministerium für Verbraucherschutz, Ernährung und Landwirtschaft, 2003). Zuckerrüben wurden im Jahr 2001/02 in 51.995 Betrieben angebaut (vgl. Wirtschaftliche Vereinigung Zucker - Verein der Zuckerindustrie 2003); gegenüber dem Vorjahr nahm diese Zahl um rd. 4,8 % ab.

Die verbleibenden Betriebsleiter versuchen durch Kostensenkung und Steigerung der Effizienz betriebswirtschaftliche Vorteile zu erschließen, denn nur so kann mittelfristig eine erfolgversprechende Rolle in der Wertschöpfungskette behauptet werden. Dieser Sachverhalt lässt sich mit zwei einfachen Anforderungen belegen: Sicherung von gleichbleibenden Mengen und Qualitäten in der Verarbeitung und Abdeckung der logistischen Anforderungen an die kontinuierliche Rohstoffanlieferung bei Verarbeitern, wie Getreide- bzw. Ölmühlen oder Zuckerfabriken.

Landwirtschaftliche Betriebe

Die deutsche Landwirtschaft weist eine sehr heterogene Struktur auf. Die Ausprägung der Betriebsform hat zwangsläufig eine sehr große Bandbreite. Diese reicht vom bäuerlichen Familienbetrieb bis hin zum Großbetrieb, welcher in den unterschiedlichsten Gesellschaftsformen geführt werden kann. Für alle Betriebe veränderten sich die Rahmenbedingungen nicht nur in den vergangenen Jahren erheblich. Die Orientierung am Weltmarkt wird in Deutschland und auch der gesamten europäischen Gemeinschaft deutlich zunehmen. In deren Folge kommt es zwangsläufig zu einem größeren Einfluss an überregionalen Ereignissen, die auch kurzfristig erheblichen Einfluss auf die Produktion haben können. Weiterhin wird die Betrachtung der kompletten Wertschöpfungskette zwingend erforderlich. Die Abhängigkeiten, aber auch die sich bietenden Chancen durch zum Beispiel neue Technologien, werden zu einer verstärkten Vernetzung führen. Die Ausrichtung in einem größeren Wettbewerbsumfeld wird zu immer größeren Bewirtschaftungseinheiten führen.

Gleichfalls werden die Anforderungen an das Management steigen und auch in diesem Bereich zu größeren Verantwortungsgebieten führen. Der landwirtschaftliche Unternehmer gewinnt - egal in welcher Betriebsausprägung - an Bedeutung. Der Trend zu immer größeren Einheiten führt zu weniger Beschäftigten, welche einen deutlich gestiegenen Ausbildungsstand vorweisen können. Einhergehend steigt jedoch der Anspruch an die Unterstützung. Diese zeigt sich in stark vernetzten Kommunikations- und Informationswegen auf der einen und einem ständig wachsenden Anspruch an Beratung auf der anderen Seite.

Zuckerrübenanbau: Der Anbau wird in Deutschland von aktuell ca. 51.000 Betrieben auf rund 450.000 Hektar durchgeführt. Die Zuckerrübenanbaufläche nimmt etwa vier Prozent der gesamten Ackerfläche ein. Im Durchschnitt der letzten fünf Jahre lag die Erntemenge bei 52,5 Tonnen je Hektar, die Zuckergehalte der Rüben bei 17,5 % und der Zuckerertrag bei ca. 8,0 Tonnen je Hektar.

Zum Anbau der Zuckerrüben benötigt der Landwirt ca. 1,09 Einheiten zu je ca. 100.000 Pillen (Samen). Diese Kosten je Einheit, inklusive der Ausstattung, betragen derzeit durchschnittlich ca. 190 Euro.

Der Rübenanbau war, wie bereits ausgeführt, lange Zeit von erheblichem Arbeitsaufwand geprägt. Neben enormen Einsparungen im Lohnbereich konnten Kosten vor allem in den Bereich Saat, Bestandserstellung, Unkrautbekämpfung, Ernte und Transport erzielt werden.

Wichtig erscheint darüber hinaus die wichtigsten Einflussfaktoren im Zuckerrübenanbau zu benennen: Standort, Sorte, Düngung (vor allem Stickstoff), Bestandesdichte, Aussaat- und Erntezeitpunkt, Jahr. Diese sind unterschiedlich stark durch den Landwirt zu beeinflussen. Wichtig dabei ist zu wissen, dass die nichtbeeinflussbaren Faktoren (Standort, Jahr usw.) einen deutlich höheren Einfluss haben als die durch den Landwirt zu beeinflussenden Faktoren (Sorte, Düngung, Bestandesdichte usw.). Der „Handlungsspielraum" des Landwirts ist besonders im Zuckerrübenanbau sehr eingeschränkt. Im Umkehrschluss unterliegen die beeinflussbaren Faktoren, nicht nur wegen der hohen wirtschaftlichen Bedeutung des Zuckerrübenanbaues, dem besonderen Augenmerk des landwirtschaftlichen Unternehmers.

Eine der wichtigsten Vergleichsgrößen bei der Erfolgsbewertung des Rübenanbaues ist der Bereinigte Zuckerertrag (BZE), welcher eine Vielzahl der Ertrags- und Qualitätsparameter umfasst. An der Steigerung des BZE hat der Züchtungsfortschritt einen Anteil von etwa 80 Prozent (vgl. Märländer 1991).

Zuckererzeugende Unternehmen

Die Zuckerproduktion wird von wenigen Zuckerunternehmen ausgeführt. Dabei nimmt die Zahl der Zuckerfabriken und auch der zuckererzeugenden Unternehmen durch Fusion und Stillegung stetig ab. Größere Einheiten entstehen, um in der Produktion, aber auch in der Vermarktung, dem wirtschaftlichen Druck Stand zu halten. Wettbewerbsvorteile kann der Zuckerproduzent dabei nicht mehr allein durch Steigerung der Effizienz und damit Kostensenkung erzielen. Vielmehr ist die übergreifende Prozessgestaltung als Mehrwert und echter Wettbewerbsvorteil der Zukunft zu sehen.

Die Zuckererzeugung erfolgt derzeit in Deutschland in 5 Zuckerunternehmen mit 27 Zuckerfabriken. Die wichtigste Rolle spielen dabei die folgenden drei Unternehmen: Nordzucker AG (9 Werke), die Südzucker AG (11 Werke) und Pfeifer & Langen (5 Werke).

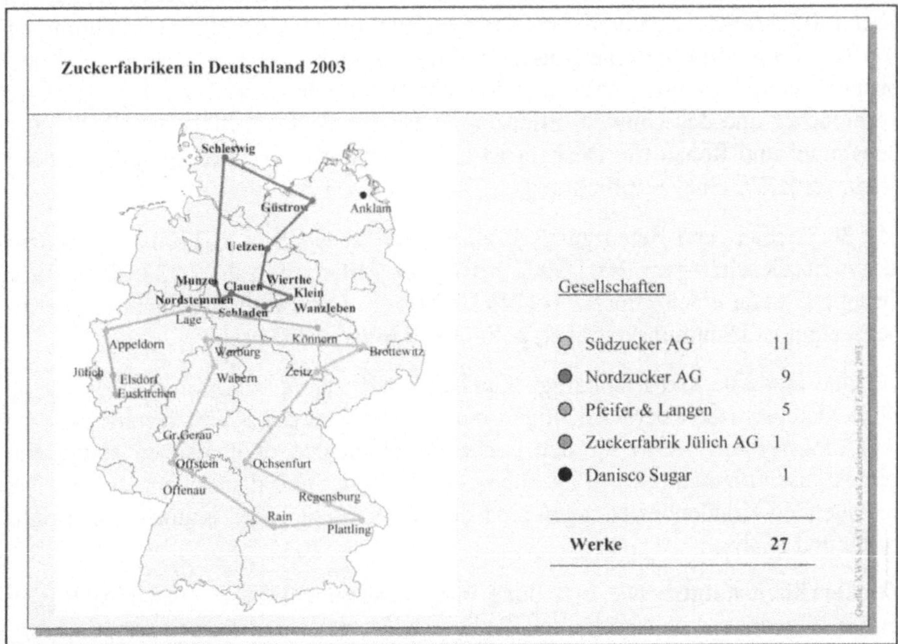

Abb. 2. Zuckerunternehmen

Interessenvertretung der Zuckerrübenanbauer

In Deutschland gibt es im Bereich des Zuckerrübenanbaues eine starke Interessenvertretung der Landwirte. Diese ist in regionalen Verbänden und dazugehörigen Dachverbänden organisiert. Durch diese Verbände werden auf der einen Seite die Interessen gegenüber externen Partnern, auf der anderen Seite die überregionalen und politischen Interessen vertreten. Selbstverständlich bezieht sich diese Interessenvertretung auf die gesamte Wertschöpfungskette, somit auch auf den Einkauf von Betriebsmitteln wie Saatgut.

Die Beratung erfolgt durch die Zuckerfabriken. Die Verbände wirken über Arbeitsgemeinschaften (ARGE's) mit und sind somit integriert.

Züchter (KWS SAAT AG)

Die Anbieterseite ist, analog der Verarbeiterseite, sehr übersichtlich strukturiert. Insgesamt vier Unternehmen bieten den Landwirten in Deutschland Saatgut an. Die KWS SAAT AG mit Sitz in Einbeck ist als Saatgutspezialist mit über 55 Prozent Marktanteil bei Zuckerrübensaatgut vertreten.

Die KWS ist eines der weltweit führenden Unternehmen der Pflanzenzüchtung, der Saatgutherstellung und des Saatgutvertriebes. Qualität und Innovation sind seit über 140 Jahren der Schlüssel zum Erfolg. KWS versteht die Pflanzenzüchtung als Verbesserung von Pflanzeneigenschaften im Hinblick auf ackerbauliche Produktionsprozesse zum Nutzen ihrer Kunden, der Verarbeiter ihrer Produkte, der Endverbraucher und der Umwelt. Pflanzen sind eine unerschöpfliche Quelle für Lebensmittel und Rohstoffe. Deshalb ist ein verantwortungsvoller Umgang mit der Natur für KWS eine Verpflichtung.

Mit 36 Tochter- und Beteiligungsgesellschaften ist KWS in mehr als 65 Ländern aktiv. Im Geschäftsjahr 2001/2002 betrug die Mitarbeiterzahl 2.233. Die KWS-Gruppe erzielte einen Umsatz von 433,7 Mio. €. Das Produktsegment Zuckerrübensaatgut ist Hauptumsatzträger, gefolgt von Mais und Getreide.

Da eine moderne und nachhaltige Landwirtschaft ökonomische und ökologische Ziele gleichermaßen berücksichtigen muss, ist es Ziel der KWS, für alle Bewirtschaftungsformen - also für den konventionellen, den ökologischen sowie den gentechnisch unterstützten Pflanzenbau - innovative Spezialsorten anzubieten. Die bestehenden Kundenbeziehungen sind deshalb geprägt durch Kompetenz, Kontinuität und Dialog.

Zuckerrübensaatgut: Die Erstellung von Zuckerrübensaatgut gliedert sich grob in die folgenden drei Abschnitte: Züchtung, Vermehrung, Aufbereitung. Anders als bei Getreide, Mais und Raps ist die Zuckerrübe eine zweijährige Pflanze, das heißt erst im zweiten Anbaujahr geht die Pflanze in die generative Phase (Samenbildung) über. Im ersten Jahr erfolgt die Bildung einer Speicherwurzel (Rübe). Diese dient, falls nicht zu Zucker verarbeitet, im zweiten Jahr als Reservestoff für die samenbildende Pflanze.

Züchtung: Pflanzen an die Bedürfnisse der Menschen anzupassen, ist Ziel der Pflanzenzüchtung. Neben der ständigen Weiterentwicklung von Kulturpflanzen erfolgt der Erhalt bereits etablierter Sorten.

Steigende Ansprüche an Anbaueigenschaften, Weiterverarbeitung und – als langfristiger Ansatz – Erweiterung von Inhaltsstoffen geben Impulse für die Zukunft. Bis in die siebziger Jahre hinein hatten noch hohe Naturalerträge und die Eignung für zunehmende Mechanisierungen des Anbaus höchste Priorität. In den 80er Jahren gewann die Resistenzzüchtung gegen Pflanzenkrankheiten und Schädlinge sowie die Verbesserung der Verarbeitungsqualität zunehmend an Bedeutung. Seit den 90er Jahren kamen weitere Züchtungsziele dazu: die Verbesserung der Nährstoffeffizienz und die sogenannte Low-Input-Eignung sowie Verwendungsmöglichkeiten im Non-Food-Bereich.

Das Spektrum der Züchtungsmethoden wurde im Laufe der Zeit kontinuierlich erweitert und verfeinert. Seit den siebziger Jahren kommen zunehmend auch biotechnologische Methoden zum Einsatz. Dabei hat sich gezeigt, dass die neuen Technologien den klassischen Züchtungsprozess nicht ersetzen können; vielmehr werden neue Methoden die bisherigen ergänzen.

Entscheidend bleibt, welche verbesserten Eigenschaften eine neue Sorte aufweist und nicht mit welchen Methoden diese Sorte gezüchtet wurde. Das Endergebnis der Züchtungsaktivitäten ist eine neue Sorte, von der aber nur wenig Samen zur Verfügung steht.

Vermehrung: Aufbauend auf dem wenigen Ausgangsmaterial einer neuen Sorte gilt es, dieses großflächig zu vermehren, um zertifiziertes Saatgut zu erzeugen. Bevor mit der großflächigen Saatgutproduktion begonnen werden kann, muss Vorstufen- und Basissaatgut erzeugt werden. Die Pflanzen der Saatgutproduktion haben während des Wachstums höchste Ansprüche in Bezug auf die Witterung. Deshalb erfolgt die Vermehrung zum Großteil im mediterranen Norditalien und Südfrankreich. Beste Bedingungen während der Blüte, Abreife und Ernte der Samenträger ist dort jedoch nur in eng umgrenzten Gebieten vorzufinden. Von besonderer Bedeutung ist für die spätere Saatgutqualität ein trockenes und beständiges Wetter während der Abreife und Ernte. Die Ernte erfolgt Mitte bis Ende Juli.

Aufbereitung: Nach der Saatgutvermehrung kann mit der Aufbereitung des Saatgutes begonnen werden. Auch dieser Prozess kann grob in mehrere Stufen unterteilt werden: Reinigung, Aufbereitung, Pillierung, Wirkstoffbehandlung und Abpackung. Als Beleg für die auf technisch sehr hohem Niveau stattfindende Aufbereitung sei hier nur der Pillenumfang, welcher in einer Spannbreite von 3,5 bis 4,75 mm liegen muss, genannt. Weiteres Beispiel ist die in Abhängigkeit von der Samengröße stattfindende Wirkstoffapplikation. Diese stellt für den Landwirt eine der exaktesten Formen des Pflanzenschutzes dar.

Eine wichtige Besonderheit ist, dass die Ausbeuten bei der Vermehrung und Aufbereitung des Naturproduktes Zuckerrübensaatgut sehr großen Schwankungen unterworfen sind. Da die Produktion jedoch mit einem mindestens zweijährigen Vorlauf erfolgt, hat der Züchter ein hohes Interesse frühzeitig Trends zu erkennen, eine sehr detaillierte und abgesicherte Planung durchzuführen und in „Vermehrung“ (Produktion) befindliches Saatgut auch tatsächlich abzusetzen. Nur etwa 20 bis 30 Prozent der geernteten Menge bleiben als marktfähige Ware übrig. Begleitet werden alle Produktionsabschnitte durch zahlreiche Qualitätskontrollen. Abschließend erfolgt die amtliche Anerkennung durch die zertifizierende Behörde.

Die Saatgutproduktion und auch der Handel sind gesetzlichen Regelungen unterworfen. Danach darf Saatgut nur in Verkehr gebracht werden, wenn es sich um anerkanntes zertifiziertes Saatgut einer anerkannten Sorte handelt.

Vertrieb: Die leistungsstarken Produkte dienen in Kombination mit einer kompetenten Beratung dem Aufbau und der Pflege dauerhafter und verlässlicher Kundenbeziehungen. Eine möglichst umfassende Kenntnis der Kunden sowie deren Anforderungen schafft eine wichtige Vorraussetzung für wechselseitige Kommunikation. Aufgrund dieses Dialoges ist es möglich, individuelle Lösungen für die unterschiedlichsten Anforderungen anbieten zu können. Die Bedürfnisse der Verarbeiter (Zuckerunternehmen) und auch der Endverbraucher (Zuckerkonsumenten) - als Partner der landwirtschaftlichen Unternehmer - werden ebenfalls einbezogen. Ziel ist es, die Handlungsspielräume des Landwirts zu erweitern und so erfolgreich mit den Produkten arbeiten zu können.

Die bisherige Vertriebsarbeit hatte, bedingt durch den indirekten Vertrieb, zwei Hauptachsen. Eine beschäftigte sich mit der Kundenbetreuung in Form eines sehr umfangreichen Beratungsangebotes, die andere Achse bestand aus der Saatgutdistribution. Bestellungen, die Aufschluss über die Einzelbestellung des Landwirts gegeben hätten, lagen nicht vor. Damit waren Wettbewerbsvorteile im Bereich des Warenstromes nur sehr schwer zu erarbeiten. Weiterhin war eine direkte Beziehung zwischen operativer Vertriebstätigkeit (Aufwand) und Bestellung (Absatz) nicht zu erhalten. Ein Zustand der weder für die jährlichen Vertriebs- noch die mehrjährigen Produktionsaktivitäten zufriedenstellend war.

Deshalb wird der Aufbau und die Nutzung alternativer Quellen betrieben. Auskunft über das Verbraucherverhalten erhält der Züchter unter anderem über eine sehr ausgeprägte Marktforschung. Diese wird vornehmlich als Panel in Form der persönlich-mündlichen Interviews bei Landwirten durchgeführt. Ziel ist es, den Meinungsbildungs- und Entscheidungsprozess besser analysieren zu können und in Folge Prognosen für die zukünftige Arbeit zu erstellen. Das Beispiel der Empfehlungsgeber ist ein guter Beleg für die Auswertung dieser „Außensicht“. Gut zu erkennen ist der starke Einfluss weniger Empfehlungsgeber.

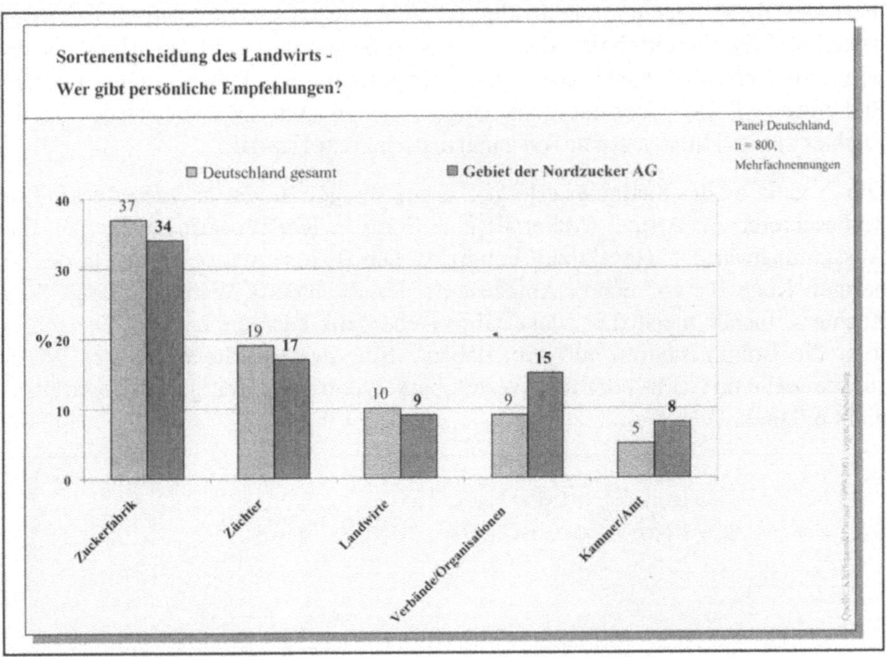

Abb. 3. Empfehlungsgeber

Saatgutdistribution

Jeder Landwirt bekommt von seinem Zuckerunternehmen sein meist „verbrieftes" Lieferrecht. Die Zuordnung zwischen Landwirt und Zuckerunternehmen ist eindeutig. In Ausnahmefällen kann ein Landwirt auch an mehrere Unternehmen liefern. Über die vereinbarte Rübenmenge schließt der Landwirt mit dem entsprechenden Zuckerunternehmen jährlich einen Vertrag. Darin verpflichtet sich das Unternehmen die Zuckerrüben abzunehmen. Im Gegenzug verpflichtet sich der Landwirt, das benötigte Saatgut ausschließlich bei dem Zuckerunternehmen zu beziehen und sämtliche daraus erwachsenen Rüben dem Zuckerunternehmen zur Entzuckerung anzuliefern. Die Verpflichtung zum Bezug des Saatgutes geht aus der Zeit großer Qualitätsunterschiede beim Saatgut hervor. Die Zuckerunternehmen hatten durch das Saatguthandling (Auswahl, Begutachtung und Ausgabe) einen erheblichen Einfluss auf die später angelieferte Rohstoffqualität. Aus genau diesem Grund ist auch das Zuckerunternehmen an einer gezielten und standortspezifischen Beratung interessiert.

Der Warenfluss erfolgt erst kurz vor der Aussaat in einem sehr kleinen Zeitfenster. Bestellentwicklung und Trends waren für den Züchter nur sehr schwer abzuschätzen. Um die Lieferbereitschaft hoch zu halten und auch spontane Entscheidungen abzudecken, wird viel Saatgut in die Fabriken geliefert. Diese Lieferung übersteigt die festen Bestellmengen regelmäßig, da nicht alle Landwirte Saatgut im Vorfeld bestellen. Lieferbereitschaft, oder besser Verfügbarkeit am Ort der Abholung, gewinnt als Entscheidungskriterium in dieser Gruppe der Anbauer einen enormen Stellenwert. Diese Überlieferungsmengen fließen zum Großteil wieder an den Züchter zurück, binden somit Ausgangsmaterial und Kapital.

Die Produktion des Saatgutes erfolgt chargenbezogen. In der übergeordneten Ebene beschreibt ein Artikel (Material) eine Sorte in Kombination mit genau einer Ausstattungsvariante (Insektizid/ Fungizid). Die Dokumentation erfolgt in der bisherigen Kette bis zur ersten Abladestelle des Züchters („Warenempfänger" des Züchters; bisher meist die Zuckerfabrik) ebenfalls chargenbezogen. Danach erfolgt die Dokumentation auf Artikelebene. Eine gezielte Steuerung der Warenströme und eine Nach- oder Rückverfolgbarkeit einzelner Chargen ist somit bisher nicht möglich.

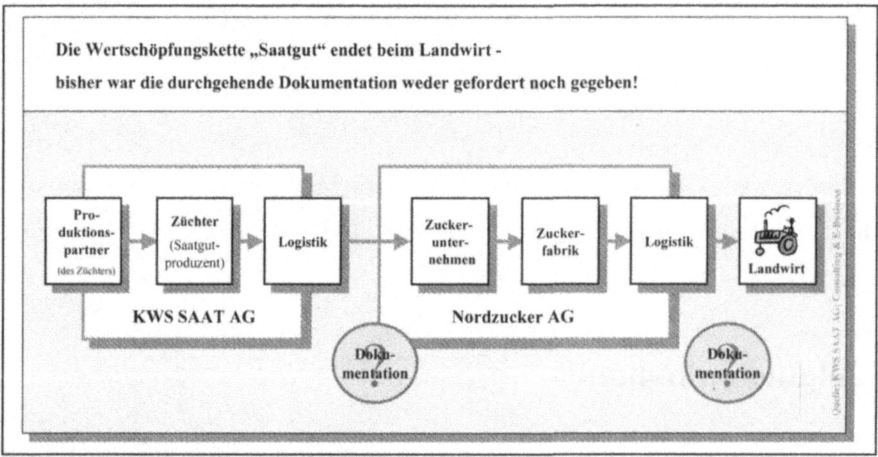

Abb. 4. Wertschöpfungskette „Saatgut"

In der bisherigen Prozesskette, die stark von manuellen Vorgängen geprägt ist, kann eine detailliertere Aufzeichnung nur mit erheblichen Kosten realisiert werden. Ohne eine durchgehende Prozessgestaltung werden die Vorteile dabei auch jeweils nur für einen Prozessbeteiligten realisiert.

Klassische Saatgutdistribution

Die Saatgutbestellung erfolgt bisher durch den Landwirt direkt bei der Zuckerfabrik. Dazu wird dem Landwirt jeweils eine Bestellkarte zugesendet, die er zu zwei festen Stichtagen an die Fabrik zurücksenden muss. Die Bestellung im Juli – als sogenannte Frühbestellung bezeichnet – wird lediglich bestätigt, sichert dem Landwirt einen Rabatt und gibt dem Züchter eine Planungssicherheit. Die Nachbestellung erfolgt im Februar ebenfalls per Postkarte. Beide Bestellungen werden von den Mitarbeitern des Rübenmanagements der Zuckerfabrik erfasst und als

Sammelbestellung an die Züchter gegeben. Die Bestellung liegt dem Züchter spätestens zum 15. Februar vor. Die Auslieferung soll meist zwischen dem 6. und 10. März erfolgen. Die Auslieferung erfolgt an die Zuckerfabriken, wo sich der Landwirt das Saatgut meist persönlich abholt. Der Saatgutwert wird mit der Vergütung der Zuckerrüben des Vorjahres verrechnet.

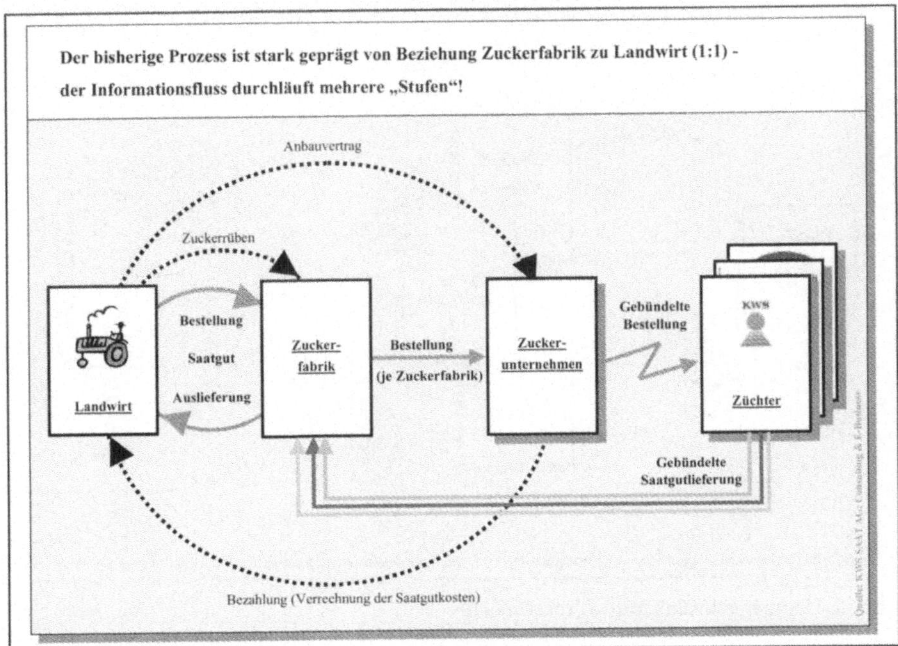

Abb. 5. Saatgutdistribution bisher

In der Sortenwahl ist der Landwirt frei. Vorschlagswerte und eine Grundauswahl der Zuckerfabrik erleichtern die Wahl bei stetig steigender Sorten- und Ausstattungsvielfalt.

Die Sortenleistung und das jeweilige Qualitäts- Bezahlungs- System der Zuckerunternehmen haben einen erheblichen Einfluss auf die Sortenentscheidung.

Paketversand durch das Zuckerunternehmen

Im Rahmen der Prozessbetrachtung hatte die Nordzucker bereits vor zwei Jahren ein erhebliches Potential zur Kostensenkung für die Landwirte und das Zuckerunternehmen ausgemacht. In einem Gebiet mit geringer Anbauerdichte, also weiten Entfernungen zur Fabrik und auch zwischen den Betrieben, wurde den entsprechenden Betriebsleitern bei geringer Kostenbeteiligung die Zusendung des Saatgutes per Paketdienst angeboten. Im ersten Jahr wurden diese Pakete in einer Zukkerfabrik von den vorhandenen Mitarbeitern manuell kommissioniert, verpackt und versendet. Die Rückmeldung im System erfolgte analog der direkt ausgegebenen Mengen. Im zweiten Jahr dieses Versendungsweges wurde der interne Kapazitätsengpass durch einen professionellen Spediteur mit angeschlossenem Paketdienst behoben. Auch dieser Ablauf funktionierte:

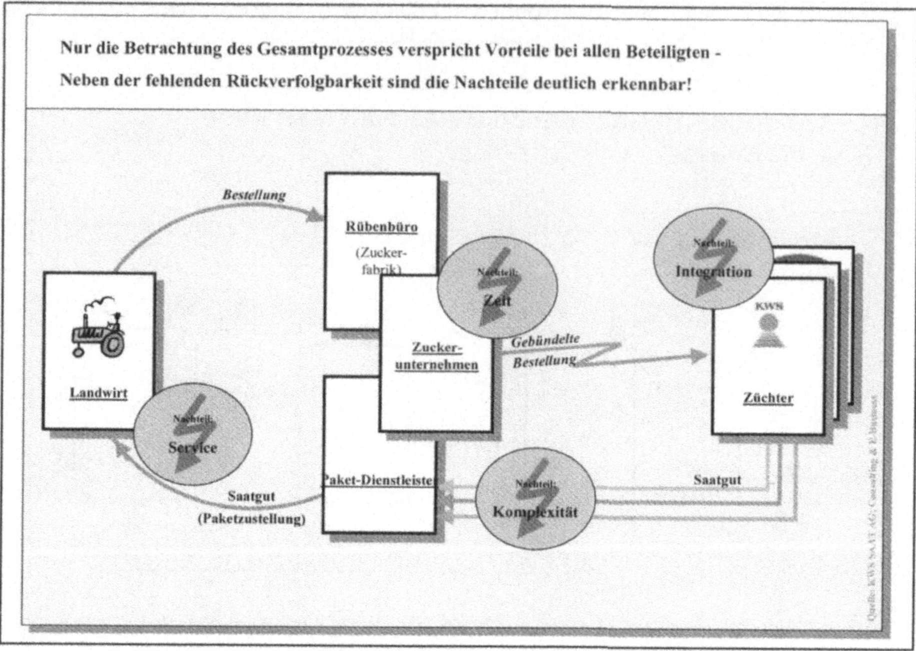

Abb. 6. Übergangslösung zum Direktversand

Wie aus der Abbildung deutlich hervorgeht, lag der Fokus auf dem Warenhandling zwischen Zuckerfabrik und Landwirt. Für den Landwirt entfiel der Aufwand für die Saatgutabholung. Der Züchter hatte bei dieser Lösung einen Mehraufwand durch den zusätzlichen Warenempfänger in Form der Spedition (gesteigerte Komplexität). Die bisherigen Abladestellen in den Zuckerfabriken mussten erhalten bleiben, da es sich bei der Versendung um ein Wahlangebot handelte. Darüber hinaus wurde weder ein Zeitvorteil bei der Bestellung, noch bei der Auslieferung erzielt.

Der Spediteur hatte, da der komplette Informationsfluss nicht integriert und dv-unterstützt war, keine aktuellen Daten. Kurzfristige Reaktionen waren somit nicht möglich. Eine Effizienzsteigerung und ggf. Kostensenkung erschien im beschriebenen Modell kaum möglich.

Für Nordzucker zeigte sich das Projekt als Erfolg, da sich die Versendung per Paketdienst, trotz des hohen Anspruchs der Ware (Feuchtigkeit, Lagerung, Beschädigung usw.) als praktikabel herausstellte. Die Mitarbeiter der Zuckerfabriken fanden Entlastung. Nachteilig waren allerdings die nicht integrierte Dokumentation und die Notwendigkeit, die Saatgutlager in den Zuckerfabriken aufrecht erhalten zu müssen. Eine frühzeitige Informationsverfügbarkeit konnte nicht realisiert werden.

Direktbelieferung

Der Projektansatz „Direktbelieferung“ wurde unternehmensübergreifend aufgesetzt, wobei Vorteile bei allen Beteiligten erzielt werden sollten. Gleichzeitig sollten die Anforderungen aus den gesetzlichen Bestimmungen berücksichtigt werden (insbesondere die Hygienebestimmungen in lebensmittelerzeugenden Unternehmen und die gesetzlichen Anforderungen an Dokumentation und Rückverfolgbarkeit). Die Erfahrungen aus dem Paketversand durch Nordzucker sollten ebenfalls mit einfließen.

Weiterhin galt das Hauptaugenmerk dem **Warenfluss**, wobei die Saatgutlagerung bei Nordzucker komplett entfallen sollte. Entsprechende Investitionen in Lager- und Handlingkapazitäten durch auch hier strengere gesetzliche Vorgaben sollten damit vermieden werden.

Gleichzeitig wurde in die Konzeption der **Daten- bzw. Informationsfluss** einbezogen. Eine Hauptzielsetzung war die durchgängige Dokumentation und damit die Möglichkeit eine Rückverfolgbarkeit sicherzustellen.

Zum **Geldfluss** gab es wenig Optimierungsbedarf, lediglich die Integration in die neue Lösung erschien wichtig (Fakturaerstellung, -übermittlung, usw.).

Der Landwirt wurde darüber hinaus ins Zentrum der Konzeption gestellt:

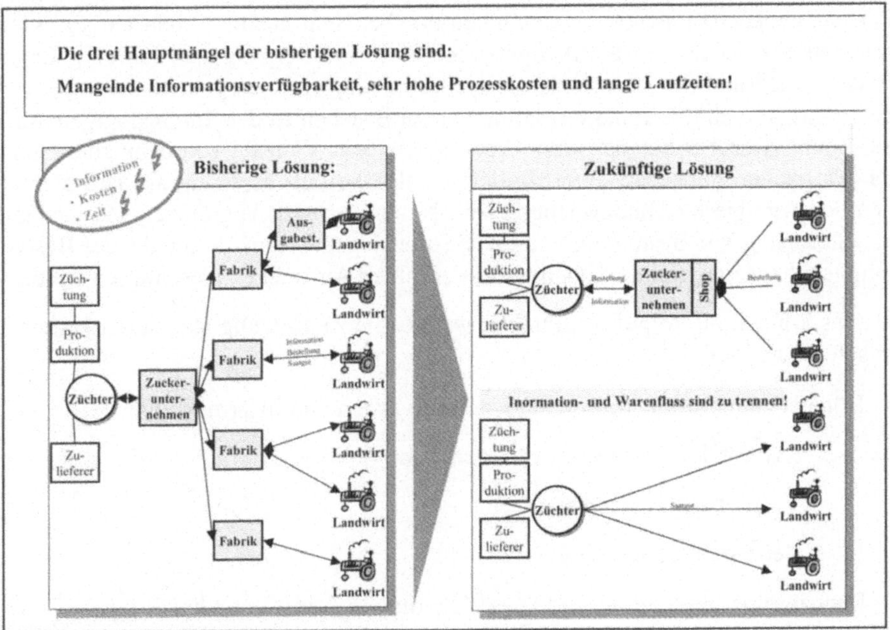

Abb. 7. Informations- und Warenfluss (bisher und heute)

Vision und angestrebter Nutzen

Die Kernziele des Projektes sind mit der durchgängigen Dokumentation, damit einhergehender Rückverfolgbarkeit und einem Entfall der Saatgutlagerung inklusive des Saatguthandlings in den Zuckerfabriken zu beschreiben.

Der „gewachsene" Beratungs-, Order- und Distributionsprozess war sehr komplex und mittlerweile für alle Beteiligten nicht mehr zufriedenstellend. Die Vorteile werden zunehmend von Nachteilen überlagert. Zu den Hauptkritikpunkten zählten Unflexibilität, Fehleranfälligkeit durch eine Vielzahl manueller Vorgänge und hoher Zeitaufwand. Getrieben war die Optimierung weiterhin von einem steigenden Kostenbewusstsein bzw. der Unzufriedenheit mit der bisherigen Kostentransparenz.

Die Prozessüberarbeitung sollte gleichzeitig die Informationsverfügbarkeit steigern (Transparenz), die Nachvollziehbarkeit unterstützen (Ordnungsmäßigkeit) und Kosten senken (Effizienz). Der Saatgut-Umweg über die Zuckerfabrik konnte bei kontinuierlicher Datenweitergabe, Nutzung neuer DV-Unterstützung und Einbindung eines leistungsfähigen Logistik-Dienstleisters entfallen.

Zuckerunternehmen

Für das zuckererzeugende Unternehmen ergeben sich aus den oben aufgezeigten Punkten eine Reihe von Kritikpunkten an der in den vergangenen Jahren geübten Praxis. Aufgrund der dezentralen Bestellerfassung und Saatgutzwischenlagerung bzw. Ausgabe an den Landwirt kommt es zu Brüchen in der durchgängigen Aufzeichnung. Darüber hinaus ist der Prozess von einer Vielzahl von manuellen Standardtätigkeiten gekennzeichnet. In deren Folge kommt es zu Intransparenz bzw. deutlich verzögerter Datenverfügbarkeit. Neben der sehr begrenzten Möglichkeit zur Steuerung der Bestellung kann das Sortenangebot zum Zeitpunkt der Bestellung nicht speziell auf die Situation des einzelnen Anbauers zugeschnitten werden.

Daraus können die folgenden Punkte, welche die Zielsetzung skizzieren könnten, abgeleitet werden:

- Höhere Transparenz, bessere und zeitnahe Daten und Informationen:
  - Rückverfolgbarkeit auf Chargenebene
  - Verfügbarkeitsinformationen
  - Bedarfstransparenz /-entwicklung
- Reduzierung bzw. Entfall der Warenlagerung und des Warenhandlings:
  - Keine Saatgutlagerung in den Zuckerfabriken
  - Minimierung des Risikos und der Kosten
  - Kein Aufwand für Einlagerung und Ausgabe

- Entfall der Papierbestellung
    - Verminderter Aufwand
    - Kürzere Durchlaufzeiten
    - Gezieltere Angebotssteuerung
    - Reduzierter Aufwand zur Dokumentation
- Minimierung von Fehlerquellen (Bestellkartenerfassung und Saatgutausgabe)
- Entlastung der personellen Ressourcen
    - Reduzierte manuelle Standardtätigkeiten (Kapazität entlasten)
    - Mehr „hochwertige" Kundenkontakte (Kompetenz nutzen)

Landwirt

Für den Landwirt hat die Sortenwahl in Relation zu den anderen beeinflussbaren Faktoren des Zuckerrübenanbaues einen hohen Stellenwert. Im Vergleich des reinen materiellen Saatgutwertes mit anderen Betriebsmitteln (Pflanzenschutz, Düngemittel, Treibstoff, Futtermittel usw.) wird der geringe Umfang deutlich. Die Bestellung des Saatgutes erfolgt auch nur zu ein bzw. zwei Stichtagen im Jahr.

Durch die starken Strukturänderungen in der Zuckerindustrie kommt es zu immer größeren Entfernungen zwischen Fabrik und Hof. Dadurch steigt der Aufwand für Saatgutabholung (Zeit und Kosten) überproportional. Eine Unterstützung bei der Bewältigung der abzusehenden Dokumentationspflicht in der landwirtschaftlichen Produktion erfährt der Landwirt kaum. Der geforderte Nachweis über die verwendete Partie wird derzeit noch nicht einmal im Zuckerunternehmen gespeichert. Eine gezielte und produktbezogene Betreuung kann der Landwirt nicht erhalten.

Daraus können folgende Punkte, welche die Zielsetzung skizzieren könnten, abgeleitet werden:

- Entfall des Aufwandes für Saatgutabholung
    - Zeit
    - Fahrtkosten
- Schnellerer Informations- und Warenfluss
    - Verfügbarkeit
    - Auftragsstand
    - Komfort / Lieferqualität
- Gezieltere und produktbezogene Beratung und Betreuung
    - Einbeziehung der Einzelbetriebsdaten

  - Berücksichtigung von Vergangenheitsinformationen
- Reduzierung von Fehlerquellen
  - Datenübertragung
  - Saatgutlieferung

Züchter

Der Züchter hat einen sehr hohen Anspruch an den Informations- und Warenfluss. Der Ursprung liegt im mehrjährigen Produktionszyklus eines Naturproduktes. Dieses ist einem natürlichen Alterungsprozess unterworfen und nicht unbegrenzt verwendbar. Dementsprechend ausgeprägt sind die Planungsmechanismen in der Pflanzenzüchtung und Saatgutproduktion. Bei Zuckerrübensaatgut, einem Produkt mit höchsten Ansprüchen an die Produktion, erfolgt die Bestellung sehr zeitverzögert und gebündelt. Einer durch manuelle Abläufe verzögerten Bestellung muss, bedingt durch den relativ fixen Verwendungszeitpunkt (Aussaat), eine kurzfristige Lieferung erfolgen. Verschärft wird diese Situation zusätzlich durch den Umweg des Saatgutes über die Zuckerfabrik. Ein hoher Warenumlauf wird züchterseitig bewusst in Kauf genommen, um die Verfügbarkeit auf einem hohen Niveau zu halten.

Hieraus lassen sich für den Züchter folgende Zielsetzungen ableiten:

- Bessere Bestandsführung (Transparenz) bei knappen/neuen Produkten
  - Weniger Ware im Umlauf
  - Geringe Fehlerquote aufgrund von Falscheingaben
- Optimierte Produktionsplanung und -steuerung
  - Endfertigung (Wirkstoffapplikation und Abpackung)
  - Bereitstellung und Auslieferung
- Gezielte Kundenunterstützung
  - Nachfragebearbeitung
  - Beratungsinformationen
- Verringerte manuelle Tätigkeit (Auftragserfassung und -bearbeitung)

E-Business bei KWS

Unter dem Begriff E-Business werden bei der KWS SAAT AG alle Arten geschäftlicher Transaktionen, bei denen die Beteiligten auf elektronischem Wege

Geschäfte anbahnen, abschließen oder elektronischen Handel mit Gütern und Dienstleistungen betreiben, verstanden.

Die KWS, als meist führender Anbieter in den Zielmärkten der Europäischen Union und Nordamerikas, versucht entsprechend ihrer Positionierung und daraus abgeleiteter Vertriebsziele die Kommunikation bis hin zum Landwirt auszubauen. Parallel soll die Prozesseffizienz vor allem durch Zusammenarbeit und Integration der bestehenden Partner und Kunden gesteigert werden. Mit den verschiedenen Ansätzen soll die natürlich gegebene "räumliche" Distanz zwischen Anbieter „KWS" und Nachfrager „Landwirt" mit dem Ziel, die Kommunikation und die geschäftliche Transaktion zu verknüpfen, überwunden werden.

KWS will mit Mitteln des E-Business seine bestehenden Geschäfte hinsichtlich Effizienz und Wettbewerbsfähigkeit unterstützen, sowie entsprechend der strategischen und operativen Ziele weiterentwickeln.

Daher sind Prozesse zu optimieren bzw. automatisieren. Die Value-Chain - also die Planung, Optimierung und Steuerung von Daten-, Waren- und Geldströmen - soll auf- und ausgebaut werden. Bei der Analyse und Optimierung geschäftsrelevanter Vorgänge, beim Anpassen bestehender, aber auch dem Kreieren neuer Prozesse werden deshalb die drei Punkte Transparenz, Effizienz und Ordnungsmäßigkeit in den Vordergrund gestellt.

Konzeption und Marktforschung

Der besondere Reiz der skizzierten Aufgabenstellung liegt in der Chance, durch Nutzung neuer Medien und einen unternehmensübergreifenden E-Business-Prozess erhebliche Potentiale auszuschöpfen.

Die große Gefahr liegt in festgefahrenen Denkmustern (positiv wie negativ), starrem Vorgehen und einer gewissen Betriebsblindheit, oftmals gekoppelt mit Trägheitsmomenten bei den Beteiligten. Wenn dann noch der Blick nur auf die jeweils eigenen Ziele gesetzt wird, sind „Absturzstellen" unvermeidbar.

In Vorbereitung des Projektes zur Optimierung der Saatgutdistribution hat bei KWS neben der reinen Konzeption und Überlegungen zur Prozessoptimierung die Absicherung des Ansatzes stattgefunden. Dabei wurden sowohl die klassischen internen und externen Berichterstattungen als auch die vorliegenden Marktforschungsresultate auf Trends und Informationen geprüft. Um den angestrebten Projektansatz tiefergehend und mit Blick auf die hohe Zahl der einzubeziehenden landwirtschaftlichen Unternehmen bewerten zu können, wurde eigens eine Studie mit dem Titel „Zukunft des Internets" zum Verhältnis und der Bereitschaft gegenüber E-Business-Ansätzen mit begrenzter Stichprobe durchgeführt.

Im Folgenden soll nur kurz auf wenige Ergebnisse eingegangen werden. Insgesamt hat die Auswertung KWS auf dem eingeschlagenen Weg bestätigt. Den internen Bemühungen zur Schaffung technischer Voraussetzungen konnte so bereits im Vorfeld der nötige Nachdruck verliehen werden.

Einfache Informationen wie PC-Verfügbarkeit, Nutzungsart und -häufigkeit und die Frage nach der Internetverbreitung konnten aus den vorliegenden Unterlagen ermittelt werden. Bemerkenswert ist, dass seit geraumer Zeit die Intensität und der Grad der Internetnutzung nicht mehr an Altersgrenzen gebunden sind. Interessant waren für die Studie deshalb auch Fragen nach der immer wieder bezweifelten Bereitschaft interaktiv zu arbeiten und dabei auch persönliche Daten preis zu geben.

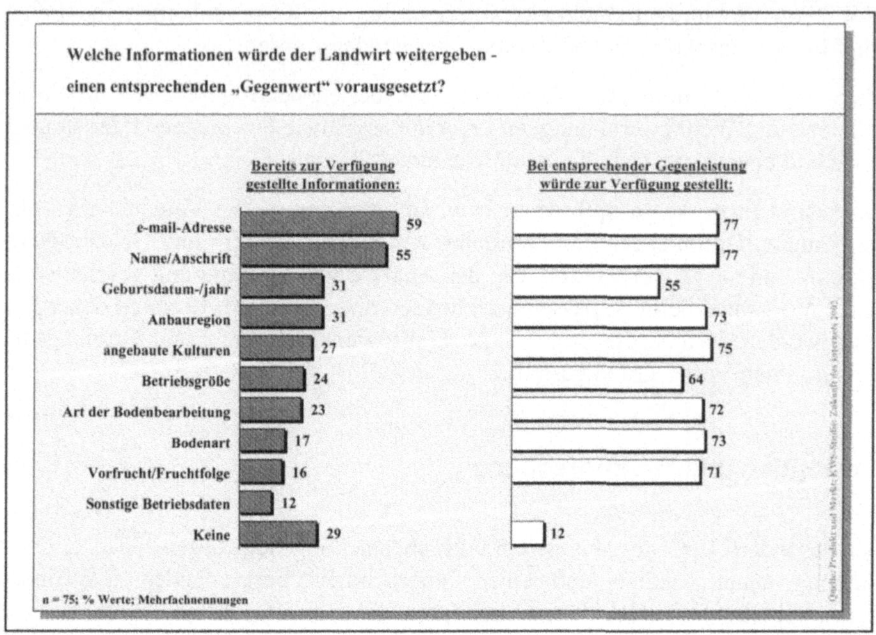

Abb. 8. Informationsweitergabe

Aus dem hohen Grad der Bereitschaft betriebsbezogene Informationen bereitzustellen, darf jedoch nicht der Schluss gezogen werden, der Landwirt würde jede Information beliebig weitergeben. Hier sind drei gravierende Einschränkungen zu machen:

1. Ein klarer Gegenwert muss erkennbar sein!

2. Ein entsprechendes Vertrauensverhältnis muss aufgebaut sein! (Stichwort: Bekanntheit, Kompetenzzuordnung, usw.)

3. Die Kommunikation erfolgt in geschlossenen Bereichen (Individualisiert)!

Den dritten Punkt kann die heutige Technik ohne weiteres gewährleisten, da über die Kopplung Internet, Identifizierung und Sicherheitstechnik geschlossene Bereiche (Extranets) geschaffen werden können.

Eine wichtige Erkenntnis lässt sich aus der heutigen Nutzung ableiten. Sobald ein klarer Vorteil ersichtlich ist, wird der landwirtschaftliche Unternehmer die Angebote über Internet nutzen und diese auch als Arbeitserleichterung beschreiben (nicht nur nutzen!).

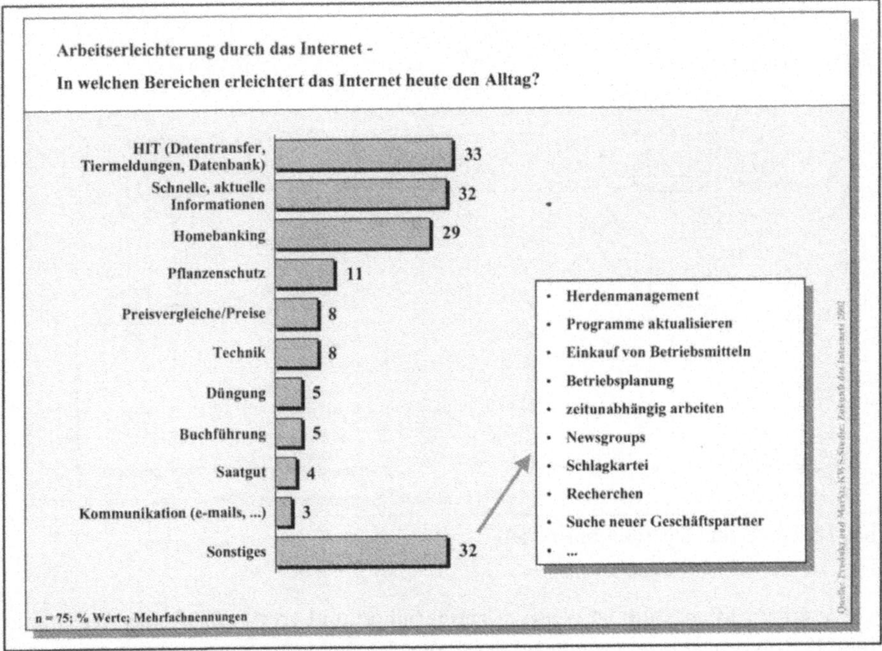

Abb. 9. Arbeitserleichterung Internet

Die Darstellung zeigt, dass bisher wenig klar definierte Bereiche Vorteile versprechen bzw. zur interaktiven Nutzung eingerichtet sind.

Befragt zum jetzt umgesetzten Distributionsmodell hatten die Landwirte – ohne konkrete Informationen vorab erhalten zu haben – eine klare Zielvorstellung. Die Mehrheit sprach sich ohne Kenntnis der tatsächlichen Konditionen für ein solches Modell aus.

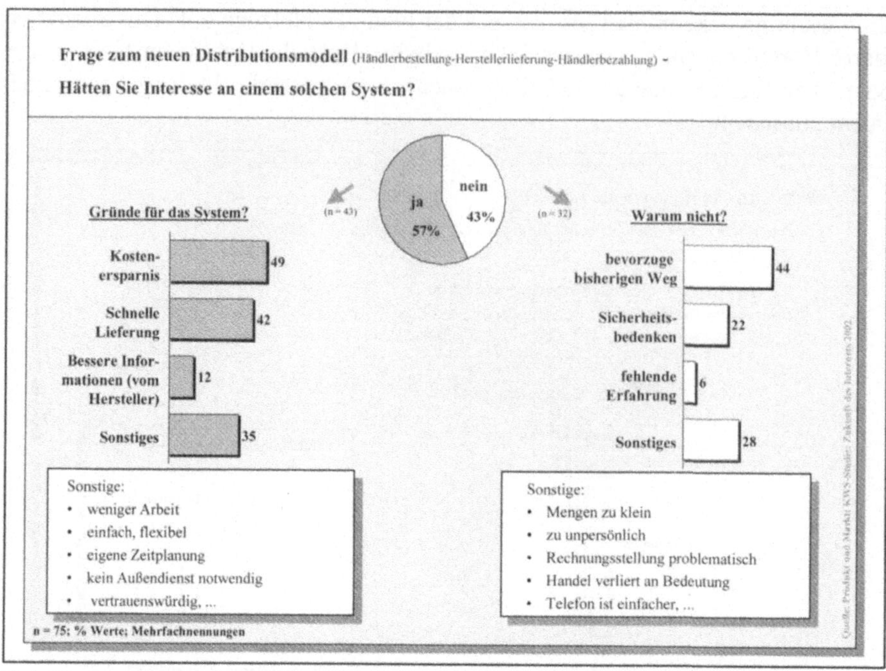

Abb. 10. Frage zum Distributionsmodell

Die Gegenargumentation ist weniger zielgerichtet und greift klassische Argumente gegen Prozessoptimierung mehr oder minder deutlich auf.

Weiterhin zeigte auch der Themenkomplex „Aufzeichnung im landwirtschaftlichen Betrieb" interessante, und in Verlängerung einiger Teilaspekte dieses Projektes bedeutsame Aspekte auf. Diese Aufzeichnungen der Maßnahmen erfolgt auf sehr unterschiedliche Weise. Durchgesetzt haben sich auch in diesem Bereich klar die Lösungen, welche konkreten Nutzen versprechen. Analysiert wurde in diesem Zusammenhang auch das weitergehende Potential von E-Business-Ansätzen zur Aufzeichnung im landwirtschaftlichen Unternehmen.

Das optimierte Real-Time-Konzept zur Saatgutdistribution

Bei der Konzeption eines optimierten Konzeptes wurde KWS-intern besonderer Wert auf eine klare Trennung bei der Diskussion der Geschäftsprozesse und Informationstechnik gelegt.

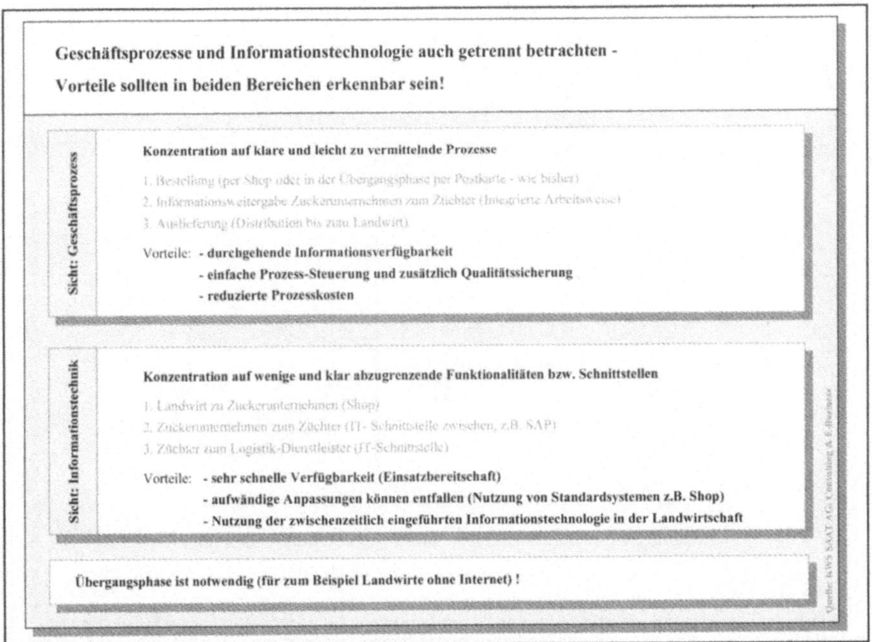

Abb. 11. Trennung von Prozess und Informationstechnologie

Besonderen Reiz hatte dieses Vorgehen, da im Bereich der IT nötige Entscheidungsfindung im Vorfeld der Realisierung zu betreiben waren. Als Beispiel seien hier nur die Entscheidung zur Kommunikationstechnik (Einsatz des SAP Business Connectors) oder die Art des Informationsaustausches (XML, HTTPS usw.) zwischen den Unternehmen genannt. Einhergehend mit den vorgenannten Entscheidungen konnten auch die nötigen Ressourcen und Kompetenzen zur fristgerechten Realisierung organisiert bzw. aufgebaut werden.

Die Prozessgestaltung zwischen den beteiligten Partnern erfolgte ebenfalls mit dem nötigen Vorlauf und Konzentration auf die geschäftlich interessanten Schritte. Das folgende Prozessmodell zeigt schematisch den neuen Ablauf, bei dem die weiter oben beschriebenen Zielsetzungen nahezu vollständig realisiert sind.

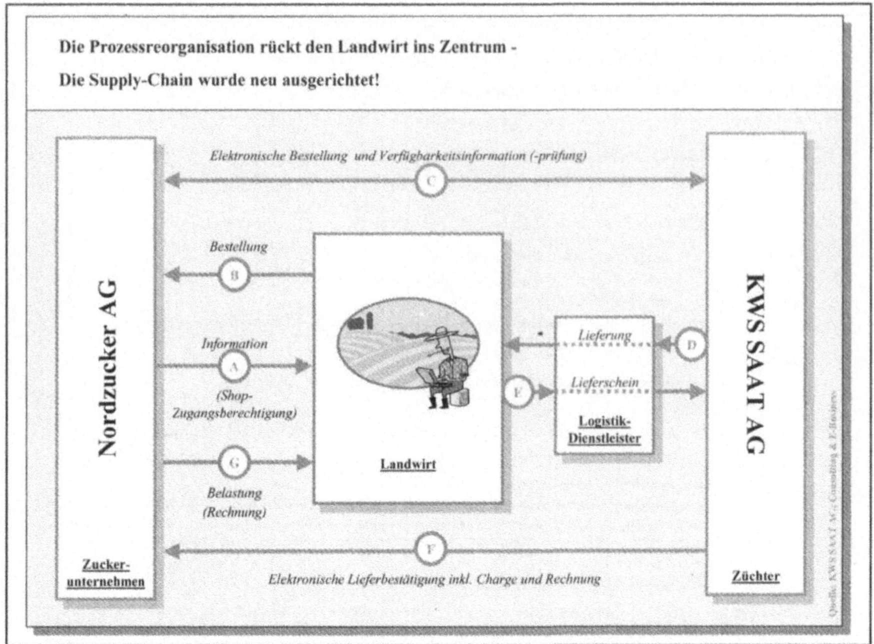

Abb. 12. Optimierter Waren- und Informationsfluss zur Saatgutdistribution

Dargestellt sind die wichtigsten Prozess-Schritte:

A. Information/Zugangsvoraussetzung des Landwirts

In einer Übergangsphase wird es für den Landwirt die beiden Möglichkeiten zur Bestellung geben: Postkarte und Internet. Über den neuen Ablauf und den Zeitpunkt der Bestellung, sowie die aktuellen Modalitäten ist der Landwirt zu informieren.

B. Bestellung des Landwirts beim Zuckerunternehmen

Es ist erforderlich, dass ein geschlossener Bereich (Nordzucker-Portal-Shop) eingerichtet wird. Mittelfristig soll die Ablösung der Postkarte komplett erfolgen. Damit würde die manuelle und meist doppelte Erfassung der Bestelldaten beim Zuckerunternehmen entfallen. Die vom Landwirt eingegebenen Daten werden dann direkt gespeichert. Gleichzeitig könnte das Angebot (hier Sortenspektrum) individualisiert und die „begleitende" Information bis hin zur einzelbetrieblichen Aufbereitung automatisiert werden.

Eine Verfügbarkeitsprüfung wird online im System des Zuckerunternehmens gegen Kontingente (maximal mögliche Liefer- oder Planmengen des Züchters) durchgeführt.

C. Datenaustausch Zuckerunternehmen und Züchter: Bestellung/Verfügbarkeit

Sofort nach Auftragseingang in Form der Speicherung der Bestelldaten des Landwirts erfolgt die Datenweitergabe an den Saatgutlieferanten (Züchter). Zur Verfügbarkeitsprüfung im System des Zuckerunternehmens werden im Gegenzug vom Züchter regelmäßig die maximal möglichen Liefermengen der Artikel an das Zuckerunternehmen übermittelt. Die maximalen Bestellmengen werden als sogenannte Kontingente in den Systemen hinterlegt.

D. Lieferung vom Züchter an den Landwirt

Die Auslieferung erfolgt vom Züchter direkt an den Landwirt. Lieferungen werden im System des Züchters auf Basis der verfügbaren und freigegebenen Mengen generiert. Dabei wird die zu verwendende Charge des Artikels bereits fest zugewiesen. Die Datenüberstellung erfolgt ebenfalls online in das System der Spedition. Diese kommissioniert die entsprechenden Packstücke und übergibt diese an einen Paketdienst. Die Übergabe wird ebenfalls von einem Datensatz online begleitet. Die Auslieferung schließt sich an.

E. Dokumentation der Auslieferung

Der Landwirt erhält die Ware, welche von einem Lieferschein begleitet wird. Er quittiert den Warenerhalt nach Prüfung der Ware im mobilen Datenerfassungsgerät des Paketdienstes. Die Rückmeldung nimmt Ihren Weg über das zentrale System des Paketdienstes, das DV-System der Spedition bis hin in das System der KWS. Quittiert wird der Erhalt der entsprechenden Menge und Charge, weiterhin der Empfangstag.

F. Datenaustausch Züchter und Zuckerunternehmen: Rückmeldung und Faktura

In Fortsetzung der unter Punkt C beschriebenen Datenübertragung erfolgt nach Rückmeldung der Auslieferung die Weitergabe der Daten an das Zuckerunternehmen. Hier wird der Wareneingang statistisch verbucht und die entsprechenden Daten anbauerbezogen verbucht. Die Rechnungsstellung (Faktura vom Züchter an das Zuckerunternehmen) erfolgt periodisch. Die Datenübertragung erfolgt als Online-Übertragung.

G. Verrechnung zwischen Zuckerunternehmen und Landwirt

Die Belastung des Anbauers erfolgt wie bisher in Form der Verrechnung mit dem Rübengeld. Als Rübengeld wird die Vergütung der Vorjahres-Zuckerrüben-Lieferung bezeichnet. Diese Zahlung erfolgt in definierten Raten zu festgelegten Terminen. Bei der Konzeption und auch der späteren Realisierung wurde durchgehend auf gute Skalierbarkeit bezüglich der Anzahl der Zuckerunternehmen (Auftraggeber), der Saatgutbestellungen (Aufträge), der landwirtschaftlichen Unternehmen (Warenempfänger) und auch der Spedition bzw. des Paketdienstes (Logistik-Partner) geachtet.

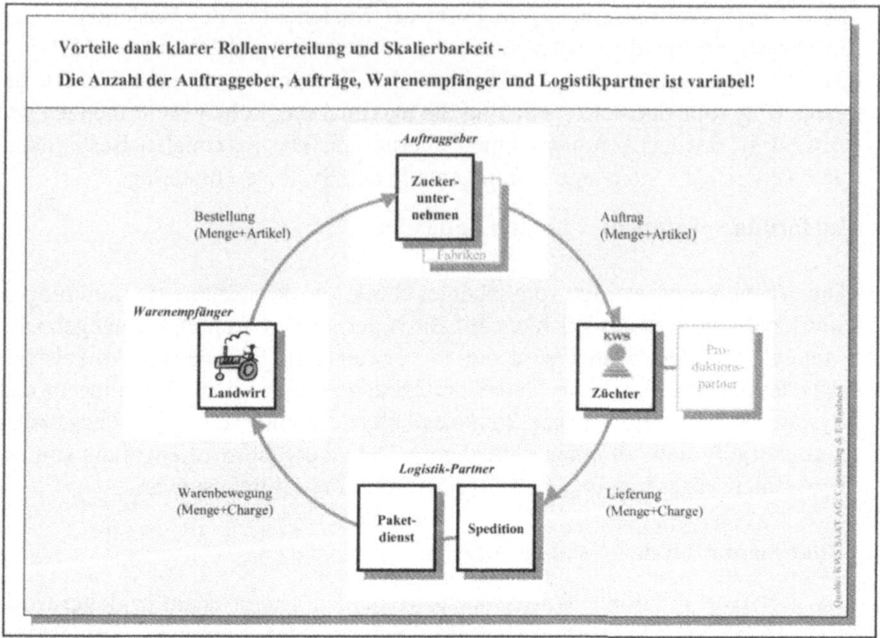

Abb. 13. Partner im Warenfluss

Realisierung

Das Kalenderjahr stellt in der Landwirtschaft auch jeweils einen Verkaufs- bzw. Anbauzyklus dar. Eine natürliche Langfristigkeit ist somit vorgegeben. Im Saatgutbereich wird diese noch verstärkt von einem mindestens zweijährigen Produktions- und im Regelfall zehn- bis fünfzehnjährigen Produktentwicklungszyklus.

Die Realisierung entsprechender Projekte kann, soweit die Prozessbeteiligten erforderlich sind, nur in relativ engen Zeitrahmen erfolgen. Dazu bieten sich zwei Zeiträume an: der eine direkt im Anschluss an die Auslieferung und bis zum Beginn der Frühbestellung (Ende März bis Anfang Juli) und der andere vom Abschluss der Frühbestellung bis Abschluss der Rübenkampagne (Mitte September bis Mitte Januar). Da die Entscheidung zur Realisierung einer Lösung und gleichzeitig auch dem Komplettumstieg erst im Juli seitens Nordzucker gefällt wurde, blieb für die Konzeption und Realisierung nur die spätere Phase. Der erste gemeinsame Workshop fand Anfang August statt. Als Termin für den Produktivstart wurde Anfang Januar fixiert.

Für Nordzucker kam von Beginn an nur die Einbindung aller vier Saatgutanbieter in Betracht. Dies stellte eine besondere Herausforderung und gleichzeitig auch die einzige Möglichkeit zur Ausschöpfung erheblicher Synergien dar.

Erleichternd für KWS waren die bereits durchgeführten internen Vorbereitungen. Dazu zählt eine Erarbeitung und Bewertung einer klaren Position bezüglich der zukünftigen Wunschprozesse ebenso wie der zum damaligen Zeitpunkt bereits eingeleitete Diskussionsprozess zur erforderlichen Informationstechnologie.

Technische Umsetzung

Der Austausch der Bestelldaten, Lieferavise und Rechnungen zwischen Nordzukker und KWS erfolgt elektronisch unter Verwendung der Internet-Technologie. Als geeignetes Datenträgerformat wurde XML identifiziert.

Aufgrund der beteiligten Partner neben Nordzucker und KWS wurde SAP-XML bzw. IDOC-XML als quasi-Standard für die Beschreibung des Dateninhaltes ausgewählt. Hintergrund der Wahl ist mehrheitliche Beteiligung von SAP R/3-Systemen im betrachteten Gesamtszenario.

Als Middleware für die Kommunikation des SAP R/3 der KWS mit Nordzucker und dem Logisitkdienstleister wird der SAP Business Connector (im Folgenden als SAP BC bezeichnet) eingesetzt. Er ist das de-facto XML-Interface zu SAP-Systemen. Er unterstützt das zu verwendende IDoc-XML, wie es in der SAP-XML Spezifikation beschrieben ist. Mit dem SAP Business Connector Server als SAP-XML Interface ist es auf einfache Art und Weise möglich IDocs ins SAP-XML Format zu konvertieren.

Systemarchitektur

Die Systemarchitektur stellt die Grundlage für die Integration zwischen der KWS und Nordzucker dar. Sie umfasst einen ausführlichen Blick auf die Messaging-Tools zur Nachrichtenübermittlung und das Design der Komponenten zur Nachrichtenverarbeitung. Um die Systeme der KWS und Nordzucker zu integrieren, wurde eine offene Systemarchitektur definiert. Das folgende Bild zeigt die vereinfachte IT-Landschaft, die eine derartige System-zu-System-Integration bietet.

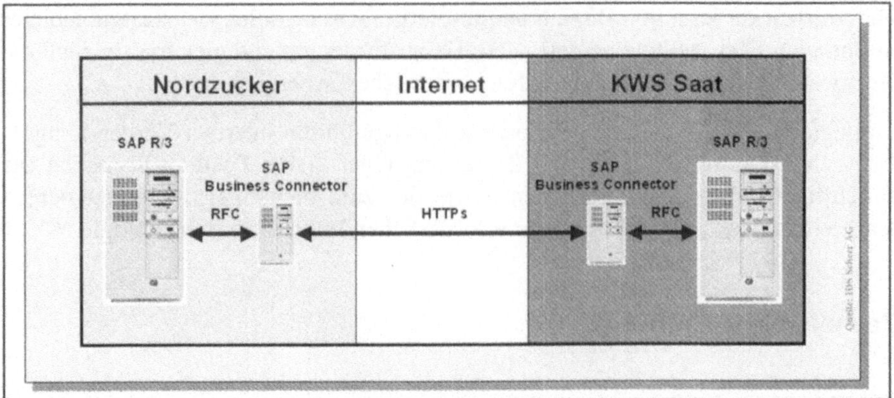

Abb. 14. Vereinfachte IT-Landschaft [Quelle: IDS Scheer AG]

Die Grundlage zur Verwirklichung von System-zu-System-Transaktionen zwischen Nordzucker und KWS ist eine Middleware, die das Empfangen, Senden und Routing von Nachrichten sowie Mechanismen zur Fehlerbehandlung und die Kommunikation mit dem SAP R/3 ermöglicht. Der SAP BC ist solch eine Middleware. Der SAP BC ermöglicht eine Kommunikation von und zu SAP-Systemen über eine offene nicht propietäre Schnittstellentechnologie.

Der SAP BC verwendet das Internet als Kommunikationsplattform und XML als Datenaustauschformat. Dadurch ist es möglich eine nahtlose Integration zwischen verschiedenen IT-Architekturen und SAP Systemen herzustellen.

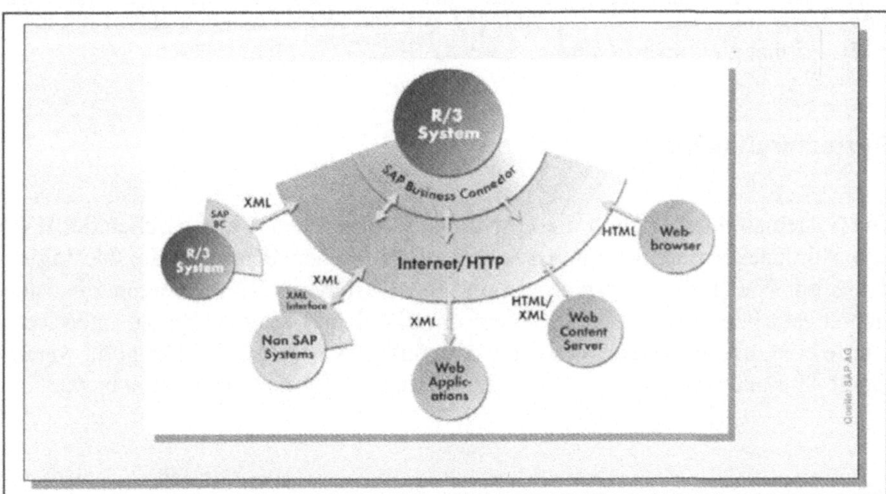

Abb. 15. Integrationsmöglichkeiten mit dem SAP Business Connector [Quelle: SAP AG]

Auf die erforderliche bzw. definierte Funktionalität bezugnehmend ist der SAP Business Connector nicht die einzige Komponente der offenen Kommunikationsarchitektur zum Datenaustausch zwischen Nordzucker und KWS. Um professionelle Ausnahmebehandlungen, Archivierungs- und Loggingfunktionalitäten bereitzustellen, ist der Einsatz zusätzlicher Software sinnvoll. Eine Datenbank, welche die ankommenden und abgehenden Dokumente speichert und Transaktionen protokolliert, sowie ggf. eigene Entwicklungen im SAP R/3 wird in Betracht gezogen.

Technischer Nachrichtenfluss

Der Austausch der Dokumente zwischen Nordzucker und KWS erfolgt, indem man das Internet als Kommunikationsplattform verwendet. Hierzu wird das Hypertext-Transfer-Protokoll (HTTP) verwendet. Zusätzlich ist der SAP BC für den Einsatz von Secure Sockets Layer (SSL) konfiguriert worden. SSL wird verwendet, um die Integrität und Vertraulichkeit der Daten, sowie die Authentizität der Kommunikationspartner zu gewährleisten.

Ankommende und ausgehende Dokumente werden von einem Message Handler verarbeitet und weitergeleitet. Die Fähigkeiten des SAP BC‘s hinsichtlich der garantierten Übertragung von Dokumenten (guaranteed delivery), stellen sicher, dass Transaktionen garantiert (nur) einmal ausgeführt werden. Dies schützt die beteiligten Partner vor kurzzeitigen Netzwerkfehlern und Fehlern auf Seiten des Senders oder Empfängers.

Nach dem Ver-/Entschlüsseln der Nachrichten werden im SAP BC die weiteren Schritte zur anschließenden Verarbeitung der Dokumente im R/3 durchgeführt. Der "Partner-Manager" leitet die Nachrichten entsprechend Sender, Empfänger und Inhalt an die Services im SAP BC weiter. Nachdem diese das Dokument geprüft, archiviert und ggf. weiter bearbeitet haben, werden die Informationen als IDOC über den SAP Adapter des SAP BC an das R/3 gesendet. Der "SAP Adapter" ist ein Plug-In des SAP BC‘s, der die Kommunikation mit SAP R/3 durchführt. Der Austausch von Daten erfolgt mittels (transaktionalen) Remote Function Calls (tRFC/RFC) zum und vom SAP R/3. So ist es möglich, IDOC und RFC-fähige Funktionsbausteine insbesondere BAPIs zu verwenden.

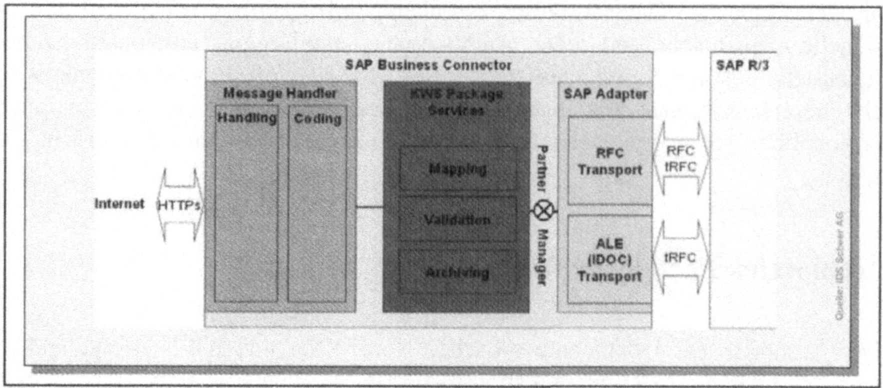

Abb. 16. Technischer Nachrichtenfluss bei der KWS [Quelle: IDS Scheer AG]

Zusammenfassung

Durch gemeinsame Bemühungen ist es der Nordzucker AG, den rübenanbauenden Landwirten und Züchtern – hier für die KWS SAAT AG aufgezeigt – gelungen, die „Lücke" zwischen landwirtschaftlichen Betrieben und der Zuckerindustrie zu schließen. Die Saatgutbestellung der Anbauer bei Nordzucker wird real-time an den Saatgutspezialisten KWS weitergegeben. Hier kann auf Basis der frühen Kenntnis der georderten Sorten und Mengen disponiert und produziert werden. Dies ist um so bedeutender, da Saatgut als Naturprodukt einen mehrjährigen Produktionszyklus von der Vermehrungs- (Produktions-) entscheidung bis zum veredelten Produkt besitzt. Schon ab Januar können nun die gefertigten Sorten an den Logistikdienstleister umgelagert und die Belieferung der Landwirte mittels Paketdienst durchgeführt werden.

Im Vergleich zur bisherigen Praxis ist dies ein enormer Effizienz- und Zeitgewinn bei gleichzeitiger Erhöhung der Planungssicherheit durch frühe Kenntnis der Nachfrage. Wurden in der Vergangenheit die Bestellungen der Zuckerindustrie aggregiert über alle Landwirte Mitte Februar bei KWS beauftragt und im März beliefert, so herrscht jetzt eine frühzeitigere Transparenz über georderte Sorten und Mengen. Die Produktion wird besser steuerbar und die Belieferung erfolgt schon ab Januar direkt an den Anbauer. Dies bedeutet für den Landwirt mehr Komfort, da die Selbstabholung in der Zuckerfabrik entfällt und auch spät auftretende Wünsche kurzfristig realisiert werden können. Für die Zuckerindustrie kann die Saatgutlagerung in den einzelnen Fabriken und das aufwändige Saatguthandling entfallen – der Umweg des Saatgutes über die Zuckerindustrie entfällt. Gleichzeitig ist die durchgehende Dokumentation auf Chargenebene eingerichtet und eine Rückverfolgbarkeit gegeben.

Das vorgestellte Beispiel zeigt auf eindrucksvolle Weise wie auch in vermeintlich klassischen oder besser fast statischen Bereichen Prozessoptimierungen durchgeführt werden können. Durch gezielte Vorbereitung und eine fachlich getriebene Konzeption ist es den beteiligten Unternehmen gelungen, mit E-Business ein Kollaboratives Real-Time-Szenario zu realisieren.

Die unternehmensübergreifenden Prozesse wurden nach einer eingehenden Analyse erst intern optimiert und dann übergreifend harmonisiert. Dabei ist es gelungen, den Daten- und Warenstrom zu verbinden und, wo sinnvoll, den Datenfluss sogar vor der Warenbewegung stattfinden zu lassen. Die technische Diskussion nicht im Vordergrund zu führen hat sich dabei als sehr großer Vorteil gezeigt. Diese Gefahr erscheint bei der gebotenen technischen Lösungsfülle sehr groß. Allzu schnell erliegen die Projektbeteiligten im Tagesgeschäft den immer neuen Versprechungen der Anbieter und verlieren ihre eigentliche Zielstellung aus den Augen.

Das Software- und Beratungsunternehmen IDS Scheer unterstützte die KWS SAAT AG durchgehend, die entsprechenden Prozesse effizienter zu gestalten, die Lieferkette zum Betriebsmittel „Saatgut“ neu zu gestalten und anschließend die durchgehende DV-Unterstützung einzurichten.

Das Projekt konnte in einem von Saisonalität geprägten Bereich innerhalb von nur wenigen Wochen umgesetzt werden.

Literaturverzeichnis

DLG 1999: Landwirtschaft 2010 - Welche Wege führen in die Zukunft?

BML 1994: Vorschläge für eine grundlegende Reform der EG-Zuckermarktpolitik

Bundesministerium für Verbraucherschutz, Ernährung und Landwirtschaft, 2003: www.verbraucherministerium.de; 18.02.2003

DNZ/Nordzucker 2002: Leitfaden für den natürlich nachhaltigen Zuckerrübenanbau in Norddeutschland

Märländer M. 1991: Zuckerrüben

Wirtschaftliche Vereinigung Zucker - Verein der Zuckerindustrie 2003: www.zuckerwirtschaft.de; 18.02.2003

6 Auf dem Weg zum Real-Time Enterprise

Wolfgang Bosch
Mitglied des Vorstandes, IDS Scheer AG

IDS Scheer AG
Altenkesseler Str. 17
66115 Saarbrücken
Deutschland

Zusammenfassung

Der Herausforderung, am Markt schnell und flexibel zu reagieren, werden heute viele Unternehmen noch nicht gerecht. Ein Problem ist die traditionelle, funktionsorientierte Aufbau- und Ablauforganisation - Indikator einer eher reaktiven Ausrichtung. Schnelle Entscheidungen erfordern aber eine transparente Sicht auf Prozesse und Performance-Kennzahlen. Nicht nur Marktforscher wie die renommierte Gartner Group fordern in diesem Kontext Manager auf, ihr Unternehmen zum „Real-Time Enterprise" weiterzuentwickeln. Kollaborative Strukturen alleine reichen nicht, nur mit Echtzeitdaten, können auch proaktiv Kundenwünsche befriedigt oder gar generiert werden - vor den Wellen des Marktes und nicht durch diese getrieben.

Ein kurzer Rückblick auf das Jahr 2002 zeigt, dass, wenn überhaupt, in den vergangenen Monaten in Unternehmen nur vordergründig Real-Time Strukturen entwickelt wurden. Dies ist verständlich, da sich Unternehmen lediglich auf unternehmensinterne Vorgänge fokussierten, bei dem Versuch, sich dem in Echtzeit agierenden Unternehmen zu nähern. Der Weg zum Real-Time Enterprise erfordert jedoch eine weitaus breitere Sicht auf Unternehmen und Märkte. „look back and look ahead" muss die Herausforderung für das Business lauten. Um erfolgreich am Markt zu agieren, braucht man den Blick über die eigentlichen Unternehmensgrenzen hinaus. Nur die Sicht auf die gesamte Value Chain stellt sicher, auf Marktveränderungen unmittelbar reagieren zu können oder ihnen gar proaktiv – also offensiv, weil darauf vorbereitet – zu begegnen.

Der Herausforderung, am Markt schnell und flexibel zu (re)agieren, werden heute die meisten Unternehmen noch nicht gerecht. Eine wesentliche Rolle spielt dabei die eher traditionelle, funktionsorientierte Aufbau- und Ablauforganisation in den Unternehmen, die auf diese Weise insgesamt immer noch stark reaktiv ausgerichtet ist. Auf allen Entscheidungs- und Handlungsebenen müssen sich Manager und Mitarbeiter auch heute noch weitgehend in ihrer Arbeit auf Informationen verlassen, die recht weit aus der Vergangenheit stammen. Informationen über wichtige Ereignisse gelangen nur selten direkt bis zum Management. Das gesamte Unternehmen hat mit Hau-Ruck-Aktionen und regelmäßigem Troubleshooting seinen Frieden gemacht. Der Grund liegt nicht zuletzt im traditionellen Berichtswesen, in dem viele Details über Geschäftsaktivitäten in komprimierten Kennzahlen und den Kurzberichten der Wochen-, Monats-, und Quartalsberichte verschwinden. Diese Berichte kommen häufig durch das vorgegebene, starre Zeitschema so spät, dass sie oft nur einen bedauernden Rückblick auf vertane Chancen erlauben. Konkret führt diese Form der Datenaufbereitung dazu, dass man nur verzögert auf ein verändertes Kundenverhalten oder sich rasch wandelnde Marktbedingungen reagiert und der Faktor Zeit die Profitabilität und Zukunftsfähigkeit eines Unternehmens bedroht.

Die kontinuierliche Beschleunigung der Managementprozesse bis in die unteren Ebenen verbessert die Agilität eines Unternehmens nachhaltig. Entscheidungen können zu dem Zeitpunkt getroffen werden, wenn sie gebraucht werden, um Wettbewerbsvorteile zu sichern. Solche zeitgerechten Entscheidungen sind jedoch nur möglich, wenn eine transparente Sicht auf die Prozesse beziehungsweise auf die von diesen beeinflussten Performance-Kennzahlen gewährleistet ist.

Wettbewerbsvorteil durch Real-Time Enterprise

Ein Beispiel aus dem Alltag eines Vertriebsverantwortlichen mag das verdeutlichen: Er sieht im Internet eine Ausschreibung für einen signifikanten Großauftrag - von einem langjährigen und solventen Kunden. Es ist Montag morgen und die Zeit läuft...denn Angebotsabgabe auf dem Marktplatz ist Mittwoch! Der Vertrieb braucht jetzt schnelle Antworten - genau hier entsteht nicht selten ein Problem. Dienstag braucht er zur Recherche der Kalkulation. Der Mittwoch vergeht für die Abstimmung mit der Produktion, Donnerstag ist dann die Abstimmung mit den Lieferanten möglich. Erst am Freitag kann ein solides Angebot erstellt und abgegeben werden. Dem Vertriebsmann bleiben nur zwei Möglichkeiten: solide zu arbeiten und die Ausschreibung zu verpassen – oder mit heißer Nadel zu stricken und zu hoffen, dass keiner etwas merkt!

Und hier schließt sich der Kreis – hier kommt Real-Time Enterprise ins Spiel:

In einem Real-Time Enterprise können die Auftrags-Daten direkt und ohne Zeitverzug weitergegeben werden. Mit Hilfe einer globalen Supply Chain Management Lösung kann die Verfügbarkeit von Endprodukten, auch unter Berücksichtigung von möglichen Produktionskapazitäten und Verfügbarkeiten von Komponenten, verifiziert werden.

Der Vorteil: dem Vertriebsverantwortlichen liegen in Minutenschnelle alle Daten vor. Nur in einem Real-Time Enterprise kann er zeitnah auf die Ausschreibung reagieren und so möglicherweise den Auftrag sichern.

Heute funktioniert so gut wie kein Unternehmen mehr als Insellösung. Folglich geht es nicht nur darum, dass alle Bereiche eines Unternehmens mit allen Niederlassungen auf die gleichen aktuellen Daten in einem Data Warehouse zugreifen können, Subunternehmen oder Lieferanten müssen in den gleichen aktuellen Informationsfluss eingebunden werden. Wie sonst etwa könnte der bereits zitierte Vertriebsmanager wirklich verlässliche Daten generieren, aus denen auch hervorgeht, ob alle tangierten Projektpartner rechtzeitig ihre Leistungen erbringen können?

Strategische Entscheidungen erfordern Echtzeit-Daten

Nicht nur traditionelle Marktforschungsfirmen wie die renommierte Gartner Group fordern in diesem Kontext Manager auf, ihr Unternehmen zum „Real-Time Enterprise" weiterzuentwickeln. Es reicht nicht allein, mit Kunden und Partnern kollaborative Strukturen aufzubauen, denn nur mit Echtzeitdaten, können auch proaktiv Kundenwünsche befriedigt oder gar generiert werden - sozusagen vor den Wellen des Marktes und nicht durch diese getrieben. Nur wer Absatzzahlen und Produktionskapazitäten in Echtzeit abfragen kann, wird den Markt mit den richtigen Strategien bedienen können.

Dabei sollte man sich bewusst machen: Start- und Endpunkt der ganzheitlichen Prozesskette werden immer durch den Verbraucher bestimmt. Dessen Vorstellungen setzen die Rahmenbedingungen und Randparameter, sein Bedarf „triggert" Fertigung und Logistik. Selbst die B2B-Geschäfte werden letztendlich durch die Nachfrage der Konsumenten geschaffen. Ein Automobilhersteller wird kaum seine Produktionskapazitäten erhöhen, wenn sein Auto, etwa der 3-Liter Lupo, zwar von allen gelobt, ab kaum gekauft wird. Der Automobilzulieferer wird kaum langfristig seinem Lieferanten höhere Mengen zusagen, wenn nicht der Konsument mit seiner Nachfrage einen entsprechenden Bedarf initiiert hat. Aber genau hier werden die Szenarien zunehmend komplizierter. Vorbei sind die Zeiten, da man sich auf Markentreue und statistisch gesicherte Neubeschaffungszyklen verlassen konnte. In der Automobilbranche verkürzen sich die Modellzyklen so dramatisch, wie die Kundenwünsche sprunghaft sind. Zeit ist hier im besten Sinne des Wortes Geld.

Auch die Verhandlungen eines Food-Produzenten mit seinen Händlern über C(ollaborative)-Szenarien etwa in bezug auf abgestimmte Planungen werden letztendlich vom Konsumenten bestimmt, der immer schwerer in seinem Kaufverhalten prognostizierbar ist. Kosmetikhersteller müssen nicht nur die stetig wachsende internationale Konkurrenz mit innovativen Produkten im Auge halten, sie sehen sich gezwungen, unmittelbar und ohne Zeitverzögerung auf Modetrends zu reagieren, um den Kunden des Handels nicht zu vergraulen.

Die Erfahrung zeigt, dass auch Dienstleister wie Banken nur mit Echtzeitdaten wirklich markt- und damit kundenorientiert arbeiten können. Angesichts der Vielzahl und Komplexität von Bankprozessen beherrscht man diese nur dann verlässlich, wenn man daraus Teilprognosen bildet, diese in standardisierbare Aktivitäten zerlegt, so optimiert und derart wieder zusammenstellt, dass sehr kunden-individuelle Angebote entstehen. Vor diesem Hintergrund arbeiten viele Geldinstitute im Backoffice bereits zunehmend nach dem Factory-Prinzip. Wenn Dienst-leister in Bezug auf ihre Prozesse in den letzten Jahren nachhaltig von der Industrie gelernt haben, so ist es nur logisch, wenn sie auch den nächsten Schritt mitgehen – den zum in Echtzeit agierenden Unternehmen. Dienstleistungsprodukte sind selten so trennscharf definiert, dass sie klare Alleinstellungsmerkmale haben. Zudem ist bei Dienstleistung eine Markenbildung schwieriger. Folglich binden sich Endkunden nur selten an einen einzigen Dienstleister. Umso wichtiger ist es also etwa für eine Versicherung, durch Echtzeit-Sicht auf den Markt neue Produkte über die richtigen Vertriebswege an die passenden Kunden heranzutragen.

Wer vom Real-Time Enterprise als Megatrend spricht, hat nachvollzogen, wohin sich die Märkte bewegen. Es werden natürlich zunächst vorrangig die großen Konzerne sein, die auf Echtzeitdaten setzen, gleichwohl hat der Trend schon jetzt den Mittelstand erreicht. Wenn etwa der norddeutsche Saatguthersteller KWS Saat AG unterdessen als Real-Time Unternehmen mit den landwirtschaftlichen Produzenten und der weiterverarbeitenden Industrie mit Hilfe von Echtzeitdaten kommuniziert, erhöht sich die Planungs- und Umsatzsicherheit signifikant. Es geht um schnelle durchgängige Prozesse, um schnelle Reaktionen auf Markt- und Kundenbedürfnisse sicherzustellen.

Kundenbedürfnisse haben Vorrang

Wenn die Kundennachfrage ein Unternehmen treibt und bestimmt, ist es auf dem Weg zu einer Real-Time Organisation folglich unerlässlich, sich erst einmal mit den Bedürfnissen der Kunden auseinander zu setzen. Mit dem Wissen über diese Randbedingungen lassen sich dann die eigenen Prozesse entsprechend ausrichten und optimieren. Exzellente Produkte verdienen exzellente Prozesse – von der Kundenbedarfsanalyse über die Produktgestaltung bis hin zur Auslieferung und dem After Sales Service. Beim Design der Prozesse ist die schnelle Verfügbarkeit der richtigen Information, der aktuelle Informationsfluss gerade bei Ereignis-getriebenen Steuerungen wie Auftragseingang, Planungsänderung oder verspäteten Lieferungen gefragt. Sie sind zwischen allen beteiligten Firmen und Abteilungen maßgeblich für das agile Real-Time Unternehmen. Geschäftprozesse müssen dabei als lebende Zyklen verstanden werden, die beständiger Kontrolle und Anpassung bedürfen. Praxiserprobte Vorgehensmodelle wie der Business Process Management Scout der IDS Scheer AG gewährleisten nicht nur ein professionelles Prozessdesign, sondern auch die Messbarkeit und Optimierung der Prozesse im laufenden Betrieb über den ARIS Process Performance Manager.

Will ein Unternehmen einen nachhaltigen Wettbewerbsvorteil durch Echtzeitdaten sicherstellen, ist es auf eine im Idealfall hundertprozentige Qualität dieser Daten und der durch sie gesteuerten Prozesse angewiesen. Eine „Null-Fehler-Strategie“ bedeutet Qualitätssicherung angesichts anspruchsvoller Kundenanforderungen. Six Sigma stellt nach der Erfahrung zukunftsorientierter Unternehmen einen maßgeblichen Schritt zu eben dieser Qualitätssicherung dar. Das Ziel ist, die Qualität aller Prozesse deutlich anzuheben, damit Kosten und Ablaufzeiten ebenso deutlich zu senken und - last but not least – die Rendite des Unternehmens deutlich zu verbessern. Bei Six Sigma bedeutet die „Null-Fehler-Strategie“, dass als Leistungsziel lediglich ein Wert von 3,4 Fehlern pro 1 Million Aktivitäten toleriert wird. Dazu ist eine sehr genaue Betrachtung der Unternehmensprozesse notwendig. Entsprechend ausgebildete Mitarbeiter können dann durch den Einsatz von Werkzeugen, wie dem Six Sigma Scout, die Qualität der Prozesse auf höchstem Niveau sicherstellen. Im Mittelpunkt stehen dabei immer feste Performance-Zielgrößen zum Vergleich der Prozessergebnisse mit den Kundenanforderungen. Welche Prozessqualität durch Six Sigma erreichbar wird, zeigt das Beispiel eines Callcenters, das die durchschnittliche Bearbeitungszeit seiner Geschäftsvorfälle von 54 auf 14 Sekunden senken konnte.

Als Folge des Wandels zum Real-Time Enterprise gewinnt die strategische Unternehmenssteuerung eine ganz neue Bedeutung. Unternehmen werden sich immer stärker Netzwerk-orientierten Organisationsformen zuwenden und damit die oben erwähnten traditionellen Pfade verlassen. Netzwerkorganisationen sind viel besser als starre Strukturen geeignet, sich den sich wandelnden Bedingungen schnell anzupassen. Ähnliche Gedanken finden sich im übrigen bei innovativen Software-Konzepten wie Web-Services oder der Dot.net-Architektur wieder, die immer stärker das IT-Fundament der Echtzeitunternehmen bilden werden. Ein Real-Time

Enterprise ist grundsätzlich auf schlüssige IT-Lösungen angewiesen, denn nur so können wesentliche Prozesse wie etwa das Supply Chain Management oder das Customer Relationship Management mit den notwendigen Informationen versorgt und somit erfolgreich umgesetzt werden. So sind etwa Tools unerlässlich, die sowohl die Qualität der Prozesse als auch die Qualität der generierten Daten kontinuierlich analysieren, um Veränderungen oder Fehler frühzeitig zu erkennen und gegenzusteuern.

Das bedeutet nicht nur für einen Vertriebsverantwortlichen einen klaren Vorteil, Einkauf, Produktion und Marketing profitieren gleichermaßen. Allen liegen in Minutenschnelle alle benötigten Daten vor, um unmittelbar auf zeitkritische Anforderungen reagieren zu können und so Aufträge und Kundenzufriedenheit zu sichern. Warum das so schnell und zuverlässig funktioniert, interessiert den jeweiligen Manager nicht – er arbeitet nur in seiner spezifischen Umgebung. Das Unternehmensmanagement muss sicherstellen, dass Prozesse so definiert und Systeme so integriert sind, damit am Ende alles reibungslos läuft. Denn eines ist klar: ein Verkäufer kann nur dann wirklich gut sein, wenn er sich auf nichts anderes als eben den Vertrieb konzentriert. Jeder Controller kann nur dann Top-Qualität abliefern, wenn er sich ausschließlich auf seine spezifischen Prozesse und deren Qualität konzentrieren kann.

Erfolg durch aktives Change-Management

Natürlich entsteht ein solches Unternehmen nicht über Nacht. Ein aktives Change-Management, das Einbeziehen der Mitarbeiter, das Nutzen ihrer Fähigkeiten sowie die Abstimmung mit Kunden, Partnern und Lieferanten ist unabdingbar. In der Regel wird man da beginnen, wo der eigene Schuh am stärksten drückt. Firmen, die ihre Vertriebsprozesse im Griff haben, werden beispielsweise zunächst mit Produktion oder Logistik – im Sinn von Supply Chain Management – starten. Andere Unternehmen setzen vielleicht das strategische Einkaufsmanagement oder den Ausbau des Customer Relationship Managements oben auf die Liste. Bei jedem dieser Einzelprojekte muss aber stets größte Sorgfalt darauf gelegt werden, dass die Geschwindigkeit der Gesamt-Prozesskette zum Kunden bei höchster Qualität schneller wird. Wer dabei den Wandel der Kultur zum agierenden Unternehmen nicht beachtet oder nicht umfassend und kreativ kommuniziert und lebt, wird lange auf den Erfolg warten müssen. Dabei spielt zum Beispiel die Schulung der Mitarbeiter eine Schlüsselrolle. Innovative Konzepte wie das des Blended Learning sind gefragt. Dabei handelt es sich um mehr als um eine individuelle Ergänzung des klassischem Präsenz-Training durch Online-Training. Blended Learning bedeutet, die optimale Lernform für Mitarbeiter zu bieten. Sie steigert die Lerneffizienz, sie reduziert Kosten und ist über weite Teile orts- und zeitunabhängig. Wichtig ist, dass der gesamte Lernprozess richtig aufgesetzt und durch die passenden Medien unterstützt wird. Blended Learning bedeutet auch Flexible Learning. Durch die Online-Komponente können alle Teilnehmer eines

Präsenzkurses vorab auf den gleichen Stand gebracht werden – was sicher die Effizienz deutlich erhöht. Andererseits können aber auch offene Fragen aus dem Präsenzkurs individuell nachgearbeitet werden. Bei Schulungsmaßnahmen allein darf es aber nicht bleiben. Sie müssen ihrerseits in ein stimmiges Kommunikationskonzept eingebunden werden, das durchaus wie ein Werbefeldzug aufgezogen werden darf. Große Plakate – bei einigen Kunden 20qm und größer, die zum Mitmachen auffordern, tun ebenso ihre Wirkung wie pfiffige Give-aways oder spannende Incentives. Jene, die für die interne Unternehmenskommunikation verantwortlich sind, müssen den Wandel zum Real-Time Unternehmen als ständige Herausforderung begreifen und in den Mittelpunkt aller Aktivitäten stellen.

Der Weg zum agilen Echtzeit Unternehmen ist steinig – aber mit Sicherheit im besten Sinne des Wortes lohnend. Dabei sind viele Unternehmen bereits auf einem guten Weg, wenn sie Customer Relationship Management, Supplier Relationship Management, Supply Chain Management oder Business Intelligence Anwendungen prozessorientiert eingeführt haben. Diese und andere Anwendungen gilt es auf dem Weg zum Real-Time Enterprise in die angestrebten Prozesse zu integrieren, um die gesetzten strategischen Ziele zu erfüllen. Wie kann man das angestrebte Ziel, eines Real-Time Enterprise kurz und bündig definieren? Folgende Punkte setzen die wesentlichen Eckdaten:

Real-Time Enterprises sind Unternehmen mit integrierten Geschäftsprozessen entlang der kompletten Value Chain.

Gefordert sind:

- Ganzheitliche, schlanke Geschäftsprozesse
- Eine effiziente Informationswirtschaft
- Technologie für sekundenaktuelle Daten
- Eine permanente Kontrolle der laufenden Prozesse
- Eine daraus resultierende hohe Reaktionsgeschwindigkeit, wenn etwas falsch läuft
- Automatische Lösungsstrategien bei Prozessstörungen
- Eine hoch flexible IT-Landschaft
- Integration aller Beteiligten an den Prozessen

Real-Time Unternehmen erfordern auch ein Real-Time Management. Hier ergeben sich neue und lohnende Perspektiven für die Unternehmensverantwortlichen: So zwingt der Weg zum in Echtzeit agierenden Unternehmen das Management, eine bruchlose Gesamtkonzeption für die gesamte Wertschöpfungskette zu erstellen. Dabei ist sicherzustellen, dass alle Potenziale des Unternehmens wirklich ausgeschöpft werden. Potenziale ausschöpfen bedeutet aber auch, dass man nicht bei der Integration von Softwarelösungen stehen bleiben darf. Real-Time Management muss das gesamte Unternehmen mit all seinen relevanten Fähigkeiten und

Prozessen erfassen – und dies Top-down... sonst verpufft die Wirkung. Das schon erwähnte Change Management muss Chefsache sein – und das bezieht sich nicht nur auf die Konzeption. Bei einem so schwierigen Prozess sind Vorbilder gefragt, ist erkennbares Engagement von höchster Stelle angesagt. Real-Time Management muss aber auch über die Unternehmensgrenzen hinaus wirken. Kunden, Partner und Lieferanten sind in den Umbau der Prozesse kontinuierlich einzubinden, sie sind auf dem Weg zur Real-Time Enterprise mitzunehmen. Alle Beteiligten müssen die Chance erkennen und leben, reaktive Maßnahmen hinter sich zu lassen, um proaktiv Marktentwicklungen mit zu bestimmen.

Fünf Schritte zum Real-Time Enterprise:

1. Design der Real-Time Prozesse aus Kundenperspektive sowie der transparenten Informationsversorgung zwischen allen Beteiligten und auf allen Ebenen.
2. Implementieren einer Real-Time Plattform, die den direkten Datenaustausch und die event-getriebene Interaktion auch mit Partnern und Kunden unterstützt.
3. Umsetzen der Real-Time Prozesse basierend auf adäquater Anwendungssoftware wie z. B. integrierte ERP-, CRM-, SCM- und Procurement-Lösungen.
4. Controlling der Real-Time Prozesse: Messen der Geschäftsprozesse, Bereitstellen der Informationen, Vergleich mit Vorgabewerten.
5. Change Management im Unternehmen, permanenter Wandel der Kultur zum agierenden Unternehmen, kontinuierliche Schulung der Mitarbeiter und Schaffen der Awareness.